U0511190

应望江◎主编

JOURNAL OF HIGHER EDUCATION OF FINANCE AND ECONOMICS

财经高教研究

（第一卷）

中国社会科学出版社

图书在版编目(CIP)数据

财经高教研究．第一卷／应望江主编．—北京：中国社会科学出版社，2019.1
ISBN 978-7-5203-4179-0

Ⅰ.①财…　Ⅱ.①应…　Ⅲ.①财政经济-高等教育-教学研究-中国　Ⅳ.①F8-4

中国版本图书馆 CIP 数据核字(2019)第 048164 号

出 版 人　赵剑英
责任编辑　任　明
特约编辑　芮　信
责任校对　周　昊
责任印制　郝美娜

出　　版　中国社会科学出版社
社　　址　北京鼓楼西大街甲 158 号
邮　　编　100720
网　　址　http：//www.csspw.cn
发 行 部　010-84083685
门 市 部　010-84029450
经　　销　新华书店及其他书店

印刷装订　北京君升印刷有限公司
版　　次　2019 年 1 月第 1 版
印　　次　2019 年 1 月第 1 次印刷

开　　本　710×1000　1/16
印　　张　17
插　　页　2
字　　数　284 千字
定　　价　80.00 元

凡购买中国社会科学出版社图书，如有质量问题请与本社营销中心联系调换
电话：010-84083683
版权所有　侵权必究

《财经高教研究》（第一卷）

主办单位　上海财经大学

编辑委员会

主　　任　蒋传海
副 主 任　陈信元
委　　员　（按姓氏笔画排列）
田国强　杜成宪　杨天赐　杨德广
李增泉　应望江　张男星　高耀丽
眭依凡　阎光才　董秀华　熊庆年

编 辑 部

主　　编　应望江
副 主 编　高耀丽
责任编辑　杨开太　宋旭璞　陈祥龙

目　录

人才培养

财经类高校拔尖型学术人才培养的创新与改革
…………………………… 刘兰娟　朱红军　江晓东　毛佳韵（3）

教育管理

以公共治理理念引领教育管办评分离改革 ………………… 应望江（19）
国家重点高校政策的变迁逻辑：国家治理的视角 ………… 栗晓红（31）

教育经济

教育经济学研究的分布特征、研究热点与知识基础
——基于2008—2017年SSCI教育经济学专业期刊的计量分析
…………………………………………………… 黄　帅　谢晨璐（49）
研究生职业适应性培养：基于劳动力供给的视角 ………… 乔思辉（67）

课程改革

政治经济学“现代课堂”教学改革探索
…………………………………… 马　艳　冯　璐　王　琳（81）
基于微信的金融实验教学改革探析
——以“DayDayUP”多层次实验教学平台构建为例
…………………………… 闵　敏　柳永明　金　成　赵凡青（91）

流程再造：基于微信平台的思政课移动学习模式研究 …… 曹东勃（103）
以“三教四式”增强思政课学生获得感………… 章忠民 徐圣龙（114）
浅谈财经类专业数学课程改革 ………………… 王艳华 王燕军（128）

财经学人

龚清浩教授的会计学术思想与教育理念 …………………… 刘 华（139）
彭信威教授的中国货币史研究 ……………………………… 曹 啸（154）
郭秉文早年人际关系网络与其事业成功关系研究 ………… 罗 盘（168）

商学教育

中国高等商学教育百年发展研究
……………………………… 吴云香 应望江 高耀丽 金 星（183）
京师大学堂与近代高等商科教育 …………………………… 陈祥龙（201）

比较教育

世界大学排行与高等教育体系排行：指标、比较与趋势
……………………………………………………………… 洪 敏（221）
后发新兴世界一流大学战略规划及其镜鉴
——基于三所大学战略规划文本的分析 ……………… 刘璐璐（235）
芬兰新一轮国家核心课程改革的内容及启示 …… 冯惠敏 郭路瑶（249）

征稿启事 …………………………………………………………（263）

Contents

Innovation and Reform in Cultivating Top-notch Academic Talents in Universities of Finance and Economics
········ Liu Lanjuan, Zhu Hongjun, Jiang Xiaodong, Mao Jiayun (3)
Leading the Education Reform of Separating the Government Authorities, Management and Assessment by the Public Governance Theory
········ Ying Wangjiang (19)
A Study on the Logic of Policy Change in the State Key Universities: A Perspective of State Governance ········ Li Xiaohong (31)
Research on the Distribution Characteristics, Research Hotspots and Knowledge Base of the Economics of Education—Based on the Bibliometric Analysis of SSCI Economics of Education in 2008-2017
········ Huang Shuai, Xie Chenlu (49)
Postgraduate Professional Adaptability Training: From the Perspective of Labor Supply ········ Qiao Sihui (67)
Exploration on Teaching Reform of "Modern Class" in Political Economy
········ Ma Yan, Feng Lu, Wang Lin (81)
Research on the Reform of Experiment Teaching for Finance based on WeChat: Take "DayDayUP", a Multilevel Experimental Teaching Platform, as Example
········ Min Min, Liu Yongming, Jin Cheng, Zhao Fanqing (91)
Process Reengineering: A Study of Mobile Learning Mode Based on WeChat Platform of Ideological and Political Course ········ Cao Dongbo (103)
Strengthen Students' Achievement in Ideological and Political Courses with "*SanjiaoSishi*" ········ Zhang Zhongmin, Xu Shenglong (114)

A Discussion on the Curriculum Reformation of Mathematics of Finance and Economics Major …………… Wang Yanhua, Wang Yanjun (128)

Accounting Academic Thought, Education Idea of Professor of Gong Qinghao ……………………………………………………… Liu Hua (139)

Professor Xinwei Peng and his Study of Chinese Currency History ……………………………………………………………… Cao Xiao (154)

A Study on the Relationship between Kuo Ping-Wen's Social Network in Early Years and the Success of his Career …………… Luo Pan (168)

The Research on the Centennial Development of Higher Business Education in China …… Wu Yunxiang Ying Wangjiang Gao Yaoli Jin Xing (183)

The Imperial University of Peking and Modern Higher Business Education …………………………………………………… Chen Xianglong (201)

World University Ranking and Higher Education System Ranking: Indicators, Comparison and Trends ………………… Hong Min (221)

The Strategic Plan of Latecomer World-Class Universities and its Enlightenment: An Document Analysis based on three Univerisites' Stragetic Plans ……………………………………… Liu Lulu (235)

The Content and Inspiration of the New Round of National Core Curriculum Reform in Finland …………………… Feng Huimin, Guo Luyao (249)

人才培养

财经类高校拔尖型学术人才培养的创新与改革*

刘兰娟　朱红军　江晓东　毛佳韵**

摘　要：培养拔尖型创新学术人才是我国教育工作的一项战略任务。文章以上海财经大学现有的各个实验班为依托，针对财经类高校拔尖型学术人才培养过程中存在的问题，研究探讨本科生拔尖型学术人才的培养与管理。在对比国内高校拔尖型学术人才培养模式的基础上，分析其取得的经验，整合教学内容，体现专业特色，提出与上财自身人才培养相适应的本科拔尖型学术人才培养模式。

关键词：拔尖型学术人才；创新；培养模式

拔尖型学术人才是能够通过继续求学深造，成为在未来专业研究领域中拥有长远眼光、在应用研究或理论研究道路上走得更高更远的学术精英。随着全球化进程的加快，国力的竞争逐渐转化为人才的竞争，拔尖创新人才已成为提高国家核心竞争力的关键因素。培养拔尖创新人才是我国教育工作的一项战略任务。《国家中长期教育改革和发展规划纲要（2010—2020年）》明确提出“探索多种培养方式，形成各类人才辈出、拔尖创新人才不断涌现的局面”。教育部联合中组部、财政部于2009年启动了“基础学科拔尖学生培养试验计划”，这是国家为回应“钱学森之

* 基金项目：上海市本科生教学改革项目“上海财经大学学术型拔尖创新本科人才培养模式的改革与实践”（项目编号：2017120495）。感谢经济学院、金融学院、法学院、统计与管理学院、信息管理与工程学院的教学院长、教务秘书们为本课题研究提供材料和辛勤付出。

** 作者简介：刘兰娟（1960—　），女，上海财经大学副校长，教授，博士生导师；朱红军（1976—　），男，上海财经大学教务处处长，教授，博士生导师；江晓东（1977—　），男，上海财经大学教务处副处长；毛佳韵（1989—　），女，上海财经大学教务处科员。

问”而推出的一项人才培养计划，旨在培养中国自己的学术大师。① 因此，积极探索因材施教，构建有高校自身特色的拔尖型学术人才培养模式，建立人才分类培养机制，是摆在我们面前的重要任务与历史使命。

一 目前我国本科拔尖型学术人才培养的主要模式

目前国内高校的拔尖型学术人才培养模式主要有两种：一种是在学校层面上成立一个虚拟学院或学堂，以实验班为抓手，由分散在各个学院的实验班具体负责实施拔尖型学术人才培养工作，积极发挥自身学科优势，开展人才培养模式改革，如清华大学的“清华学堂”、西南财经大学的“光华创新人才实验班”系列项目等；另一种是以成立平行于其他学院的、独立的、实体的二级学院方式来进行拔尖型学术人才的培养，该模式下拔尖型学术人才培养的具体实施操作者为独立的实体学院，如北京大学的元培学院、浙江大学的竺可桢学院、上海交通大学的致远学院等。

（一）以实验班为抓手的校级虚拟学院模式

在学校层面上成立虚拟学院或学堂的主要代表有清华大学和西南财经大学两所高校。2009 年，“清华学堂人才培养计划”推出，旨在培养更多拔尖创新人才。“清华学堂人才培养计划”将各方面办学优势转化为提高人才培养质量的优势，汇聚一流师资力量，营造浓厚学术氛围，创造良好成才环境，激励优秀学生潜心学术发展，争当拔尖创新人才成长征程上的“领跑者”。“清华学堂”中包含数学班、物理班、化学班、生命科学班、计算机科学实验班和钱学森力学班。每个实验班分别设立首席教授和项目主任，首席教授由该领域的顶尖专家担任。比如，数学班首席教授由国际数学界最高荣誉——菲尔茨奖和沃尔夫奖获得者丘成桐担任，物理班首席教授由中国科学院院士朱邦芬担任。培养方案的制订、学生哪些课程可以免修等都是首席教授说了算。在学生遴选与管理、国际交流等方面，清华学堂计划也都有所突破，学校建立了科学的学生遴选机制，大一选拔，再

① 王伟祖：《大众化教育阶段拔尖人才培养模式的改革与实践》，《纺织教育》2010 年第 1 期。

加上高年级选拔，实行多次选拔。选拔有三个标准——“有兴趣、有天赋、肯投入”，注重考察学生的综合能力、学术兴趣和发展潜质。根据学科培养人才的特点，计算机科学班、力学班是单独成建制的班，而数学班和物理班是在新生入学后一个阶段，通过校内选拔产生的。一般理科班每班 10—20 人，工科班每班 30 人，坚持“少而精”的原则。学堂班实行开放式动态进出机制，如果学生在中途发生兴趣转移，可以退出。①

西南财经大学的“光华创新人才实验班”成立于 2014 年，实践“育人为本，理论为基，应用为重，创新为魂”的人才培养理念，努力构建经济管理复合型拔尖创新人才培养新体系和新模式，致力于培养基础宽厚、业务精湛、素质全面、富有创新意识和创造能力、具有远大抱负和人生理想、在经济管理相关领域知识结构复合型的拔尖创新人才。“光华创新人才实验班”在 6 个学院设置，学校将在实验班进行人才培养模式创新的综合改革，探索全新的教育理念、培养体系和管理方式。“光华创新人才实验班”实施小班教学，实施“通识教育+跨学科（专业）培养”模式，推行双学位制，建立本硕连读制，实行专业导师制，强化学生实践能力培养。

（二）以学校独立建制的二级实体学院模式

以学校独立建制的二级实体学院进行拔尖型学术人才培养的主要代表有北京大学和上海交通大学两所高校。北京大学元培学院成立于 2007 年，以培养“基础知识宽厚、创新意识强烈、具有良好自学和动手能力的适应性强的高素质人才”为目标，是北京大学本科教育改革的试验基地，是中国高等教育的“深圳特区”，借鉴世界优秀大学的成功经验，贯彻加强基础、促进交叉、尊重选择、卓越教学的方针，建立中国特色的博雅教育计划和北大风格的本科人才培养模式，培养具有爱国情怀、国际视野、创新精神和实践能力，在各行业起引领作用的高素质人才。元培学院招生与其他院系不同，实行低年级不分专业，按文理两大类招生。学生在全校的学科范围内选择和安排自己的课程与知识结构，在导师指导下根据自己的能力和志趣在全校各个院系的各个专业中自主选择专业，并在经过一段

① 顾秉林：《清华学堂人才计划 培养学科领跑人才》，《教育与职业》2011 年第 4 期。

学习之后再依照兴趣和能力自由选择专业方向。元培学院逐步建立起适合中国国情的住宿书院制度，配备国内领先的住宿条件，包括图书室、讨论室和公共休息区，并积极推进书院文化建设。

上海交通大学于 2008 年经过教育教学思想大讨论，提出了以“能力建设为核心，以知识探究为基础，以人格养成为根本”的育人理念，并从 2009 年正式启动“上海交大理科班”项目，致力于培养具有批判性思维能力、知识整合能力、沟通协作能力、多元文化理解和全球化视野的创新型领袖人才。为确保这一战略目标的有效实现，学校在体制机制上进行特殊的设计和安排，2010 年致远学院正式挂牌。致远学院在人才培养方面进行了一系列系统深刻的改革创新：通过汇聚包括诺贝尔奖和图灵奖得主在内的国际学术大师和世界知名学者，以及聘用“千人计划”专家等校内杰出教授，建立起国际一流的师资队伍，并通过选聘校内优秀青年教师和制定相应激励机制等以保证师资的高水平和可持续发展。通过注重数理基础、加强基础学科与导论课程建设的创新培养方案，培养学生的学科交叉能力。通过先进教育技术的应用和致远系列教学大纲与教材建设实现优质教育资源共享，建立高水平的课程体系与质量保证体系。[①] 致远学院实行小班研讨、学生与导师的密切接触实现个性化培养，并通过通识教育和人格养成教育培养学生的公民意识和人文情怀。通过创设一流的讨论空间、开展研讨式教学、与自然科学研究院密切合作，邀请大量国际来访学者前来上课与讲座，让不同学科的师生之间经常性地自由讨论与交流，营造出国际一流的学术氛围与学科交叉环境。通过加强与中学的合作、采取严格的资格考试和制定相应的转入转出政策等多种形式，滚动选拔热爱科学并具有创新潜质的学生。

二　上海财经大学拔尖型学术人才培养现状

为适应社会经济发展和人才需求结构的变化，提高本科人才培养质量，上海财经大学秉承“厚德博学、经济匡时”的校训和“面向社会、求真务实、立德树人、经世济国”的办学理念，并将国际化办学融入本科生人才培养的全过程。2013 年 7 月，中共上海财经大学第七次代表大

① 张蕾：《三位一体模式探索拔尖创新人才培养之路》，《创新人才教育》2014 年第 1 期。

会党委工作报告中提出，学校要积极探索多样化的成才路径，构筑由“拔尖计划”（致力于培养学术拔尖创新人才）、“卓越计划”（致力于培养会计、金融、法律等行业精英）和“创业计划”（致力于培养创业型企业家人才）所构成的多元化培养路径，给予学生更多成才选择。为实施学校拔尖型学术人才培养的总体规划，经济学院、金融学院、法学院、统计与管理学院、信息管理与工程学院、数学学院、会计学院、商学院、公共经济与管理学院（目前已停办）九个学院先后开设了实验班，希望能从根本上转换传统过于偏重专业教育的本科人才培养模式，从“定位经管复合、强化通识基础、突出学术创新”三个方面着手，全面创新经管类人才培养思路与培养方式，以期塑造和培养具有宽厚知识基础、扎实专业理论知识和深厚人文底蕴且具有较强研究和创新能力的经济、管理等领域的创新型拔尖人才。

（一）实验班概况

2005 年，上海财经大学经济学院正式创办“经济学—数学”双学位班，在国内高校现代经济学与数学交叉融合人才培养模式方面走在前列。2008 年 9 月，学院在前期双学位班建设基础上，开始建设经济学专业数理经济方向，并于 2013 年开始以数理经济实验班面向全国单独招生，2014 年在学校支持下开始尝试在全校新生中选拔有兴趣且数理基础比较好的生源。

金融实验班开设于 2009 年，实验班采用国际通行的金融学专业课程设置，并聘请国内外一流师资授课，通过科学、严格、公开、公平的遴选程序选拔一批极具潜质的学生作为培养对象，使学生掌握现代金融学的核心知识与框架。法学院“英美法证书班”成立于 2012 年，涵盖了英美主流法学院的全部主要课程。统计学实验班于 2014 年开设，实验班依托上海市一流学科（A）统计学的优势，定位于培养基础扎实、专业精深、社会急需的学术复合型人才。信息管理与工程学院实验班于 2015 年开设，招收未来有志于继续博士生学习，从事信息管理多个方向的高水平科研人才，同时兼顾培养创新创业人才。2017 年建立“财经数学实验班”“会计与财务实验班”“工商管理实验班”，培养数理基础扎实、具有经济金融理论功底的复合型拔尖人才，培养研究型+国际型财会拔尖人才，培养适应社会需求的商业分析精英人才。

上海财经大学的实验班重点在于培养学生的学术科研能力，提升其理论研究水平，呈现出“小班化、精英化、国际化、研究型、高水平”的办学特点，有助于提高学校研究型本科人才培养的质量。其共性主要体现在以下几个方面。

一是实施小班教学。实验班专业课坚持小班教学，每个实验班的培养规模均不超过40人，且一般为30人。小班教学的优势在于，实验班学生在课堂上与老师的互动交流更为频繁和积极，可充分提高学生的学习效率和积极性。教师则可以采用更多研讨式的教学方式，在实验班中推进教学改革研究与实践，引进现代化教学手段，更有效地尝试和运用先进的教学手段与新颖的教学方式。

二是精英化教学。各实验班通常采用笔试与面试相结合的方式选拔拔尖人才，笔试注重科学基础考查，面试注重考查学生的综合能力，科学地看待和选拔“偏才”“怪才”及“学术性人才”。通过多种类型的考核方式，实验班从学院乃至全校学生中选拔最合适的优秀生源。笔试主要考查的是学生的数学和英语能力，以确保学生在进入实验班后可以适应高强度的课业任务，并有做科研的基本能力；面试主要考查的是学生的综合素质与研究潜质。为切实选拔出最优秀的拔尖人才，国内高校在培养过程中均实行多次选拔、动态进出机制，进行分流和择优递补，将最优秀的学生选入计划进行培养，使他们保持“领跑”状态，并将不适应拔尖创新人才培养模式的学生分流回原录取院系学习。因此，经过严格筛选最终进入实验班的学生，基本称得上同届学生中的拔尖人才，能够较好地适应实验班对于拔尖型学术人才的培养方案与培养计划，顺利地完成学业。此外，实验班在强化学生数学基础的同时，仍突出实验班的财经特色和拔尖型学术人才培养特色与目标。一年级学生实施通识课程和强化数理基础课程教育，以知识、素质和能力培养夯实基础，从本科二年级起，强化跨经济学、金融学等专业素质和研究、应用能力的培养。

三是国际化高水平师资。教学过程中，优秀的教师可以对学科基本思想的重要概念和知识有最佳的教学方式，通过该学科的教学能够训练学生习得相应的能力和方法，给学生最好的启发和引导，促进他们学习成绩的提高。因此，上财实验班为拔尖型学术人才的培养教育配备了一流师资，优秀的教师队伍，有利于营造良好的学习环境。为培养拔尖型学术人才，实验班选聘的任课教师均为全院乃至全校最高水平的教师。从年龄结构看，实验班的任课教师队伍中，以中青年教师为主，45 岁以下的年轻教师占比基本在 50%以上；从学历结构看，拥有博士学位的师资占总数的百分比均在 80%以上。除此之外，海归教授是实验班任课教师的重要组成部分，各实验班的重点课程或使用原版教材授课的课程，多聘请了海归教师授课，确保了实验班优质的课程质量。

四是培养研究型人才。在各实验班的培养目标中，均明确指出了要培养具有坚实的经济学、数学等方面专业理论基础，希望在学术研究上走得更高更远，有志于继续博士生学习的学术研究型人才，并制订了与该培养目标相对应的拔尖型学术人才培养方案。强调符合拔尖型学术人才培养的个性化方案，鼓励学生制订适合自己的个性化学习计划，以提供学生自主选择的空间，最大限度地发挥学生的学习能力，采取个性化教学模式，以激发学生的学习兴趣，发挥学生科研上的巨大潜力，培养学生优秀的学术素养。实验班鼓励学生在满足教学计划的前提下，根据自身的条件制订个性化的学习计划，如“拔尖型”个性化培养课程，在实验班的课程设置上，个性化培养课程均为理论性、研究型的拔尖课程，鼓励学生依照自己的能力和发展意向选择不同层次和要求的基础课程，还可根据实际情况调整自己的选课计划，以此来有效地增强自身学术科研能力的提升。

五是通过推行导师制或班主任负责制，实现对学生的日常教学管理。导师和班主任均由经验丰富的专业教师担任，可以切实加强学生对学科专业方向、个人学业规划以及职业生涯规划的认识，并指导学生进行有效的专业能力训练。拥有博士学位或副高职以上职称的学术骨干或学术带头人担任导师，可以指导学生的专业课程学习和科学研究，使学生更多地参与到学术类、科研类的研究活动中去，从而激发和培养良好的学术素养和科研能力，为将来参与更高水平的科研活动打下良好的基础。

六是作为致力于培养学术拔尖创新人才的拔尖计划重要组成部分，实验班在毕业生升学方面给予了一定的优惠政策，尽可能保证拥有较高研究水平和理论基础知识扎实的优秀生源继续深造。不过由于缺乏统一的规定和管理，上海财经大学各实验班在保研推免政策上的实施方案不尽相同。

（二）实验班建设成效

1. 学习成绩。从学生的学习成绩来看，由于实验班的学生原本就是由经过严格筛选而挑选出来的成绩优秀生源组成的，因而各个实验班的学生平均成绩总体而言好于普通班级学生的平均成绩。如数理经济实验班学生的平均绩点高于经济学院的其他班级。值得说明的是，由于经济学院课程设置的难度大，比如仅仅数学分析就有 16 个学分，而且有分数段的规定，所以经济学院本科生的绩点在全校排名中比较低。但是，比较低的绩点并不是学生学习不努力，而是通过非常刻苦的学习获得的。学院关注数理基础，原因在于无论是将来从事学术工作还是就业，良好的数理基础对于学生的创新能力来说都是非常重要的。我们统计了数理经济实验班与经济学院其他班级的平均绩点，发现数理经济实验班学生的平均绩点要远远好于经济学院其他班级学生的平均绩点，详见表 1。

表 1　　数理经济实验班与经济学院其他班级的平均绩点对比（2014—2017 级）

	2014 级	2015 级	2016 级	2017 级
其他班级	2. 83	2. 84	2. 71	2. 76
实验班	3. 3	3. 15	3. 21	2. 88

注：经济学院其他 4 个班级是：劳动经济、世界经济、数量经济（中外）以及经济学基地班。

又如统计学实验班的学生，尽管在课程设置上难度明显高出平行班，比如统计学实验班开设的数理综合课，作为拔尖型学术人才培养的必修课难度非常大，几乎占据了学生周末全部的闲暇时间，然而，就实际取得的学习效果来看，统计学实验班的学生学习效果却显著高于实验班，详见表 2。

表 2　　统计学实验班与其他班级的平均绩点对比（2014—2017 级）

	2014 级	2015 级	2016 级	2017 级
统计学实验班	3. 23	3. 21	3. 47	3. 21
其他班级	3. 06	3. 09	2. 95	2. 98
年级均绩	3. 09	3. 11	3. 02	3. 04

然而，有一点值得引起注意的是，在付出同样精力的情况下，有些实验班学生取得的绩点往往会远低于非实验班的。即使平均绩点水平不低，但对于从学院 300 人中严格选拔而出的学生来说，却可能面对在 300 人中

落于后端的窘境。由此造成的结果是，无论对于出国、保研还是就业的同学来说，绩点并无竞争力。

2. 毕业生升学与就业。2017 年，学校实验班毕业生总体就业率为 88.66%，其中出国（境）、国内升学率分别为 32.99%和 34.02%，远高于同期本科毕业生平均水平（全校本科生同期出国（境）和国内升学率分别为 24.62%和 16.95%）。签约就业为 16.49%，同期本科生签约就业为 41.07%。灵活就业率 5.15%，与同期全校本科生基本持平。实验班整体签约率为 83.51%，略高于本科生总体水平。

数理经济实验班经过了多年的建设发展，已经拥有了 6 届毕业生，总体而言，该实验班的毕业生国内外升学率平均能达到 60%，且留学和就业层次高。实验班定位于培养学术性拔尖创新人才，以对接国内外一流大学研究生项目为导向，同时为经济学院的硕博项目奠定良好基础。6 届实验班毕业生中，直接就业学生的就业质量和就业层次也比较高。毕业生就业于四大会计事务所（如毕马威、德勤）、四大国有银行（如工行、建行、农行等）、全球知名投资公司（如凯盛投资咨询有限公司）等，这显示了数理经济实验班的学生具有良好的竞争力，无论是在升学还是就业方面均是如此。

金融实验班的毕业生，境内外升学比例占 50%以上，境外求学比例超过 1/3，其中境内升学主要在北京大学、清华大学、复旦大学、中国人民大学、上海财经大学等名校。同时，实验班许多学生被哥伦比亚大学、杜克大学、牛津大学、伦敦政治经济学院、香港大学、香港科技大学等知名院校录取。

从求职看，实验班学生就业形势相当不错，主要去向是银行、证券等金融机构及会计师事务所等，绝大部分学生选择在上海就业。统计学实验班经过 4 年的培养，首届毕业班 27 名同学。截至 2018 年 4 月，已有 13 人收到海外知名高校的研究生 offer，其中 3 人收到的 PHD 项目的 offer，分别前往明尼苏达大学、北卡罗来纳大学、普渡大学攻读博士，此外还有国内升学 3 人、保研 2 人。信息管理与工程实验班、商学院实验班、会计学院实验班、数学学院实验班由于设立时间晚，目前还没有一届毕业生。

3. 学术科研与专业竞赛。实验班的学术拔尖型本科人才在各大核心期刊发表诸多论文，如《公司股权结构对资本流动性影响的实证考察》《丝绸之路经济带中宁夏战略定位与实现路径》《信息传递视角下山西省煤炭价格引导分析》《资源型区域金融创新能力与转型关系的实证分析》等。此外，2014 级统计实验班姚远航在大二时，就在《黄冈职业技术学院院报》独立发表论文《微信和微博著作权侵权问题研究》。经济学院以实验班学生为主体，编辑出版了《经彩济忆》和《经济论坛》两本专业杂志，其中《经彩济忆》专门反映实验班学生在科研与社会实践等方面所取得的成果；《经济论坛》杂志重视学术性，致力于刊载高质量学术论文。

实验班学生在全国性数学、英语等科目的比赛、竞赛中也屡创佳绩。2016 年，统计实验班学生沈慧和衡强在第八届全国大学生数学竞赛暨上海赛区赛中分别获得三等奖和二等奖；刘宇扬在全国大学生数学建模竞赛获得全国二等奖、上海市一等奖，6 人获得上海市三等奖。在英语竞赛中也取得较好的成绩，陈金璐同学获得全国大学生英语竞赛 C 类一等奖，俞韵辉获得三等奖；杨昱获得全国英语写作大赛（上海赛区）三等奖。2017 年，刘宇扬、衡强、洪世哲分别获得第九届大学生数学竞赛上海赛区一等奖，王才兴获得三等奖；滕佳烨获得全国大学生数学建模竞赛上海市一等奖、国家二等奖，李振涛、陈文奇分别获上海市二等奖，另有 8 人获得上海市三等奖。沈慧获得美国大学生数学建模一等奖，另有 5 人获得二等奖。在英语竞赛中费哲、陈金璐、陈心怡分别获得全国大学生英语竞赛 C 类二等奖，另有 3 人获得三等奖。2018 年，由袁康洪、朱晨阳、陈心怡组成的队伍获得 2018 年美国大学生数学建模竞赛特等奖，刘宇扬获得第九届全国大学生数学竞赛全国二等奖。

三　拔尖型学术人才培养的问题与未来之路

（一）拔尖型学术人才培养存在的问题

反思多年来上海财经大学在拔尖型学术人才培养上所做的努力和探索，课题组总结归纳出在该类人才培养过程中存在的问题与不足，主要表现在如下几个方面。

第一，实验班分散，缺乏统筹管理。由于上海财经大学的实验班并不是以一个独立的实体形式存在，而是分散在各学院，由实验班所在的各学院承担其建设运行、生源选拔与教学管理等工作，这种分散运行的机制直接导致了各个实验班之间缺乏学校层面的统筹协调与管理，从而呈现出“各自为政”的现状。从现有实验班的情况看出，各实验班从生源的选拔机制、课程结构、课程难度、管理模式、保研政策等方面均存在较大的差异。这给学校的监督管理带来了很大难度。

第二，没有统一的培养目标和质量要求，缺乏有效的质量监控体系。正是由于实验班分散在各个学院，学校很难对其进行统一的监管，因此，实验班在人才培养的目标和质量要求等方面，也得不到规范有效的约束。各实验班只是从自身专业需求的角度出发，制订他们的人才培养方案。而在培养质量的监控上，也不能有效地进行全局把控。虽然有几个实验班设立了导师管理制或班主任管理制，但这种点对点的监管只能着眼于实验班本身，做不到在全校范围内，对各实验班之间进行横向的对比和全方位的质量监控。

第三，实验班的整体影响力不足，没有形成拔尖型学术人才的品牌效应。从现有的几个实验班的发展现状来看，实验班的整体影响力略显不足，表现在部分学生对实验班设立的原因及目的缺乏足够的认识，在实验班的教学过程中，会出现有部分学生发现自己的未来目标与实验班的培养目标并不一致的情况，这正是实验班影响力缺乏所导致的。实验班在学生群体中还没有形成一个固化的培养理念，学生不能清晰地了解到实验班在拔尖型学术人才培养方面所发挥的作用是什么，实验班在学校三型人才培养过程中扮演着什么样的角色。因为这些原因，实验班在拔尖型学术人才培养方面原本应当发挥的优势没有彰显出来，更无法延伸至院外乃至校外。此外，学院希望由实验班的优良学风带动学院形成积极上进的学风，但实验班学生只占了全年级整体生源的很小一部分，在学习态度和学习氛围等方面，并没有显现出特别明显的优势与激励作用，因此，对其他班级学生的带动作用有限。

（二）拔尖型学术人才培养的未来之路

关于拔尖型学术人才培养的未来之路，课题组认为要把握以下三点。

其一，由于存在前述几方面的问题，学校有必要在校级层面针对拔尖型学术人才培养设置一个整体性培养框架，对各个学院的实验班人才培养方案予以统领，也可以体现学校的整体特色。另外，在人才培养过程中出现的各类管理问题，各个学院做法不一，学校也应统筹管理，取长补短，制定出一个整体的管理办法。

从国内现有的开展拔尖型学术人才分类培养的高校实施情况来看，以实体学院还是虚拟学院的形式运行都可以有效地解决上述问题。由于基础、生源和定位的不同，如何构建有自身特色的拔尖型学术人才培养模式、实施什么样的培养模式等问题，仍然需要结合上海财经大学的实际情况，有待于进一步探索。

类似上海交大以成立独立建制的二级实体学院作为拔尖型学术人才培养模式的做法，其优势主要有三点：第一，实体学院可以突出课程教学和学科交叉；第二，独立建制的二级实体学院可以自行组建一支学院专属的优秀师资队伍；第三，管理上实行全程式的单独招生和单独管理。具体来看，因为目前中国的基础教育使得学生特别缺乏批判性思维和创新能力，而且传统的大学教育把学生限定在某个专业，难以实施学科交叉。而实体学院的作用就在于以学生看得见、摸得着的形式，营造出一种浓郁的、创新的、学科交叉融合的学术氛围，激发学生的创造性和潜能。如在致远学院，由于学生有着不同的学科背景，学生与学生、学生与教师、学生与拜访者之间往往有更多的交流。另外在致远学院旁边的同一个楼层上还有一个自然科学研究院，在这个研究院的 20 多位杰出青年学者都是从国外学成归来，从事最前沿的跨学科研究，与致远学院共享一个物理空间。每周致远学院都和自然科学研究院共同举办沙龙。① 致远学院最主要的使命之一就是通过独特的学科交叉环境与氛围激发学生的求知欲和创新潜能。

但就上财的实际情况来看，学校本身就属于财经类专业院校，而非综合院校，因此即使各个专业之间有一定的区分，也大都还属于经济金融类范畴，许多专业课程之间有许多的重合或相同之处。所以，在一般的卓越型、拔尖型学术人才培养过程中，学校就已经在较大程度上实现了学科、专业间的交叉融合了，故而专门成立一个独立的二级学院来促进学科交叉显得没有那么紧迫或必要。此外，学校的校内辅修制度允许学生选修第二专业，这一途径可以更有效地充实和满足学生的跨专业需求和学习。

其二，独立建制的二级实体学院拥有一批学院专属的优秀师资，所有的课程都可以实现由世界顶级的教授或全校各个院系内最好的教师亲自讲

① 张杰：《“致远 · 逐梦”上海交通大学致远学院培养创新型领袖人才的实践与思考》，《创新人才教育》2013 年第 3 期。

授，这也是从学校顶层设计的一个好处。通过人才引进的方法在全球选聘国际的一流老师，组成几个讲师团。这批教师或讲师团可以只承担拔尖型学术人才培养的教学任务，因此可以把更多的时间和精力投入到实体学院的人才培养和教学工作中。而作为学校的拔尖创新型人才的培养模式，其在制度设计上就应该让全校各学院都愿意支持并且便于操作。

就上财的现实情况而言，一方面由于全校的师资编制有限，对外重新招聘师资组建二级学院在一定程度上不易实现；另一方面，学校的整体师资数量不及北京大学、上海交大等综合类院校，如果从几个学院抽出一部分优秀的师资划归新成立的二级学院，势必会导致原有学院师资的匮乏，从而引发一系列后续的教学问题。而如果是成立学校层面上的虚拟主体学院，则可以不设置某个二级学院的专任教师队伍，采用从国内外以及校内现有的优秀教师中去聘请，通过制度设计激励全校各学院的优秀教师为实验班的拔尖型学生授课或担任导师等。

其三，学校独立建制的二级学院在管理上可以实行全程式的单独招生和单独管理，有的学院院长还是校长亲自挂帅，如上海交大致远学院其院长就由校长张杰担任，这样的管理运行模式最大的优势在于学院可以充分调动起全校的资源，并进行最合理优化的配置，实现高效的集中化管理。

而在学校层面形成一个虚拟学院或其他虚拟主体，在宏观政策方面对各类实验班进行决策和制度的约束与管理，而具体的实施由各个学院的实验班来执行操作的模式，同样可以实现对拔尖型学术人才分类培养实验班的有效管理。此外，以实验班为具体执行者还具有一个优势，即各类型实验班可以按照“分类指导、鼓励特色、因材施教”的原则，在认真组织调研、论证的基础上，在学校层面上重新制订与各实验班自身专业特点相适应的教学计划与培养方案，同时又兼顾多层次、体现鼓励拔尖型特色学术人才培养的课程体系。

2009 年，教育部联合中组部、财政部启动的“基础学科拔尖学生培养试验计划”，是国家对新形势下高校人才培养提出的、新的明确要求。应该说，培养拔尖创新学术人才既是我国教育工作的一项战略任务，同时也是一项长期艰巨的任务。自该计划推出以后，我国高校特别是高水平研究型大学对于基础学科拔尖学生培养都进行了积极的探索，积累了丰富的经验，并形成了某些具有代表性的拔尖创新学术人才培养模式。作为一所在全国具有重要影响的财经类高校，上海财经大学对于如何培养财经类拔尖创新学术人才进行了长期的探索，积累了丰富的经验．但毋庸讳言，我们在取得成绩的同时，也面临着很多问题，亟待解决。

课题组认为，上海财经大学应结合实际情况，针对上海财经大学这样一所财经专业类院校目前的办学特色、发展规模及培养理念来看，以在学校层面形成虚拟主体、以实验班为抓手的模式作为拔尖型学术人才培养的路径更“接地气”。学校特设立“秉文拔尖创新人才培养计划”（简称“秉文计划”），将学校以培养拔尖创新学术人才为目标的实验班纳入“秉文计划”统一管理。但在此过程中遇到了很多困难，目前学校正在积极探索之中，构建富有财经特色的拔尖型学术人才培养模式，对于上海财经大学而言依然是任重而道远。上海财经大学应努力探索，力争在财经类拔尖学术人才培养方面形成更为鲜明的特色。

Innovation and Reform in Cultivating Top-notch Academic Talents in Universities of Finance and Economics

Liu Lanjuan, Zhu Hongjun, Jiang Xiaodong, Mao Jiayun

Abstract: Cultivating top-notch innovative talents is a strategic task of China's education. Based on the existing experimental classes of Shanghai University of Finance and Economics and targeted at the issues existing in the course of the top-notch talents cultivating in finance and economics, this paper studies the cultivation and management of the top-notch undergraduate academic talents. On the basis of comparing the top-notch talents cultivating modes in domestic universities, this paper analyzes the experience gained, integrates teaching content, embodies the characteristics, and puts forward the top-notch talent cultivating mode adapted to the talents cultivation of Shanghai University of Finance and Economics.

Keywords: Top-notch Academic Talents; Innovation; Cultivating Mode

教育管理

以公共治理理念引领教育管办评分离改革*

应望江**

摘　要：构建教育公共治理新格局是教育现代化的重要制度保障。目前，我国教育管办评分离改革尚处在试点阶段，存在推进不平衡不充分及由此带来的一些问题。下一步推进改革需要从我国实际出发，以国际经验为借鉴，将相关改革举措予以落实落细。

关键词：管办评分离；教育体制改革；公共治理

深化管办评分离改革是全面推进教育领域综合改革、实现教育现代化的重要举措。随着教育体制改革的不断深入，管办评分离作为教育治理改革的关键环节，其重要性和迫切性日益凸显。《国家中长期教育改革和发展规划纲要（2010—2020 年）》提出，“促进管办评分离，形成政事分开、权责明确、统筹协调、规范有序的教育管理体制”。《中共中央关于深化改革若干重大问题的决定》强调，“要深入推进管办评分离，理顺政府教育统筹权和学校办学自主权的关系”。2015 年 5 月，教育部发布《关于深入推进教育管办评分离　促进政府职能转变的若干意见》（以下简称“意见”），为深化管办评分离改革指明了改革方向、明确了工作要求。同年 9 月，教育部办公厅下达《关于确定教育管办评分离改革试点单位和试点任务的通知》，确定 12 家单位为教育管办评分离改革试点单位，并提出了具体的试点任务。目前此项改革试点已实施了 3 年多的时间，有必要作一个初步分析。

---

* 基金项目：国家社会科学基金教育学重点项目“教育管办评分离问题及对策研究”（项目编号：WGA160012）。

** 作者简介：应望江（1963—　），男，上海财经大学发展规划处（学科建设办公室）处长、高等教育研究所所长、教授，博士生导师。

一　现阶段教育管办评分离改革试点的特征

教育部确定的12家试点单位分为两类：一类为全国教育管办评分离改革综合试点单位，包括北京市东城区教育委员会、上海市教育委员会、江苏省无锡市教育局、浙江省教育厅、山东省青岛市教育局、重庆市江津区人民政府、四川省成都市教育局、新疆维吾尔自治区克拉玛依市教育局共8家；另一类为单项改革试点单位，包括内蒙古自治区乌兰察布市教育局、辽宁省沈阳市教育局、广东省佛山市顺德区教育局、西北大学共4家。对上述试点单位的初步调研资料表明，一年多来的改革试点有了一个良好的开局，但进一步推进需要攻坚克难。

（一）改革得到全面推进但程度上存在不平衡

据调查，各个试点单位均不同程度地组织开展了改革试点，但改革力度和成效参差不齐。比较而言，上海市推进情况较为系统有序。该市重视改革的整体设计，专门就试点工作制订了具体工作方案，既从理论研究层面设置了综合性课题，也从实践探索方面明确了推进任务；既明确了各级政府部门的工作任务，也明确了各试点学校的具体任务。目前该市已形成了“1+2+5+5”的试点推进工作布局，一是在市级层面统筹推进，明确市级层面七个方面的试点内容；二是委托2个研究团队，同步开展教育管办评分离的理论研究；三是委托5所不同类别的学校，重点开展府学关系探索、学校治理机制完善、开放协同的办学机制构建的试点；四是委托5个区县教育部门，探索进一步转变政府管理方式、促进教育公平发展、提升办学质量、鼓励社会参与的实践路径。

（二）改革获得整体认同但在认识上存在偏差

受访的单位均表示此项改革非常有必要，均表示赞同和支持此项改革。但在如何推进改革上存在偏差。有的认为既然是分离，就要明确到底什么是分离以及如何分离，比如举办权和管理权、举办权和办学权、管理权和办学权、管理权和评价权等之间到底怎么分离；有的则对政府将权力下放后学校能否用好相应的权力，以及目前社会信用环境下社会参与教育评价能否保证公正性客观性表示疑虑。

（三）改革试点的实践丰富但未形成可复制可推广案例

新制度模式的复制推广需要解决的重要问题是：一是管办评分离改革的制度创新成果，哪些可以复制到相关地区，哪些可以复制到全国各个地区；二是分析复制推广条件下的预期效应和潜在风险，识别在复制、推广过程中可能出现的新情况、新问题；三是设计和提供改革事项复制推广的路径安排，关注可能出现的问题。

总体而言，12个试点单位和其他非试点单位对管办评分离改革进行了若干创新探索，取得了阶段性的实践成果。如：北京市东城区教委成立区教育咨询专家顾问团和东城区教育学术委员会，探索区域、学区、学校三轴联动的三位一体治理结构；上海市教委探索建立高校二维分类管理体系，引导高校由“一列纵队”变为“多列纵队”，鼓励每所高校准确定位，在各自领域争创一流；成都市成华区探索建立“校长职级评定、职级绩效工资、任期交流、优秀校长延期退职”等制度，成都市天府新区按学科分类成立22个“教育4D（开发、发展、提升、引领）工作室”，实行总监负责制；青岛市教育局探索名校办分校、集团化办学、委托管理、高校或科研院所辐射中小学、公民办学校混合制办学等办学模式改革，重点推进学区制管理、优质中小学跨区域合作办学，依托中国海洋大学成立青岛市教育评估与质量监测中心；陕西省探索依托教育社团成立三个教育评价组织，培育第三方评价机构；浙江省成立教育评估院，引入第三方力量，对全省高校毕业生就业质量进行跟踪调查和评价，并向社会发布；重庆市探索官方评估、半官方评估、非官方评估三类教育评估。

但由于教育管办评改革是一个较为复杂的系统工程，涉及面广，改革尚处在初步阶段，试点单位的效果还有待时间和实践的检验，还没有通过客观评估，形成一批可复制可推广的案例。

二　推进教育管办评分离改革的主要难点

（一）从改革试点情况看

1. 顶层设计还缺乏落细落实方案。作为改革顶层设计的《意见》提出了指导思想和基本原则，并提出了17个方面改革任务和20项政策创新点。但如何推进需要的路线图和时间表尚不清晰，要让《意见》落地，既需要加强宏观指导，也需要因地制宜，由各地根据自身实际创造性地做好进一步的制度创新，以解决本地本校实际面临的问题为落脚点，将措施具体化、可操作化。

2. 缺乏有效的抓手和突破口。目前已有细化方案的地区均以贯彻落实教育部的《意见》为主旨，将主要改革任务和政策创新点分解到各个委托试点单位，但没有明确哪些是先导性改革，哪些是后续性改革，改革从哪里起步，需要哪些配套措施。较为重要的是缺乏既能调动基层积极性而又能有效推进整体改革的突破口。

3. 学校这一主体的主观能动性有待进一步发挥。从政府、学校和社会三个主体看，政府是教育管办评分离的第一推动者，不仅负责改革顶层设计，确定试点单位，而且在取消行政审批事项、成立教育咨询委员会、推进学校章程建设、推进学校学术委员会和理事会建设，推出了一系列重要举措，但作为改革的受益者，学校这一主体的改革主观能动性有待进一步调动和发挥。如有的学校对以章程为核心的学校制度建设重视程度不够，有的制定了章程，但并未真正按章程办学，实施情况并不如人意；学校对落实和扩大办学自主权都存有期待，关注点也不尽相同，但存在一旦放权后却又无所适从的现象。如一方面希望取消官方性质的学科评估，但另一方面，都认为其具有权威性，第三轮学科评估后，各校都在等待第四轮学科评估结果的出台；又如，取消百篇优秀博士学位论文评选后，同样一时难以适应，纷纷猜测以后会用何种方式替换或由哪个机构来实施评选。脱离政府的直接管理后，学校如何自我发展还需要能力养成时间。

（二）从管办评主体看

1. 政府教育管理职能尚未实现有效转变。教育治理体系还在较大程度上受制于行政化的束缚，向法治政府和服务政府的转变需要进一步加大步伐。其特征为：主体角色多元化，管理方式行政化，管理手段直接化，管理重心过程化，管理视角微观化和单向化，在一定程度上还存在管理越位和缺位现象。

2. 学校自主发展、自我约束机制尚不健全。表现在：一是学校办学自主权仍需进一步落实和扩大，自主发展、自主管理、自我约束的能力有待增强；二是学校内部治理结构有待完善，行政权力与学术权力的关系有待进一步厘清，学术委员会、教代会、理事会、中小学家长委员会等的作用还有较大发挥空间；三是校务公开的主动性和信息透明力度有待加强，师生员工、社会公众对学校重大事项、重要制度的知情权有待进一步行使，民主监督作用有待充分发挥。

3. 社会参与教育治理和评价还不充分。表现在：社会组织发育稚弱，官办色彩浓厚，缺乏作为合作治理主体的独立性、自主性和专业性。教育评价本身存在行政性评价多、专业性评价少，结果性评价多、跟踪性评价少，规范性评价多、诊断性评价少的问题，社会机构的教育评价缺失一定的公信力等。

三　教育管办评分离的国际经验借鉴

（一）美国

美国教育由于历史原因，形成了三级的管理体系①，政府在教育发展过程中更多的角色是“守夜人”；市场在学校办学中起到举足轻重的作用；第三方评估机构对学校办学行为起到良好的督促和监督作用。美国教育市场化改革对我国的启示主要有：一是教育分权是形成教育市场的前提，政府应把经费筹措、人员调配和政策制定等职权下放到各个学校，尊重和落实学校依法自主办学的权力。二是平衡各方利益是形成教育市场的核心，政府要强化教育提供者、教育消费者和教育管理者三方的义务和责任，使政府、学校和社会形成市场化的契约关系。三是社会参与是形成教育市场的关键，政府有必要采取措施推进教育资源分配，最大限度地保证教育公平。

（二）英国

英国通过整合政府部门职能明确政策导向，重建政府教育公共管理体系，转变政府决策机制。在高等教育领域，当前英国高等教育体制改革呈现出一种“软的更软、硬的更硬”的发展态势：一方面，继续巩固大学

① 王正青、陈琴：《美国联邦、州、地方三级基础教育治理体系与运行机制》，《教育科学研究》2017 年第 8 期。

自治的传统，充分发挥大学在办学活动中的主体性积极性；另一方面，继续改进政府监管体系，通过修法、规划、绩效评估和风险监管和问责制等，保护学生和纳税人的利益，努力使政府成为英国高质量教育体系的“守夜人”。[①] 在基础教育领域，治理是在科层管理与市场失灵的背景下，政府、市场、公民社会和组织为解决共同问题而共担责任并分享权利的新型管理方式。在这种新型管理方式下，英国政府一方面以自治之名放松了对学校资源投入的控制，另一方面以问责之名强化了资源产出控制，监控方式由投入性控制变为产出性控制。但由于过度重视问责，学校自治仅限于资源操作层面，专业决策权仍由政府集权管理，导致学校管理日益商业化。[②] 英国的实践启示是，有效的教育治理需要真正形成政府、市场、公众和学校共担责任的大教育观，并建构相应的功能性支持体系以营造适宜的治理环境。应该将政府的职能管理范围由微观层面拓展到宏观政策领域，明确管理权限，推动建立中立的评估机构。只有这样，政府教育公共管理体系才能发挥组织内部的协调功能，激发人们对组织问题的关注和积极性，形成较为理性的决策体系，从而促进教育政策的成功实施。

（三）德国

在全球化与欧洲一体化背景下，为满足国家和社会不断变化的需求，德国在教育治理尤其是高等教育治理领域产生了许多新模式，出现了以“新调控模式”为核心的治理理念和以“目标合约”为代表的治理工具，在传统国家化、管制化治理模式基础上增加了“去管制化”元素，其特点可概括为：法律规范的“去国家化”、财政拨款的“绩效化”和行政管理的“去中心化”。[③] 这三大特点体现了德国高等教育治理结构转型的新趋势，反映了德国大学与政府关系的新变化。德国驾驭改革的启示是，政府对教育机构的控制和管理是必要的，但政府在实行教育管理和行政治理时，应注意治理范围和运作方式，从原来的政府集权治理转变为适当调控管理，如果能够允许更多利益相关主体参与到教育治理中，实现由政府的

① 桑锦龙：《当前英国高等教育改革的若干趋势及启示》，《北京教育》2017 年第 1 期。

② 朱春芳：《主体共治，校本管理：英国基础教育治理模式探析》，《比较教育研究》2016 年第 7 期。

③ 巫锐：《德国高等教育治理新模式：进程与特征》，《比较教育研究》2014 年第 7 期。

单方治理到多方治理的转变（即实现共治），将有助于教育的发展。而在政府简政放权的同时，建立教育机构的自我“紧箍咒”机制，实现财务和绩效的动态管理，则有利于解决“一放就乱”的根本难题。

（四）加拿大

近年来，加拿大在公共治理创新方面取得了卓越的成就，不仅使公民对政府公共管理的满意度大大提高，而且得到了国际社会的承认，很多公共治理创新的措施和方法被其他国家所借鉴和学习。如以公民需求而不是政府部门或政府公务员的需求作为治理创新的基础和方向，是安大略省治理创新的一大特色。① 其管理体制融入了新公共服务的理念，将公民置于整个治理体系的中心。政府将教育行政改革看作政府自身“自上而下”的推进过程，而且更加强调公民“自下而上”的推动对教育行政改革的重要作用，强调政府治理角色的转变，即“服务而非掌舵”。例如，为了满足当地经济发展的需要，省教育部、区教委、学校、社区和家长之间建立了亲密的伙伴关系。教育部制订教学大纲和教育计划、设置课程、批准教材清单，必须广泛听取社区、团体和家长的意见，课程设置、教学内容、学校培养目标要切实为地方经济服务，满足社会和公民的需求。因此，构建教育公共治理结构与服务体系，推动教育改革与发展，是顺应国际教育治理改革的基本走向的。政府应该致力于搭建平台，建立各种行之有效的与公众沟通的对话机制和公众民主参与的决策机制，通过一系列持久而有效的程序设计和制度安排，确保公民广泛地参与到教育公共事务的治理过程中来，通过平等身份基础上的对话、沟通和协商，以集体的努力和协作，使符合公众需要的政策和计划得到最有效、最负责任地贯彻和执行，以此形成由传统的“政府本位”的教育单向治理走向政府与社会、民众平等身份基础上的信任合作、互动共治。

（五）日本

吸收了美国的管理体制是日本教育管理体制的最大特点。第二次世界大战结束后，日本政府在政治、经济、教育等方面仿照美国体制进行了全

---

① 姜美玲：《教育公共治理的国际经验及其启示——加拿大、日本教育公共治理考察报告》，《世界教育信息》2010 年第 6 期。

方位民主改革。[①] 日本战后教育行政管理体制改革主要体现在分权化、民主化、独立化、专业化这四个方面。作为经济发展的先决条件，建立科学、完善的教育管理体系必不可少。其一，教育行政从政府一般行政中独立出来，成为一个独立运行、自主决定的主体，保证了教育行政、教育督导活动的独立性；其二，划分清晰的权利界限，制定明晰的权利清单，明确政府各个层级教育行政部门以及学校的职能；其三，引入包括学校利益相关者、第三方等多元化社会力量参与教育评价，构建完善的教育质量保障体系。

上述五国的共同趋势是注重教育的公共治理，不仅关注教育公共治理模式（即教育公共治理的结构），而且关注教育发展新阶段下的治理性结构与内涵的转型。国际教育管理变革给予我们的启示是，要转变政府教育管理职能，引入多元治理主体，提供多样化教育公共服务是管办评分离改革的主要目的，政府与社会、民众等利益相关者在平等身份基础上的信任合作、互动共治是管办评分离改革后应形成的核心机制，而教育公共治理的有效运作需要完善的制度保障和法律支持。

四　进一步推进教育管办评分离改革的对策建议

在前期政府主导的改革取得初步成效的基础上，推进下一阶段改革的逻辑思路为：以公共治理理念为引领，系统设计和统筹落实教育管办评分离改革方案；通过权力清单、责任清单、负面清单等的编制，厘清政府、学校、社会权责边界；政府部门权责统一放管结合，加快实现四类管理方式转变：从微宏观兼管转向以宏观管理为主，从过程目标兼管转向以目标管理为主，从直接间接管理兼备转向以间接管理为主，从以行政手段为主的管理转向包括运用法律、行政、拨款、规划、标准、技术、信息服务等在内的综合手段的管理，从而有效促进政府职能转型；同时，充分调动学校这一主体的主观能动性，有效引入社会力量参与教育公共治理。

---

① 李海鹏：《国外教育行政管理体制改革趋势分析》，《国家教育行政学院学报》2009 年第 10 期。

（一）以公共治理理念为引领

理念引领是先导。相较于传统管理，治理更注重协同，而不是控制。从控制走向协同，以治理代替管理，是世界教育改革的趋势。要以法治为基础，完善学校自治、政府元治，并最终实现多元主体共治。教育“共治”，并不意味着政府职能的弱化，而是更加强调政府在多方治理中发挥主导作用，承担起“元治理”的角色①，引领治理走向善治。因此，在教育治理中，政府是多元利益的协调者和整合者，应当以维护和实现教育领域的公共利益为出发点，进行宏观规划、统筹和调控，确定教育发展的方向、目标、标准，解决多元主体的目标分化问题，并产出公共政策和制度，为多方主体参与教育管理（治理）提供共同的行动目标和行为准则。

（二）进一步做好改革的顶层设计

教育管办评分离改革是一个先试验、后总结、再推广不断创新和积累的过程。建议对面向 2020 年的 17 项改革任务和 20 项政策创新点，进一步明确时间表和路线图，先易后难，分步推进。同时，作为一项艰巨的系统工程，需要进一步做好前瞻性的顶层设计。建议面向 2030 年教育治理现代化的时间节点要求，实施“三步走”战略，在“2020 年基本形成教育公共治理新格局”的基础上，进一步延展设计，按照“2025 年优化完善教育公共治理新格局”和“2030 年全面实现教育公共治理新格局”的战略目标，分阶段设计管办评分离改革的实施路径和任务。

（三）厘清各类主体职责边界

职能梳理是编制权责清单、实现政府职能转变和管理方式创新的基础。通过梳理政府、学校和社会相关机构的职能，编制各自的权责清单，合理划分政府与社会、学校的权责，促使政府回到应然的角色，即建设法治政府和服务型政府，变政府对学校的单边管理为政府、社会共同参与的多边管理和共同治理。政府教育部门转向宏观管理为主后的重点管理为：学校准入、办学方向、教育规划、质量标准、教育规模、教育结构、教育

---

① 史华楠：《教育管办评分离中政府“元治理”的属性与路径》，《中国教育学刊》2016 年第 10 期。

绩效、资源配置等。

（四）探索综合预算管理

选择有条件的学校先行试点，允许其在综合预算架构内统筹使用各类经费。在此基础上，试点学校可以在提升内部治理能力、提高学校整体办学水平的同时，探索和行使办学自主权，探索建立新型的学校、政府和社会共同治理的模式。建议探索建立综合预算拨款机制，将专项经费逐步转为常态化经费，提高日常性经费占拨款总额的比例，建立稳定投入机制。建议综合考虑办学层次、办学成本、地区差异等因素，探索财政拨款方式由过分倚重规模的配置模式向规模、质量与绩效并重的配置模式转变，鼓励学校办出特色、办出水平，通过质量竞争来获得更多的经费支持。

（五）坚持分类管理

分类管理是主线。分类管理也是国际通行做法。建议改革对同一层次的学校实行以集中统一管理为主的方式，尤其在高等教育和职业教育，应建立科学的分类体系，实行分类管理，通过政策引导和资源配置的作用，引导各类学校合理定位，克服同质化倾向，形成各自的办学理念和风格，在不同层次、不同领域办出特色，争创一流。如上海市教委探索建立高校二维分类管理体系，引导高校由“一列纵队”变为“多列纵队”，鼓励每所高校准确定位，促进学校特色发展、个性发展，在各自领域争创一流，已取得初步的实践成效，其经验值得借鉴。

（六）推进教育标准体系建设

教育标准是依据。科学合理的教育质量标准体系（包括各类教育质量的国家标准和区域标准），是监控评估和督导分层分类教育的基本依据，也是各类学校制定办学目标和自我管理的依据，有助于引导各级各类学校明晰办学要点，更好地承接相关的办学自主权，有利于实施从过程管理到目标管理、从直接管理到间接管理的转变。

（七）引入多元化社会力量参与教育公共治理和评估

一是选择部分公办学校开展股份制转型试点，近期可先探索部分行业特色学校和职业学校向社会开放，允许有资质的组织参与合作办学；二是引导学校利益相关者介入办学评价，尤其是学校举办者、学生家长、雇主代表、重要捐赠者均应参与到学校评价中来；三是在大力培育专业化的第三方教育评估机构的同时，积极引导和组织行业协会、专业学会、基金会等各类社会组织参与教育评价。

（八）充分运用现代信息技术

信息技术是手段。不同于传统的教育统计数据，教育大数据是持续的、全面的采集，强调动态实时性，可以深度、多元分析的多样化数据，包括宏观和微观多个层面。利用大数据技术可以实现教育过程从非量化到量化，教育决策从经验化到数据化，教育管理从不可见、纯经验式到可视化、数据驱动，有助于提升教育宏观管理中的监测、预警和趋势分析功能的科学化程度。美国、澳大利亚、OECD 等国家和组织已经开始将大数据概念实质性地应用于教育政策研究与实践中。建议在国家层面建立起针对教育资源、教育内容、教育对象等的大型数据库，建设国家教育政策长期追踪的数据库和证据挖掘与分析的长效机制，同时指导地方建设各类数据库，为教育管理提供信息技术支持。

（九）构建教育预警系统

信息服务是关键。政府放权和直接管理减少以后，为各类办学单位提供准确及时的教育信息服务尤为重要，这是放管服改革中的重要服务内容。为有效防止由于教育信息不对称和信息失灵失真等原因，造成的学校间低水平重复设置专业、人才培养同质化、脱离社会需求等问题，建议利用国家教育督导系统和大数据技术等，构建教育预警系统。如上海市已连续多年发布本科预警专业名单（针对重复设置较多，在部分学校中连续多年招生录取率和毕业生签约情况不理想的专业），在学校和社会各界都起到了较好的警示作用。预警系统还可发挥参照、纠偏、超前调控等功能，对改进教育管理方式将起到促进作用。

（十）适时启动改革试点项目的评估

建议通过招标或和委托方式，尽快组织专业机构（团队），开展管办评改革试点项目的第三方评估工作，对各试点单位探索实践中所形成的经验，及时进行总结提炼，通过可行性分析论证，并经国家教改办组织评估后，上升为制度安排，形成可复制可推广的案例，分批向全国推广。

Leading the Education Reform of Separating the Government Authorities，Management and Assessment by the Public Governance Theory

Ying Wangjiang

Abstract：It is an important system guarantee to construct a new structure of educational public governance for educational modernization. Presently, the education reform of separating the government authorities in management, operation and assessment is still at the experimenting stage. There still exist some problems led by lack of balance and sufficiency in propelling it. Next, to further promoting the reform, we need proceed from China's reality, draw lessons from international experience, take relevant reform measures deeply.

Keywords：Separating the Government Authorities in Management；Operation and Assessment；Education Reform；Public Governance Theory

国家重点高校政策的变迁逻辑：国家治理的视角*

栗晓红**

摘　要：自中华人民共和国成立以来，国家重点高校政策成为一种重要的治理工具。通过对六次政策出台的背景资料的分析，对政策文本的内容分析以及对政策的执行与结果的经验数据的分析，本研究发现：中国的重点高校政策在治理意图上，经历了一个应激内部挑战与恢复教育秩序，到提升教育实力与竞争世界地位的过程；在治理方式上，经历了一个简单行政命令与无检查验收，到项目制与绩效考核的过程；在治理的历史结果上，导致了个体高校发展的延续性和高等教育整体的陡峭分层及地域不均衡性。文章提出，对“211 工程”、“985 工程”与“双一流”建设的研究应放在国家重点高校政策的变迁进程中去把握和理解。

关键词：重点高校；重点高校政策；教育治理

重点高校政策是国家治理教育的一个重要工具，自中华人民共和国成立以来被多次使用。广受关注的“211 工程”“985 工程”和“双一流”建设本质上是重点高校政策在 20 世纪 90 年代以来的体现。学界对这三次重点建设的研究较多，有学者认为它们极大地助推了我国高校走向世界一流大学，也有学者认为它们导致中国高等教育发展不均衡。但实际上，无论是积极结果还是消极后果，早在 1954 年第一次重点高校政策中就已初现端倪。就此而言，中国重点高校政策在客观后果上具有很强的延续性。

---

* 基金项目：上海浦江人才计划资助项目“‘重点高校’政策对高等教育结构的影响研究”（项目编号：15PJC09）。

** 作者简介：栗晓红（1977—　），女，同济大学政治与国际关系学院社会学系副教授，博士。

另一方面，作为一种治理工具，重点高校政策具有很强的情境性，不同情境下有着不同的政策意图和执行方式，因此，不能笼统地把所有重点高校政策的起因都理解为“由于资源有限，不可能全面等同地建设所有大学，因而就启动了重点大学建设”①，这样就消弭了对其的分析价值。为了更好地认识这一治理工具的延续性和情境性，本研究拟对重点高校政策的内在变化逻辑进行厘清和分析。

中国重点高校政策迄今主要有六次，分别是：1954 年指定 6 所全国重点高校，1959 年到 1963 年指定 68 所全国重点高校，1978 年到 1983 年指定 96 所全国重点高校，“211 工程”指定 112 所全国重点高校、“985 工程”指定 39 所全国重点高校和目前进行中的“双一流”建设指定 42 所全国重点高校。通过对六次政策出台的背景资料的分析，政策文本的内容分析，以及政策的执行与结果的经验数据的分析，本研究的基本观点是，中国的重点高校政策在治理意图上，经历了一个应激内部挑战，恢复教育秩序到提升教育实力，竞争世界地位的过程；在治理方式上，经历了一个简单行政命令到项目制绩效考核的过程；在治理的历史结果上，导致了个体高校发展的连续性和高校整体的分层及地域不均衡性。本文以下内容将对这些命题进行逐点分析和讨论：第一部分对重点高校的治理意图进行比较和分析；第二部分对重点高校的治理方式进行比较和分析；第三部分对重点高校政策的治理结果进行分析。最后，对文章内容进行总结和讨论。

一　治理意图变迁：内部秩序重建到世界地位竞争

考察六次国家重点高校政策出台的背景和初衷，可以发现，每次都有其特有的社会背景和意图，但是整体上看，可以分为两个明显不同的阶段：前三次都是源于解决内部混乱，恢复教育秩序的迫切性；后三次则是出于追赶他国、实现强国梦的时代紧迫感。同时需要注意的是，重点高校政策最初能够出现，经历了一个急切而漫长的政策寻觅和摸索过程，之

① 张端鸿：《“双一流”：新时期我国院校重点建设政策的延续与调适》，《教育发展研究》2016 年第 23 期。

后，该政策逐渐成为一个惯例性的国家治理教育的工具。

（一）应激内部挑战，恢复教育秩序

1. 国家重点高校政策的摸索出台

1954年，我国第一次实施国家重点高校政策，主要是作为应对当时教育建设的忙乱无序的工作和领导方法。其出台经历了一个为单项任务挑出某些高校，到重点发展培养某些人才的所有高校，再到重点发展某些高校的摸索过程。

新中国成立初期，以新民主主义教育为教育方针，接管了新解放区的高等教育，收回了教会大学主权，整顿了私立高校；同时学习苏联，进行全国范围内的院系调整；配合我国的第一个五年建设计划（1953—1957），加快人才培养。期间，还开展了思想政治教育和三反活动等。这套组合拳下来，高等教育领域虽然取得了很大成绩，但也陷入一片忙乱之中，各种问题都暴露了出来：计划性不足、调整过快过急、师资严重缺乏、发展重量轻质、秩序混乱，等等。[①] 如何解决这些问题成为新中国教育建设者必须思考的问题。

最初都是针对单一问题提出解决方案。如为解决高校师资不足问题，1950年曾经提出，“指定若干大学担任培养高等学校师资的任务，即有重点地培养助教和招收研究生”[②]。为解决如何学习苏联问题，曾经提出，“以若干条件较好的地区的高等学校为试点，在一年级新生中，采用苏联教材进行教学”[③]。

1953年，提出了重点发展的思路，但这里的“重点”，指的是重点发展经济建设所需要的工科与理科人才的培养。“教育建设要服务于经济建设。经济建设的重点是工业，工业的建设重点是重工业。这就很显然地规定了我们高等教育和中等技术教育应以培养高等和中等的工矿交通等技术人才为首要重点。”[④] 以工科理科为重点，适当整顿发展其他学校，成为

① 何东昌：《中华人民共和国重要教育文献：1949—1975》，海南出版社1998年版，第242、1904页。

② 同上书，第25页。

③ 同上书，第187页。

④ 同上书，第192页。

同时期中央政治局规定的高等教育方针。

从重点发展理工领域进一步集中到重点发展某些高校的想法出现在1954年8月的《高等教育部关于清华大学工作的决定》中，其中提出，根据中央“重点发展”的方针，高等教育部认为在高等工业教育方面有必要首先以较多的力量来办好清华大学，这对推动和协助全国高等工业学校的教学改革有重要意义。[①] 随之，对清华大学在苏联专家、招生、师资、专业、教学设备等工作作了部署。直至此时，发展重点高校方成为一种治理思路被提了出来。

1954年10月，高等教育部发布《关于重点高等学校和专家工作范围的决议》，指定6所中央直属高校为全国重点高校：中国人民大学、北京大学、清华大学、哈尔滨工业大学、北京农业大学和北京医学院。其中明确表述了重点高校政策的意图，“是为了使这些学校在贯彻中央所规定的方针政策，学习苏联先进经验，进行教学改革，加强行政领导等各方面能够先走一步，取得经验，由高等教育部及时总结推广，以带动其他学校，共同前进”[②]。政策目的是取得工作经验从而推而广之，以实现共同前进；经验范围主要包括学习苏联，进行教改，加强领导等，从而建立新中国教育制度。换而言之，重点高校政策被作为建设新中国教育制度的抓手。

2. 国家重点高校政策逐渐成为治理惯例

1958—1961年的教育大跃进导致高校数量和招生规模急剧膨胀，教育资源短缺，教育质量低下；1966—1976年的“文化大革命”彻底破坏了高等教育秩序。在这些情况下，重点高校政策被很自然地启用，以保持或恢复原有的教育秩序。该政策逐渐成为教育治理的惯例。

1958年，我国开始出现教育大跃进，高等教育的发展目标是：争取在15年左右的时间内，基本上做到使全国青年和成年，凡是有条件的和自愿的，都可以受到高等教育，之后再以15年左右的时间从事提高的工作。随后，中国的高等教育开始了在党的领导下依靠群众力量的大跨步发展。半工半读的学校、各种形式的业余学习的学校如雨后春笋般大量出现。如表1所示，1957年高校数为229所，1958年即扩张到791所，

① 何东昌：《中华人民共和国重要教育文献：1949—1975》，海南出版社1998年版，第367页。

② 同上书，第362页。

1960年达到1289所；学生规模也急剧扩张，1957年在校生44.1万人，1960年高达98.2万人。高等教育处于一种失范的状态。

表1　　1954—1965年全国高校数量及在校生人数

	1954	1957	1958	1959	1960	1961	1962	1963	1965
高校数	188	229	791	841	1289	845	610	407	434
在校生数（万）	25.3	44.1	66.0	81.2	98.2	94.7	83.0	75.0	67.4

数据来源：中国教育年鉴编辑部：《中国教育年鉴1949—1981》，中国大百科全书出版社1984年版，第965—966页。

中共中央在觉察到“左倾”的危害后，于1959年5月颁布《关于在高等学校中指定一批重点学校的决定》，希望在高等教育整体的失控式发展中，有一批高校能够理性发展，控制增设专业和扩大招生，保证教育质量。文件明确要求，这批重点高校“非经中央同意不得再扩大学校规模，不得增加在校学生数目和增设科系”，并对其专业个数、每年本科招生数和本科最大规模以列表的方式作了明确而具体的规定。① 这是一种在无序中保持部分有序，在非理性中保持部分理性的方式。

之后非理性慢慢冷却下来，经过调整、压缩、撤并等措施，高校数和学生规模逐渐回归到适度范围内。到“文化大革命”（以下简称“文革”）前的1965年，高校数回落至434所，在校生数也收缩至67.4万人（表1），高等教育逐渐恢复秩序。然而，1966年开始的“文革”再次打破了刚恢复的教育秩序，运动历时十年，几近彻底摧毁中国的高等教育。“文革”结束后，邓小平复出，主动要求分管教育工作，如何重建高等教育秩序成为迫切需要解决的问题。他力主恢复“文革”前的全国重点高校，并进一步扩大了重点高校规模。重点高校政策再次承担起恢复教育秩序的排头兵。1978年2月，国务院转发教育部《关于恢复和办好全国重点高等学校的报告》，希望推动教育战线的整顿工作，提高大学的教育质量，迅速适应经济和社会建设发展需要。②

---

① 何东昌：《中华人民共和国重要教育文献：1949—1975》，海南出版社1998年版，第902—903页。

② 同上书，第1596页。

（二）增强国家实力，竞争世界地位

进入20世纪90年代，中国社会经过十多年改革开放后，进入了快速发展阶段。高等教育也逐渐步入正轨，得到大力发展。高校成为教学和科研的中心，设立了三级学位，评定了重点学科，引入了研究生院制度，多项学术制度建立起来。鼓励社会力量办学，民办教育也得以蓬勃发展。现在面临的问题是高等教育如何更快地发展，更好地为国家建设服务。国家重点高校政策再次被选择和实施。重点发展一些高校，以发达国家的一流大学为标杆，让它们率先进入一流大学。此时重点高校政策背后的初衷和之前的已经发生了很大的变化，不再是内向的，着眼于恢复秩序；而是外向的，着眼于世界地位。

正是在这一背景下，“211工程”出台了。该工程虽然正式启动于1995年，但是“面向21世纪，办好我国的100所重点大学”的想法早在1991年就被提了出来，且是由当时的国务委员兼国家教委主任李铁映提出来，有学者把这种政策概括为“内输入”政策。[①] 这一想法后来写进了1991年的《国民经济和社会发展十年规划和第八个五年计划纲要》和1993年的《中国教育改革和发展纲要》，希望有一批高校能够“在科学技术水平上达到或接近发达国家同类学科的水平”[②] 和“达到世界较高水平”[③]。1994年的《国务院关于中国教育改革和发展纲要的实施意见》中，则表达为“在21世纪初接近或达到国际一流大学的学术水平。”[④]

1995年，我国提出科教兴国战略，建设世界一流大学变得更为迫切，并提到了战略地位。“985工程”也适时出现。陈学飞在分析“985工程”

---

① 张国兵、陈学飞：《我国教育政策过程的内输入特征——基于对“211工程”的实证研究》，《黑龙江高教研究》2006年第8期。

② 国民经济和社会发展十年规划和第八个五年计划纲要［EB/OL］．（2001-03-01）［2018-07-20］．https：//baike. baidu. com/item/中华人民共和国国民经济和社会发展第十个五年计划纲要/12196219.

③ 中共中央，国务院．中国教育改革和发展纲要［EB/OL］．（1993-02-13）［2018-07-20］．http：//old. moe. gov. cn//publicfiles/business/htmlfiles/moe/moe_ 177/200407/2484. html.

④ 国务院．国务院关于中国教育改革和发展纲要的实施意见［EB/OL］．（1994-07-03）［2018-07-20］．http：//old. moe. gov. cn/publicfiles/business/htmlfiles/moe/moe_ 177/200407/2483. html.

何以成为国家政策时，提出“最重要的决定因素是它与国家元政策的目标紧密相关”。[①] 1998 年的《面向 21 世纪教育振兴行动计划》中明确提出“建设世界一流大学，具有重大的战略意义……今后 10—20 年，争取若干所大学和一批重点学科进入世界一流水平”。[②] “211 工程”包括 112 所高校，“985 工程”的对象是其中的 39 所精英高校，旨在集中规模更大的资源，实施更为集中的投入和建设，早日实现世界一流大学的目标。

“双一流”建设开始于 2015 年，虽然其开放度和包容性比以前都有所提高，但正如阎凤桥所说，它“仍然将世界高等教育作为参照系，以世界一流作为标杆，从而在对比过程中努力将中国的一些大学和学科建设成为世界一流大学和一流学科”。[③] 其总体目标是“推动一批高水平大学和学科进入世界一流行列或前列”，基本原则是“坚持以一流为目标。引导和支持具备一定实力的高水平大学和高水平学科瞄准世界一流，汇聚优质资源，培养一流人才，产出一流成果，加快走向世界一流”。[④]

二　治理方式变迁：简单行政命令到项目制运作

国家重点高校政策主要是通过向重点高校倾斜资源和政策，支持它们发展的方式执行。比较这六次执行方式，和治理意图同样，存在两个明显不同的阶段，前三次只是通过简单的行政命令，对重点高校予以资源和政策的倾斜，没有明确的标准和政策效果的评估；后三次采取的是项目制的运作方式，有专项资金，有基于标准的考核。这背后反映的是重点高校政策作为一种治理工具的精细化趋势，以及国家治理整体方式的变迁。

---

① 陈学飞：《理想导向型的政策制定——“985 工程”政策过程分析》，《北京大学教育评论》2006 年第 1 期。

② 教育部：《面向 21 世纪教育振兴行动计划》，（1998-12-24）［2018-07-20］. http：//old. moe. gov. cn/publicfiles/business/htmlfiles/moe/s6986/200407/2487. html.

③ 阎凤桥：《我国高等教育“双一流”建设的制度逻辑分析》，《中国高教研究》2016 年第 11 期。

④ 教育部、财政部、国家发展改革委：《统筹推进世界一流大学和一流学科建设实施方案》（2017-01-24）［2018-07-20］. http：//www. gov. cn/xinwen/2017-01/27/content_ 5163903. htm#1.

（一）简单行政命令

每次重点高校政策出台后，国家都会通过行政命令对入选高校进行额外支持。1954年第一批国家重点高校获得的支持主要是，在聘请苏联专家、调配师资及干部、人员编制及基本建设和设备方面得到更多照顾。

1959年对重点高校的资源倾斜表现在：第一，只有重点高校才可以设置高精尖专业。第二，重点高校优先获得优质师资。对于全国重点高等学校抽调学生培养师资工作，由教育部统一计划、统一抽调、统一培养；毕业后纳入国家分配计划，在全国重点高等学校范围内分配，各省、自治区、直辖市和各部门不得从全国重点高等学校中抽调。第三，重点高校具有更有利的师生比和教职工比，学生可以得到更多的教师指导和职工服务。第四，重点高校可以获得更优质的生源。

1978年的重点高校除了继续获得以上各种资源和政策的照顾外，还特别获得多种学术资源的倾斜。比如在1981年首批博士学位授予上，国家明确规定，“授予博士学位的单位及其学科、专业，主要限于全国重点高等学校和国务院有关部门主管的科学研究机构中，具有下列条件，确能培养攻读博士学位研究生的重点学科”①。而这又导致在重点学科评定上的优先权，因为“重点学科应从符合条件的博士点中选定”②。还有，在研究生院设置上也是占尽优势，1984年国务院批准的首批22所研究生院全部来自重点高校。

但这个阶段的资源和政策倾斜都只是通过行政命令来进行，还没有和绩效挂钩，正如王莉华所说，“教育部门早期设立的一些重点高校和学科建设政策尚不能称之为绩效拨款，因为这些政策都没有明确的、固定的、长期的经费资助安排，更多地体现为招生、人员配置、项目竞争等方面的政策性扶持和优先发展待遇，即使安排了专项经费，其实施也缺乏系统

① 何东昌：《中华人民共和国重要教育文献：1949—1975》，海南出版社1998年版，第1904页。

② 国家教委．关于评选高等学校重点学科的暂行规定［EB/OL］．（1987-08-12）［2018-07-20］．https：//baike. baidu. com/item/关于评选高等学校重点学科的暂行规定/6015499？fr = aladdin.

性，而且这些政策大都缺乏明确的高校或学科评选以及绩效考核机制。”① 无绩效考核，则难以监督和评估政策的执行效果。这也说明，此时国家对教育的治理尚处于比较粗放的阶段。

（二）项目制运作

从“211工程”开始，项目制成为一种主要的政策执行方式。所谓项目制是指，在财政体制的分配渠道和规模之外，按照中央政府意图，自上而下以专项化资金方式进行资源配置的制度安排。它是我国于20世纪90年代中期开始使用的国家治理工具，被广泛运用于多个公共领域中，成为自上而下推动任务部署的重要形式。②

同之前对重点高校的支持不同，“211工程”设立了专项基金，该基金由中央和地方、部门统筹安排。以1995年为例，当年安排中央专项经费3.5亿元，其中，国家计委安排2.5亿元，财政部安排1亿元。三期建设资金共约383.58亿元，其中，国家专项资金约184.05亿元。

“211工程”实施过程管理，强调目标明确、评估准确和绩效奖励。实施前有论证，实施中有年度报告，定期接受中期评估。评估成绩优秀者，给予鼓励；评估成绩不合格者，要限期改正。项目完成时，聘请专家组根据工程建设目标、条件和建设任务书，对项目的完成情况进行验收，向社会公布验收结果，并据此分配奖励金。以“211工程”三期建设（2008—2011）为例。2012年初，财政部会同国家发展改革委、教育部启动验收工作。在学校自行组织校内验收基础上，三部委采取网络验收、抽查验收、委托社会独立机构验收等形式，进行了国家验收。之后根据验收结果发放奖励资金38323万元，其中财政部安排13095万元，国家发展改革委安排25228万元，共奖励28所高校。③

中央专项资金加地方配套资金的资金投入模式，明确的目标，严格的考核要求，这些标准的项目制要素后来也成为“985工程”和“双一流”

---

① 王莉华：《我国高等教育的绩效专项经费改革及完善思路——以“211工程”和“985工程”为例》，《中国高教研究》2008年第9期。

② 周雪光：《项目制：一个控制权理论视角》，《开放时代》2015年第2期。

③ 中央财政下达“211工程”三期建设奖励资金38323万元［EB/OL］.（2012-11-21）［2018-07-20］. http://www.gov.cn/gzdt/2012-11/21/content_2271791.htm.

建设的标配。

项目制和之前的执行方式相比，相同点是，对高校都有很强的参与激励。成为重点高校，意味着巨大的资源投入和发展机会，所以，高校有着很强的激励，存在激烈的竞争，当然很多时候这种竞争表现为政治博弈的过程。① 不同点是，项目制引入了绩效的概念，对资金投入有明确的指向，对资金的使用加大了监督和评估。就此而言，项目制是一种更为理性的治理方式。

但是，项目制也面临特有的治理难题。因为这些项目具有很强的针对性，且周期比较长，所以政府和高校的专有性关系很强。也就是说，高校选拔不是在所有高校范围内，而是在一个小范围内进行，尤其是“985 工程”和“双一流”建设更是如此。如果说“211 工程”在选拔高校时，除了政治博弈之外，还有一个专家淘汰性评审阶段，“985 工程”则完全是通过政治过程和非公开竞争方式选择高校，专家虽有审核，但是没有淘汰，属于一对一协商的方式。政府和高校之间形成了围绕项目的“双边契约”关系。

因为信息和未来事件的不确定性，该契约只能是不完全契约，因此，高校一旦获得项目，政府如何获取项目执行的准确、全面信息和对其进行监督就成为核心问题。周雪光提出，在这种情况下，契约规定的权力之外的剩余控制权的分配成为决定参与各方的激励及其相应行为的重要因素。剩余控制权有三个维度：目标设定权、检查验收权、实施/激励权。这三种方式可以有不同的组合，从而形成不同的治理模式。就重点高校项目来看，往往采取“承包式”治理方式，政府掌控前两个权力，为项目设定目标，检查验收，高校掌控实施权。项目目标是否清晰、高校多大的自由裁量权、政府的注意力分配都会影响项目的执行效果。②

三　政策结果：重点高校建设的连续性

尽管国家重点高校政策在意图和执行上都有很大变化，但是就其结果

① 宋维强、廖媛红：《大学竞争的政治学分析：以“985 工程”为例》，《高等教育研究》2004 年第 6 期。

② 周雪光：《项目制：一个控制权理论视角》，《开放时代》2015 年第 2 期。

上来说，却有非常明显的连续性。这种连续性表现在三个方面：一是高校个体发展的连续性，越早加入重点高校行列，越容易入选下次的重点高校名录，现在的国内一流高校基本都是很早就成为重点的高校。二是高等教育地域结构的连续性，首次重点高校建设就存在非常明显的地域不平衡，之后这种不平衡一直延续到现在。三是高等教育的等级结构后果上的延续性，数次重点高校建设累积的结果导致现在中国高等教育的金字塔结构。

（一）高校个体发展的连续性

六次国家重点高校政策的一个特征是，入选高校名单的涵盖性和重合性很大。1959—1963 年的重点高校涵盖了 1954 年的所有 6 所重点高校，1978—1983 年的重点高校涵盖了“文革”前 68 所高校中的 65 所（除了北京政法学院、第四医科大学和南京农学院），“211 工程”高校涵盖了 1978—1983 年 96 所重点高校中的 85 所，而“985 工程”高校全部在“文革”前就已经是全国重点高校，且全部入选“双一流”高校。从中可以看出，高校发展轨迹有着非常强的路径依赖性。越早成为国家重点高校，越有可能进入下一次重点高校名录，从而成为地位越高的高校。反之，如果没有进入重点高校名录中，发展机会就比较少。也正由于此，一批高校在多次重点高校政策加持下，发展较快，取得了一系列成绩，在世界大学排行中地位有较大提升。从这个意义上看，我国一批高校能够快速成长，绝不只是“211 工程”“985 工程”和“双一流”建设的结果，而且是多次重点高校政策的合力结果。

（二）高等教育发展的区域不平衡

众所周知，我国高校发展有极大的区域不平衡，这也是“211 工程”等被诟病的原因之一。但实际上，区域不平衡早在首次重点高校政策时就非常明显，区域不平衡具有一以贯之性。在高校发展路径依赖性下，时间越长，区域间高校差距越大，也越受人瞩目。如表 2 所示，1954 年的 6 所全国重点高校中，5 所在北京。1959 年首批 16 所全国重点高校中，9 所在北京，4 所在上海，哈尔滨、西安和天津各 1 所，其他省份均无。1963 年，全国重点高校扩大到 68 所，北京数量仍然遥遥领先，高达 27 所，位居第二位的上海有 9 所，大部分省（市、自治区）有 1—3 所，仍然有 13 个省份无一所重点高校。1983 年，全国重点高校范围进一步扩大，96 所全国重点高校中，有 5 所及以上的有北京、上海、陕西、江苏、湖北、黑龙江、广东、辽宁等 8 个省（市、自治区），合计 69 所，占总数的 72%。“211 工程”第一次做到每省都有 1 所重点高校，但是北京一地就有 30 所，北京、江苏、上海、陕西、湖北五地合计 74 所高校，占总数的 66%。从中可以看到，北京一直是重点高校最为集中的地方，区域不均衡也一直存在。不过，国家也注意到了这种不均衡现象，为提高中西部教育发展，2011 年推出了中西部高等教育振兴计划，包括“中西部高校综合实力提升工程”“中西部高校基础能力建设工程”和“省部共建高校”建设等。

表 2　　历次重点高校的地域分布情况

	1954 年（6 所）	1959 年（20 所）	1963 年（68 所）	1983 年（96 所）	211 工程（112 所）	985 工程（39 所）
北京	5	10	27	26	30	8
上海		4	9	9	9	4
陕西		3	4	6	7	3
黑龙江	1	2	2	5	4	1
江苏			3	6	11	2
湖北			3	6	7	2
天津		1	2	2	3	2
广东			3	5	4	2
辽宁			3	5	4	2
山东			2	2	3	2
四川			2	3	5	2
吉林			2	3	3	1
湖南			1	3	3	3
浙江			1	1	1	1
安徽			1	2	3	1
福建			1	1	2	1
河北			1	2	1	
甘肃			1	1	1	1
重庆				3	2	1
新疆				1	2	
云南				1	1	

续表

	1954年（6所）	1959年（20所）	1963年（68所）	1983年（96所）	211工程（112所）	985工程（39所）
内蒙古				1	1	
江西				1	1	
山西				1	1	
河南					1	
广西					1	
海南					1	
贵州					1	
西藏					1	
青海					1	
宁夏					1	

（三）等级性高等教育结构的形成

六次国家重点高校政策的实施，在政策效果上形成了一波波的推动力量，原本地位较为平等的高校群体开始出现纵向分化，一些高校地位越来越高，成为高校场域中的支配方，另一些高校则处于高校组织场域中的弱势一方，中国高校的金字塔结构就此形成：以北京大学和清华大学为塔尖，依次为其他c9联盟高校、其他“985工程”高校、其他“211工程”高校，普通一本高校、普通二本高校、三本和专科高校。重点高校政策导致不平等的现象并不奇怪，很多领域的研究都发现，项目制的选择性介入可能加剧同类组织间的差异和不平等①，而多次项目制的实施会放大这种效应。这种等级制结构极大地影响了就业市场的招聘方式和家庭的报考选择。有趣的是，美国和中国一样，也有着陡峭的高等教育结构，但和中国的政策主导机制不同的是，美国主要是市场机制导致。而和中国一样政府具有强势地位的欧洲却选择了比较扁平的高等教育结构。

① 折晓叶、陈婴婴：《项目制的分级运作机制和治理逻辑——对“项目进村”案例的社会学分析》，《中国社会科学》2011年第4期。

四　结语和讨论

自中华人民共和国成立以来，国家重点高校政策就成为一种重要的治理工具，从1954年出台第一次重点高校政策，到2015年“双一流”建设推出，共有6次运用该治理工具。已有研究虽也有从国家教育治理角度关注到该政策的延续性，但是没有分析延续是何种意义上的延续，或者只看到“211工程”以来三次政策的延续，忽略了整体的延续性。也有学者关注到了政策的差异性，但是差异的分析更为关注具体细节的差异，忽略了抽象层面的提升。本研究希望从国家治理角度，采用一个相对长的历史视角去分析新中国成立后的重点高校政策内在的变迁逻辑。

本研究发现，重点高校政策在客观结果上具有非常强的延续性。但是，在政策意图和执行方式上又有着很强的情境性。本研究想强调以下发现：第一，作为一种频繁使用的治理工具，国家重点高校政策最初并非那么容易出现，而是经过了一个漫长的摸索过程，以后才成为解决问题的惯例；第二，从治理意图上看，该政策起初更多是为了找到治理教育内部混乱秩序的工具，20世纪90年代发生了改变，从内部秩序问题转到了对世界一流大学的追求；第三，该教育治理工具的使用和整体治国理政思路和方法密不可分，存在互相借鉴和传播现象，如项目制的使用就是从财政领域扩散到教育领域；第四，该政策在执行上有很强的马太效应，某些高校一旦进入重点高校群体，以后就会有更大机会进入以后的重点高校名录，因此，高校的快速发展离不开前几次重点高校政策的推动；第五，该政策从最初开始就有很强的区域不均衡性；第六，该政策极大地影响了中国的金字塔高等教育的形成。

本研究只是对重点高校政策的治理意图、执行方式和客观结果进行了分析，还有更多的问题需要深入研究。比如我国为何会每隔一段时间就废除之前重点高校政策，而启动新的重点高校政策？是为了调整重点高校名单吗？但是每次重点高校名单高度的涵盖性说明此点并不是最重要的。是出于王建华所说的“制度疲劳”下的“换汤不换药”吗？[①] 再如，高质

① 王建华：《政策驱动改革及其局限——兼议“双一流”建设》，《江苏高教》2018年第6期。

量项目制的前提是目标明确，我国往往把重点高校建设与推动改革密切联系起来①，导致目标宏大而模糊，这为政策执行和以后的检查验收带来很大不确定性和难题。那么，应该如何处理重点高校政策的项目制执行方式和对其更多元的目标期待？另外，国家领导人更替会对国家重点高校政策产生什么影响？每届领导人提出一个教育重点建设计划会成为一种惯例吗？重点高校政策作为一种治理工具，在我国具有独特的价值。王建华观察到，“由政府主导，以政策驱动改革成为我国高等教育改革和发展的典型模式”，而在政策选择上，我国又偏好重点建设和择优激励。② 在一个更精细的整体框架中理解这些问题背后的逻辑，还需要做更多的研究工作。

A Study on the Logic of Policy Change in the State Key Universities：A Perspective of State Governance

Li Xiaohong

Abstract：State key university policy has become an important tool for governance since the founding of the P. R. C. Through the analysis of the background data of the six policies, the content of the policy text and the empirical data on the implementation and the consequences of the policy, this study has the following findings. First, in terms of governance intention, the key policy in China has undergone a process from stressing internal challenges and restoring educational order, to enhancing educational strength and competing for world status. Second, in terms of the way of governance, the key policy has experienced a process from the simple administrative order without inspection to project system with per-

① 陈维嘉：《重点支持高等教育建设的成功实践——教育部直属高校“211 工程”一期建设项目验收综述》，《中国高等教育》2001 年第 23 期。

② 王建华：《政策驱动改革及其局限——兼议“双一流”建设》，《江苏高教》2018 年第 6 期。

formance appraisal. Third, in terms of the historical consequences of governance, it has led to the continuity of the development of individual colleges and universities and the steep stratification and region imbalance of higher education. Finally, the paper puts forward that the research on "211 Project", "985 Project" and "Double First-class" construction should be grasped and understood in the process of the change of state key universities policies.

Keywords: Key Universities; Key University Policy; Educational Governance

教育经济

教育经济学研究的分布特征、研究热点与知识基础

——基于2008—2017年SSCI教育经济学专业期刊的计量分析

黄 帅 谢晨璐*

摘 要：本文从分布特征、研究热点和知识基础三方面对2008—2017年SSCI教育经济学专业期刊进行文献计量分析，发现：第一，近10年SSCI教育经济学专业期刊的作者来源呈现出国际化的趋势，除美国外，德国、英国、中国等地区的高水平大学和研究机构都有发声。第二，教育经济学研究热点集中在两个方面：以人力资本理论为基础，研究教育投入和教育产出的问题；以政策为导向，研究美国政府2002—2015年出台的两个教育法案（NCLB法案和ESSA法案）推行和实施过程中出现的学校问责、教育资助、公立学校、教师问题、同伴效应等问题。第三，教育经济学研究领域的知识基础建立在统计学、经济学、教育学的学科知识之上，尤其借鉴统计学、经济学的研究方法。

关键词：教育经济学；研究热点；知识基础；计量分析

教育经济学是运用经济学的理论与方法，研究教育与经济的相互关系以及变化发展规律，研究教育领域中资源投入和产出规律的科学。[①] 在西方，从20世纪60年代开始，以舒尔茨（Theodore W. Schultz）人力资本理论为中心的教育经济理论体系确立后，陆续延伸出筛选假设理论

---

* 作者简介：黄帅（1992— ），男，浙江师范大学教师教育学院博士研究生；谢晨璐（1990— ），女，襄阳智投教育发展有限公司，硕士生。

① 王善迈：《关于教育经济学对象与方法的思考》，《北京师范大学学报》（社会科学版）2016年第1期。

(Screening Hypothesis)、劳动力市场分割理论（Labor Market Segmentation Theory)、(激进）社会化理论（Socialization Theory）等学说。伴随社会进步和经济发展，教育经济学研究在深度、广度上不断扩展，引入社会资本理论（Social Capital）系统分析方法、新制度经济学理论（New Institutional Economics）等研究方法，研究视域进一步扩展。近 10 年来，该研究领域发生了那些变化？热点领域是什么？基于哪些知识？我们为此运用文献计量方法和可视化软件 Citespace，描述与阐释近十年教育经济学研究领域的基本分布特征、研究热点和知识基础，展现该领域的研究变化趋势，以期为学者的深入研究提供一些参考。

一　数据来源与方法

（一）数据来源

在 Web of science 平台公布的期刊引用报告（Journal Citation Report，简称 JCR）的教育和教育研究（Education & Educational Research）分类目录中，收录了两本教育经济学专业期刊，同时这两本期刊属于 SSCI 收录。分别是：

1. 美国 Pergamos - Elsevier Science LTD 主办的《教育经济评论》(*Economics of Education Review*)，1981 年创刊，季刊为主。2016 年影响因子（Journal Impact Factor）为 1.456，特征因子分值（Eigen factor Score）为 0.007430。[①] 该期刊主要刊发教育政策、教育财政、人力资本产出与回报的相关研究，主要焦点是微观数据和明确政策的应用研究。[②] 通过 Wos 核心合集检索，2008—2017 年该期刊共收录文章 845 篇。

2. 美国 Taylor& Francis LTD 主办的《教育经济学杂志》（*The Journal of Economic Education*)，1969 年创刊，季刊为主。2016 年影响因子为 0.486，特征因子分值为 0.00410。该期刊收录了教育经济学原创性的理

① Clarivate Analytics. Journal Citation Report [EB/OL].（2017-10-05）[2017-10-05]. http://interest. ip. thomsonreuters. com/jcr-infographic.

② Elsevier. Economics of education review [EB/OL].（2017-10-05）[2018-01-10]. https://www. journals. elsevier. com/economics-of-education-review/.

论、方法论、教育方法评估、学习兴趣和方向的相关研究。① 2008—2017年该期刊共收录文章346篇。

（二）研究方法

在Wos核心数据库中，以SO=（Economics of Education Review OR Journal of Economic Education）为布尔逻辑检索式，文献类型选择文章，时间跨度选择为2008—2017年，共计检索到1191篇文献。将包含文章标题、关键词、摘要以及参考文献的文献题录以纯文本的形式导出（检索时间为2018年1月10日）。运用文献计量方法展现两本专业期刊的分布特征。并借助可视化分析软件Citespace，通过其文献共被引聚类、关键词共现和突变检索词功能，从多边角度反映国际教育经济学研究的研究热点及知识基础。具体研究过程如图1所示。

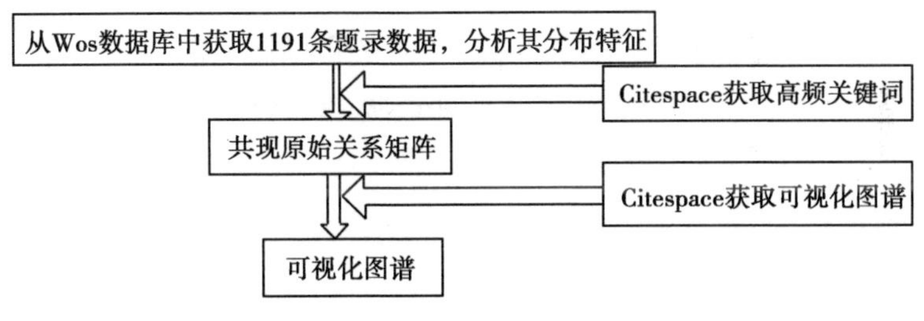

图1　研究对象可视化处理流程

二　国际教育经济学研究基本分布特征

通过分析2008—2017年SSCI两本教育经济学专业期刊年度论文刊载量均在百篇以上，最高的年份为2011年的150篇。在国别分布方面，尽管论文作者来自数十个国家，但是集群特征明显。详见表1。其中美国独占鳌头，发文数量占总数的65%以上。德国、英国分列第二、三位，但是与美国的差距明显。中国以25篇排在第八。这25篇文章中，来自清华大学、北京大学、中国人民大学、香港大学、北京师范大学的研究等都列

① Taylor Francis. The Journal of Economic Education [EB/OL].（2017-10-05）[2018-01-10]. www.tandfonline.com/loi/vece20.

其中，且院校合作研究居多。研究类型多为案例研究，研究内容多关注中国的教育经济问题，尤其是农村地区（见表2）。总体来说，来自中国的研究，在发文机构与研究主题方面都呈现点状分布，缺少聚焦。在中国人文社会科学研究国际化水平普遍较低的背景下，中国大陆教育经济学研究处于弱势地位。主要源于：第一，长期以来忽视教育事业对经济发展的推动和拉动作用，片面强调教育的政治功能。第二，教育经济学自发展成为一个独立的学科以来，奠定其学科知识与理论逻辑体系的起点较为混乱。① 第三，中西教育经济学研究范式差异较大，在量与质上都有较大差异。有学者通过对比 SSCI《教育经济评论》与 CSSCI《教育与经济》刊发文章的文献类型，发现案例研究约占前者文章总数的 20%，在后者中却只有 8%。② 另外，我国教育经济学研究中，宏观层面的研究占绝对优势，对处于微观层面的教育机构、组织管理中经济问题的关注明显不够。

表1　2008—2017 年 SSCI 教育经济学专业期刊发文频次在 10 及以上的国家/地区分布列表

频次	国家/地区	占比	频次	国家/地区	占比	频次	国家/地区	占比
781	美国	65.99%	25	中国	2.10%	13	瑞士	1.09%
105	德国	8.82%	25	西班牙	2.10%	12	以色列	1.01%
77	英国	6.47%	22	法国	1.85%	12	韩国	1.01%
66	澳大利亚	5.54%	17	爱尔兰	1.43%	10	巴西	1.01%
43	荷兰	3.61%	17	瑞典	1.43%	10	智利	0.92%
33	加拿大	2.77%	15	丹麦	1.26%			
31	意大利	2.60%	13	比利时	1.09%			

表2　中国大陆研究者 2008—2017 年间 SSCI 教育经济学专业期刊发文情况

年份	机构	题目
2008	上海财经大学	*Unequal education, poverty and low growth-A theoretical framework for rural education of China*
2008	上海财经大学	*The causal effect of graduating from a top university on promotion: Evidence from the University of Tokyo's 1969 admission freeze*

① 崔玉平：《中国教育经济学学科发展的特点与机遇》，《教育与经济》2014 年第 2 期。

② 李桂荣：《改革开放 30 年中国教育经济学之回顾与展望》，《教育研究》2009 年第 6 期。

续表

年份	机构	题目
2009	北京师范大学/清华大学	*Multi-product total cost functions for higher education: The case of Chinese research universities*
2009	北京大学/中央财经大学	*The gender difference of peer influence in higher education*
2010	北京大学	*University rank and bachelor's labour market positions in China*
2010	北京大学	*Health shocks and children's school attainments in rural China*
2010	北京大学	*Gender disparities in science and engineering in Chinese universities*
2011	中央财经大学	*Conditional cash penalties in education: Evidence from the Learnfare experiment*
2011	中国社会科学院/西北大学/清华大学	*Early commitment on financial aid and college decision making of poor students: Evidence from a randomized evaluation in rural China*
2011	中国社会科学院	*Economic returns to speaking "standard Mandarin" among migrants in China's urban labor market*
2013	中国科学院/西北大学	*Do you get what you pay for with school-based health programs? Evidence from a child nutrition experiment in rural China*
2013	北京大学	*Information, college decisions and financial aid: Evidence from a cluster-randomized controlled trial in China*
2013	清华大学	*Does private tutoring improve students' National College Entrance Exam performance? -A case study from Jinan, China*
2014	中国农业大学	*Quasi-Experimental Evidence of Peer Effects in First-Year Economics Courses at a Chinese University*
2014	中国农业大学	*Incentive Matters! -The Benefit of Reminding Students About Their Academic Standing in Introductory Economics Courses*
2014	湖南大学/中央财经大学/北京师范大学	*Access to college and heterogeneous returns to education in China*
2014	中国人民大学/对外经贸大学	*The effects of tuition reforms on school enrollment in rural China*
2015	中国科学院	*Does computer-assisted learning improve learning outcomes? Evidence from a randomized experiment in migrant schools in Beijing*
2015	复旦大学	*The achievement and course-taking effects of magnet schools: Regression-discontinuity evidence from urban China*

SSCI 教育经济学期刊发文超过 10 篇的研究机构有 24 家（见表 3）。其中，来自美国的机构有 17 家，英国（伦敦大学、伦敦政治经济学院）与荷兰（阿姆斯特丹大学、马斯特里赫特大学）各占 2 席。在发文数量上，德国的劳动经济研究所、加州大学系统、美国的国家经济研究局分列前三，并在数量上遥遥领先于其他机构。作为一家由基金支持的独立研究机构，德国的劳动经济研究所运行着世界上最大的经济学家网络，开展全

球劳动力市场、劳动经济学等调查研究。① 加州大学是一所拥有 10 个分校的巨型大学系统，包括伯克利分校、戴维斯分校等都在各项学术指标和排名中均名列前茅。美国的国家经济研究局成立于 1920 年，研究主题相当广泛，涉及统计测量、开发量化模型、政策评价等方面。② 伦敦大学、佐治亚大学、哈佛大学发文频次都在 20 以上，分列 4—6 位。其他大学和机构发文量分布则相对较均衡，不存在较大差异。

表 3 2008—2017 年 SSCI 教育经济学研究发文主要机构分布

频次	机构	国家/地区	频次	机构	国家/地区
46	劳动经济研究所	德国	14	世界银行	国际
42	加州大学（系统）	美国	14	阿姆斯特丹大学	荷兰
41	国家经济研究局	美国	14	得克萨斯大学	美国
26	伦敦大学	英国	14	北卡大学	美国
21	佐治亚大学	美国	14	范德堡大学	美国
20	哈佛大学	美国	12	澳大利亚国立大学	澳大利亚
18	康奈尔大学	美国	12	伦敦政治经济学院	英国
18	斯坦福大学	美国	11	佐治亚州立大学	美国
16	哥伦比亚大学	美国	11	密歇根州立大学	美国
15	芝加哥大学	美国	11	伊利诺伊大学	美国
14	加州州立大学	美国	11	密歇根大学	美国
14	马斯特里赫特大学	荷兰	10	杨百翰大学	美国

三 研究热点分析

（一）国际教育经济学研究的高频关键词分析

研究热点可以认为是在某个领域中学者共同关注的一个或者多个话题，具有较强的时间特征，通常以关键词统计来呈现。通过统计词频，确

① IZA. About the IZA［EB/OL］.（2017-10-05）［2018-01-10］. https：//www. iza. org/en/about.

② NBER. About the National Bureau of Economic Research［EB/OL］.（2017-10-05）［2018-01-10］. http：//www. nber. org/info. html.

定高频关键词，并通过高频关键词分析研究对象的热点和发展趋势。[①] 笔者借助 Citespace 软件统计 1191 篇题录数据，得到美国教育经济学研究的高频关键词列表。详见表 4。

表 4　　　　教育经济学研究高频关键词（频次≥10 的关键词）

序号	频次	关键词	序号	频次	关键词
1	149	human capital	17	29	inequity
2	136	student achievement	18	28	educational finance
3	108	performance	19	27	test score
4	101	earning	20	25	incentive
5	96	impact	21	21	classroom experiment
6	87	higher education	22	20	resource allocation
7	83	quality	23	16	instrumental variable
8	70	outcome	24	16	salary wage differential
9	64	return	25	16	regression discontinuity design
10	62	college	26	11	peer effect
11	45	model	27	10	charter school
12	44	gender	28	10	mobility
13	42	efficiency	29	10	I&O analysis
14	37	labor market	30	10	regression
15	33	school choice	31	10	school accountability
16	32	public school			

就关键词排序而言，虽然在原始数据中教育、教育经济学等关键词频次排名前两位，但是由于无法透露出更多的信息，故将类似的关键词剔除。分析其余的关键词，近 10 年来教育经济学研究的前沿主要呈现以下特征。

1. 以人力资本理论为理论基础。由表 4 可知，关键词人力资本（频次：149）位居首位，相关关键词有劳动力市场（频次：39）等。20 世纪 60 年代舒尔茨的人力资本理论奠定了教育经济学的知识基础。《论人力资

① 赵蓉英、许丽敏：《文献计量学发展演进与研究前沿的知识图谱探析》，《中国图书馆学报》2010 年第 5 期。

本投资》认为“有关人力资本投资的研究分析框架通常都构筑于人们对于自身的投资来提高其作为生产者和消费者的能力这样的一个主题之上”，其目的是通过对自身的人力资本投资提高人的经济价值。人力资本理论不仅认为教育与人的经济价值相关，而且与经济的发展联系密切，“人力资本的投资收益率要远高于物质资本的收益率”。[①] 概而言之，教育经济学的研究一直是在舒尔茨人力资本理论的基础上不断推进。

2. 教育的收益成问题。表征教育收益的高频关键词如学生成就、收益、回报、表现等大量出现。近 10 年来，美国教育经济学研究出现新的研究热点：学校选择（频次：31）、课堂实验（频次：31）、教育问责（频次：10）、同伴效应（频次：11）、教师工资差异（频次：16）、特许学校（频次：10）等。其中教育问责和同伴效应都产生于布什政府颁布的 NCLB 法案（即“不让一个孩子掉队”法案），该法案被外界评论为美国教育领域内的一次集权化的努力，其着力点在于教育财政与教育问责制度。[②] 这一方案虽然在一定程度上改变了美国的基础教育状况，但在执行过程中依然出现了一些广为诟病的顽疾。因此，奥巴马上台后，颁布了旨在对 NCLB 进行修补的 ESSA 法案（“每个学生都成功”法案）。该法案在实现教育公平上做出了一些尝试。比如，为了克服公立学校的僵化教育风气，加大政府资助力量并增加特许学校的数量。另外，同伴关系的研究亦与 NCLB 关系密切。我们由此认为，两届美国政府颁布的教育法案开启了教育经济学研究领域的新热点。

3. 在研究方法上，模型分析（频次：45）、回归分析（频次：35）、断点回归分析（频次：30）、投入—产出分析（频次：30）等统计学、经济学分析方法是教育经济学研究数据分析的主流。其中，断点回归是一种拟随机实验，能够有效利用现实约束条件分析变量之间因果关系的实证方法。它被广泛应用于发展经济学、环境经济学、政治经济学以及教育经济学的研究中，以测定政府制定政策、法规的影响。投入—产出分析是测定投入与产出的相互依存关系的经济计量模型，在教育经济学研究中被用来分析教育的投入与产出。另外回归分析、模型分析等经济学分析方法也被

① 舒尔茨·T. W.：《论人力资本投资》，吴珠华译，北京经济学院出版社 1990 年版，第 5—17 页。

② 杨钋：《教育经济学研究——美国的新发展》，《教育与经济》2010 年第 1 期。

广泛应用到教育经济学的研究中。

（二）国际教育经济学研究热点可视化图谱分析

关键词共现网络分析是一种文本内容分析技术，通过分析在同一文本主题中的款目（单词或名词短语）共同出现的形式，确认文本所代表的学科领域中相关主题的关系，进而探索学科的发展。通过关键词共现可视化图谱可以确定研究主题或者研究热点之间的关系。借助 Citespace 的聚类分析功能，以对数似然函数比例算法（Log-likelihood Ratio，LLR 算法），设置适当阈值，从关键词中提取名词来表征聚类标签后，得到了基于关键词的可视化聚类图谱，图谱共 276 节点，461 条连线。详见图 2。

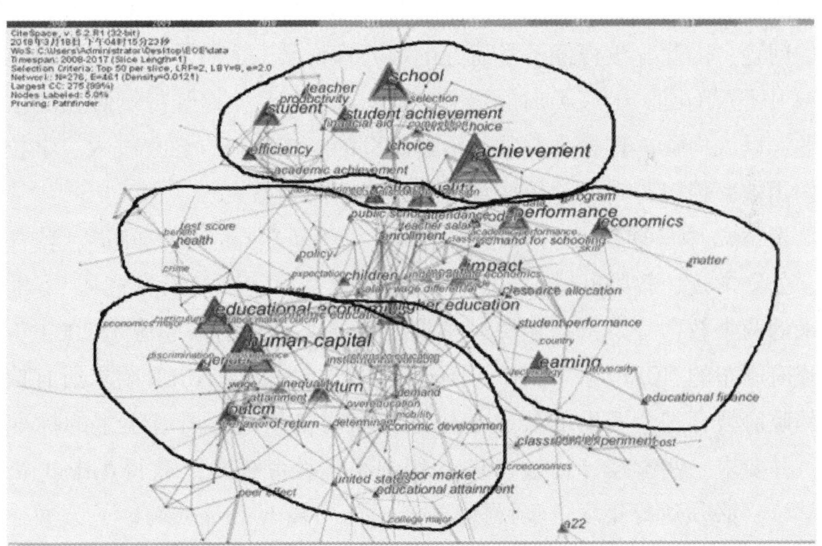

图 2　美国教育经济学研究领域关键词聚类图

图 2 形成了三大聚类，分别是#1human capital（人力资本）、#2policy（政策）、#3achievement（成就）。其中，聚类#1 由 educational economics（教育经济）、labor market outcome（劳动力市场）、returns to education（教育回报）、instrumental variables（工具变量）I&O analysis（投入产出分析）等关键词组成；聚类#2 由 impact（影响）、resource allocation（资源分配）、financial aid（财政资助）、工资差异（salary wage differential）、incentive（激励）、school accountability（学校问责）等关键词组成；聚类#3 中由 performance（表现）、student achievement（学业成绩）、academic achievement（学术成就）、efficiency（效率）、school choice（择校）等关键词组成。除了三个较大的聚类，图谱中还呈现出一些关联强度较低的关键词。

关键词共现聚类视图基本反映了美国教育经济学研究领域的现状。首先，人力资本理论是美国教育经济学研究的基础理论。根据舒尔茨的人力资本理论，教育经济学者研究教育对经济增长的促进作用，并认为教育可以产生一定的经济张力，促进社会的经济发展，给投资者带来加倍的经济收入和益处。特别是教育与收入分配关系的研究指出，个人教育投资是个人获得较高收入的最佳途径。对于教育成本效益分析的问题，人力资本理论学家的贡献还在于细致地研究了学生受教育的成本，并且提出了学生学习的机会成本问题。而且在教育成本的基础上进一步讨论了教育效益、效率的问题。因此，教育经济学研究的核心理论是人力资本理论。这也在聚类#3 中得到印证。[①] 聚类#1 和聚类#3 充分反映了教育经济学研究的核心主题：以人力资本理论为奠基，沿着教育的经济效益、教育投入、学校资源使用效率传统逻辑，分析教育与经济之间的关系。

聚类#2 中呈现出美国教育经济学研究的新热点：学校问责、教育资助、公立学校、教师问题。这四个研究热点都与美国政府在进入 21 世纪以来的两个教育法案密切相关。学校问责问题研究的兴起源于 2002 年布什政府颁布的 NCLB（“不让一个孩子掉队”法案），NCLB 要求所有接受联邦政府教育基金资助的公立学校举行面向全州范围所有学生的标准考试，并要求一些学校（通过“1965 年中小学教育法案”获得 Title 1 资助的学校）必须达成年度进步目标（Adequate Yearly Progress）。一方面，美国联邦和州政府为 NCLB 的推行投入大量的资金支持以奖励那些在考核中达标的学校。另一方面，对于未能达标的学校，联邦政府采取强制性的问责措施：一所学校如连续两年未能达到年度进步目标，则会被冠以“需要提高”之名，该学校需要提交两年的提升计划，且学生亦有权利申请转学至该学区内其他较好的学校。在上述基础上，一所学校如果在第三年仍未能达到年度进步目标，该校将被强制要求为学业成绩较差的学生提供免费补习或者其他教育服务；一所学校如连续 4 年未能达到年度进步目

① 马永霞：《教育经济学理论基础的扩展——从人力资本理论到新制度经济学》，《教育与经济》2004 年第 2 期。

标，那么该学校将被认为需要采取“矫正措施”（Corrective Action），涉及包括课程设置、课时变化在内的全方位整改；一所学校如连续 5 年失败，则被认为亟须重组，但是政府并不会立即采取重组措施，直至第六年。如第六年仍然未能达到年度进步目标，那么政府会立即启动重组措施，包括关闭学校、引进私人资本经营学校、将学校转为特许学校、要求州办公室接管学校等。该法案虽然没有出台和推进全国一致的学业标准，而是各州单独制定其标准，但是 NCLB 通过强调年度测试、年度学业进步以及教师资格认证并与教育基金挂钩等措施，进一步扩大联邦政府在公共教育领域的作用。① 同时，NCLB 对教师质量问题予以极大关注，将问责制的应用范围延伸至教师考核。如，宾夕法尼亚州公共福利部门已经在推行将教师薪水与学生学业成绩挂钩，学生学业成绩直接影响州政府的教育预算制定和教师薪水总预算。NCLB 希望通过提高教师质量来提高学生学业成绩。② 因此，聚类#2 中出现的四个研究热点在 21 世纪初 NCLB 出台时已经出现，并成为包括教育学、经济学、教育经济学等研究领域的热点问题。在教育经济学领域，其基本逻辑体现在政府和研究者之间的互相成全：研究者以对政策研究的空前热情从政策研究中汲取了大量资源；政府则通过研究者的研究，以实证研究证据为基础制定科学政策。2015 年，奥巴马政府出台 ESSA 取代 NCLB。ESSA 除了在教育问责、学生考试、核心课程、干预措施等方面进行调整以外，基本继承 NCLB 的精神③，其实质仍是对 NCLB 的修补。因此，近 10 年美国教育经济学研究领域出现的新热点是由政策导向的。

总而言之，近十年美国教育经济学的研究热点包括两个方面：第一，以人力资本理论为基础，研究教育投入和教育产出的问题；第二，以政策

---

① Wikipedia. No Child Left Behind Act [EB/OL]. (2018-03-07) [2018-03-15]. https://en.wikipedia.org/wiki/No_ Child_ Left_ Behind_ Act.

② Wong V. C., Wing C., MARTIN D. Did States Use Implement Discretion to Reduce the Stringency of NCLB? Evidence from a Database of State Regulations [J]. *Educational Researcher*, 2017 (1): 1-29.

③ Donohue T. J., BROOKS C. New Law returns flexibility to the states and maintains high academic standards, assessments and accountability [N/OL]. USA TODAY, (2015-12-16) [2018-03-10]. https://www.usatoday.com/story/opinion/2015/12/16/nclb-reform-offers-brighter-future-americas-students-education-column/77370554/.

为导向，研究在美国政府 2002—2015 年出台的两个教育法案（NCLB 法案和 ESSA 法案）推行和实施过程中出现的学校问责、教育资助、公立学校、教师问题、同伴效应等问题。

四　知识基础

知识基础是与研究前沿相对的概念，由对象研究领域的被引文献构成。通过对对象研究领域的知识基础分析，能为研究者更好地了解该领域的发展脉络与研究根据。在文献计量学中，知识基础的探究一般通过 Citespace 中的共引聚类分析功能实现。本文通过挖掘《教育经济评论》和《教育经济学杂志》两本期刊中的高被引文献与关键节点文献，分析其文本内容与文献来源，展现该领域的研究基础。值得注意的是，某对象研究领域的知识基础并非全部来自本身领域。本研究中，由于教育经济学学科的建立和发展中融入了教育学和西方经济学理论和方法，因此，表征该学科的知识基础的高被引文献与关键节点文献亦呈现出多学科性。

（一）高被引文献

文献被引频次高低可在一定程度上反映其学术影响力和经典程度，通过对被引文献进行频次分析可以得出教育经济学领域在统计时间段内被引频次较高的文献。一般来说，高频被引文献是某一时段内获得较多认同，并且会成为开展下一步研究的知识基础。因此，高被引文献对教育经济学研究具有重大的参考价值，即该领域相关研究的知识基础。[①] 借助 Citespace 中的共被引聚类功能，选择图谱显示类型为聚类视图（Cluster Viewer），运行软件得到国际教育经济学研究领域高被引文献的可视化知识图谱。

图 3 中节点大小与节点相对应的文献被引频次成正比，节点越大表明该文献的被引次数越高。选取被引频次超过 20 的作为高被引文献，通过对文献高被引频次进行分析后发现近 10 年教育经济学研究领域共有 5 篇高被引文献，依次如下：第一篇是 Steven G Rivkin 于 2005 年 4 月发表于

---

① 李杰、陈超美：《CiteSpace：科技文本挖掘与可视化》，首都经贸大学出版社 2016 年版，第 79 页。

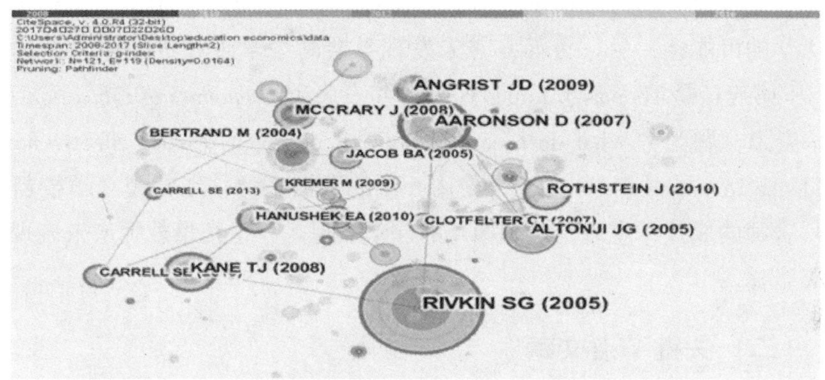

图 3　国际教育经济学研究领域高被引文献可视化图谱

Journal of The Econometric Society 的 "*Teachers, Schools, and Academic Achievement*"，主要分析了学校和教师在学生学业成绩以及在对一些特殊情况下学生择校的影响，结果表明教师质量对学业成就的影响是显著的。① 第二篇是 Daniel Aaronson 于 2007 年发表于 *Journal of Labor Economics* 的 "*Teachers and Student Achievement in the Chicago Public High Schools*"，文章通过对芝加哥公立高中教师行政管理数据的分析，发现教师素质对于学业成绩较差的学生十分重要，同时发现传统的依据人力资本理论做的措施（包括决定性的补偿措施）在一定程度上解释了教学质量变化。② 第三篇是 Jonah E. Rockoff 于 2004 年发表在 *American Economic Review* 杂志上题为 "*The Impact of Individual Teachers on Student Achievement: Evidence from Panel Data*"，从实证的角度分析了教师个体对于学生成就的影响，发现尽管统计方法不同，两者存在较高的正相关性。③ 第四篇是耶鲁大学 Joseph G. Altonji 于 2005 年发表于 *Journal of Political Economy* 杂志的题为 "*Selection on Observed and Unobserved Variables: Assessing the Effectiveness of Catholic Schools*"，文章针对教会高中学生在教育程度和学业测验成绩上的

① Steven G. R. Teachers, Schools, and Academic Achievement [J]. *Journal of The Econometric Society*. 73 (2): 417-458.

② Aaronson D. Teachers and Student Achievement in the Chicago Public High Schools [J]. *Journal of Labor Economics*. 25 (1): 95-135.

③ Rockoff J. E. The Impact of Individual Teachers on Student Achievement: Evidence from Panel Data [J]. *American Economic Review*. 94 (2): 247-252.

表现，发现教会高中的存在增加了美国高中毕生的数量，提高了美国学生上大学的可能性，另一方面，并未发现教会高中学生在成绩测验上的优势。① 第五篇是 Thomas J. Kane 于 2008 年发表于 *Economics of Education Review* 杂志，题为 "What does certification tell us about teacher effectiveness? Evidence from New York City"，使用 6 年的数据来评估纽约公立学校新近聘用教师的成效，发现，入职两年的课堂表现是一个衡量教师未来表现的可靠指标。②

（二）关键节点文献

文献节点的中介中心性（Betweenness centrality）是测度节点在网络中重要性的一个重要指标。此指标被用来发现和衡量文献的重要性，其高低可以反映一篇文献对某个学科研究领域的作用。Citespace 将关键点的计量测量和可视属性进行合并，将中介中心性≥0. 1 的节点视为关键点。结合图例整理出高中介中心性的文献（表 5）。

表 5　　高中介中心性文献（Betweenness centrality≥0. 1）

中心性	作者	文献	期刊/出版社
0. 53	*Joseph G. Altonji*	*Selection on Observed and Unobserved Variables: Assessing the Effectiveness of Catholic Schools*	*Journal of Political Economy*
0. 4	*Daniel Aaronson*	*Teachers and Student Achievement in the Chicago Public High Schools*	*Journal of Labor Economics*
0. 33	*Eric P. Bettinger*	*The Role of Application Assistance and Information in College Decisions: Results from the H&R Block Fafsa Experiment*	*Quarterly Journal of Economics*
0. 32	*Will Dobbie*	*Are High - Quality Schools Enough to Increase Achievement among the Poor? Evidence from the Harlem Children's Zone*	*American Economic Journal*
0. 27	*Steven G Rivkin*	*Teachers, Schools, and Academic Achievement*	*Journal of The Econometric Society*

① Altonji J. G. Selection on Observed and Unobserved Variables: Assessing the Effectiveness of Catholic Schools [J]. *Journal of Political Economy*. 113 (1): 151-184.

② Kane T. What does certification tell us about teacher effectiveness? Evidence from New York City [J]. *Economics of Education Review*. 27 (6): 615-631.

续表

中心性	作者	文献	期刊/出版社
0.24	*James J. Heckman*,	*The Effects of Cognitive and Noncognitive Abilities on Labor Market Outcomes and Social Behavior*	*Journal of Labor Economics*
0.17	*Sandra E. Black*	*From the Cradle to the Labor Market? The Effect of Birth Weight on Adult Outcomes*	*Quarterly Journal of Economics*
0.17	*Eric A. Hanushek*	*The Role of Cognitive Skills in Economic Development*	*Journal of Economic Literature*
0.16	*Esther Duflo*	*Peer Effects, Teacher Incentives, and the Impact of Tracking: Evidence from a Randomized Evaluation in Kenya*	*American Economic Review*
0.13	*Jacob Nielsen Arendt*	*Does education cause better health? A panel data analysis using school reforms for identification*	*Economics of Education Review*

表5列出的高中介中心性文献其中包含上文已论述的高频被引文献4篇。除此之外，其余的文献分别是：Eric P. Bettinger 2005年在 *Quarterly Journal of Economics* 上发表"*The Role of Application Assistance and Information in College Decisions: Results from the H&R Block Fafsa Experiment*"，通过随机的调查低收入家庭接受高等教育入学援助的情况，通过实验证明联合援助和信息综合处理对学生的出勤率增长有积极的影响，而未完成实验的则相反。[①] Will Dobbie 于2011年于 *American Economic Journal* 发表"*Are High-Quality Schools Enough to Increase Achievement among the Poor? Evidence from the Harlem Children's Zone*"则通过对 Harlem 儿童区的一个实验，用实证检验的方法证明高素质的学校能够提高低收入家庭学生的学业成绩，但是社区的学校项目则不能证明。[②] James J. Heckman 于2006年在 *Journal of Labor Economics* 发表题为"*The Effects of Cognitive and Noncognitive Abilities on Labor Market Outcomes and Social Behavior*"认为认知与非认知的技能解释了劳动力市场的多边形和行为结果，通过分析测量的误差和反向因果关系的问题，发现非认知技能强烈影响学校的教育决策，并影响工资

① Eric B. The Role of Application Assistance and Information in College Decisions: Results from the H&R Block Fafsa Experiment [J]. *Quarterly Journal of Economics*. 127 (3): 1205-1242.

② Ibid..

以及学校教育的结果，而认知技能则能解释学校的选择、工资、就业、工作经验和职业选择，同时解释了各种各样的风险行为。① Eric A. Hanushek 于 2008 年在 *Journal of Economic Literature* 发表了题为"*The Role of Cognitive Skills in Economic Development*"，认为认知技能在经济增长上的作用，而不仅仅是人们的学业成就。技能的互补性和经济制度的质量的关系密切。而对于发展中国家来讲，缩小与发达国家的差距就需要将教育机构的重大结构变化。② Esther Duflo 在 *American Economic Review* 发表了题为"*Peer Effects, Teacher Incentives, and the Impact of Tracking: Evidence from a Randomized Evaluation in Kenya*"的文章，研究肯尼亚 121 所初等学校的测试情况，认为高水平的同行对于学生的影响是积极的，但是通过教师积极的追踪和关注学业成绩差的学生会对其非常有益。③ Jacob Nielsen Arendt 于 2005 年在 *Economics of Education Review* 发表"*Does education cause better health? A panel data analysis using school reforms for identification*"的文章，讨论了教育与健康之间的关系，通过丹麦的就业人员的数据集来丰富以美国学校为基础的数据集，并且使用丹麦学校教育改革对于自我健康报告（SRH）、身体质量指数（BMI）的影响，发现教育与这两项身体指标都存在关系。④

从这两本教育经济学专业期刊的高被引和高中介中心性文献的来源看，多来源于经济学专业期刊，这充分说明了教育经济学的多学科属性。从研究方法上看，上述高被引文献多采用调查研究方法，如随机试验方法统计分析、面板数据分析、断点回归分析方法等经济学和统计学分析方法。并且，相关研究呈现出偏重基础教育的政策导向性特点。从研究内容来看，符合上文图 2 呈现的美国教育经济学研究的热点问题，尤其是教师质量问题，是构成该领域知识基础的重点。由此可见，近 10 年教育经济

① James H. The Effects of Cognitive and Noncognitive Abilities on Labor Market Outcomes and Social Behavior [J]. *Journal of Labor Economics*. 24 (3): 345-385.

② Eric H. The Role of Cognitive Skills in Economic Development [J]. *Journal of Economic Literature*, 46 (3): 607-668.

③ Duflo E. Peer Effects, Teacher Incentives, and the Impact of Tracking: Evidence from a Randomized Evaluation in Kenya [J]. *American Economic Review*. 101 (5): 1739-1794.

④ Nielson Arendt J. Does education cause better health? A panel data analysis using school reforms for identification [J]. *Economics of Education Review*. 24 (2): 149-160.

学研究领域的知识基础是建立在统计学、经济学、教育学的学科知识上，尤其借鉴统计学的研究方法。

五　结论

本文以美国科学情报研究所编辑出版的2016年社会科学期刊印证报告为依据，选取仅有的2本教育经济学研究期刊近10年来所刊载的1191篇研究论文及其题录数据作为研究样本，利用信息可视化的计量研究方法，从多方面对国际教育经济学研究领域的研究热点和知识基础进行分析与展示，得出以下结论：第一，通过统计2008—2017年美国教育经济学专业期刊的发文情况，发现近10年美国教育经济学研究领域呈现出国际化的趋势，除美国外，德国、英国、中国等地区的高水平大学和研究所都有发声。第二，通过绘制2008—2017年教育经济学研究领域关键词聚类视图，得出近10年教育经济学研究热点集中在两个方面：以人力资本理论为基础，研究教育投入和教育产出问题；以政策为导向，研究在美国政府2002—2015年出台的两个教育法案（NCLB法案和ESSA法案）推行和实施过程中出现的学校问责、教育资助、公立学校、教师问题、同伴效应等问题。第三，通过绘制2008—2017年教育经济学研究领域高被引文献共现网络知识图谱，发现近10年教育经济学研究领域的知识基础建立在统计学、经济学、教育学的学科知识之上，尤其借鉴统计学的研究方法。它们充分证明了教育经济学的综合学科属性。

Research on the Distribution Characteristics, Research Hotspots and Knowledge Base of the Economics of Education

—Based on the Bibliometric Analysis of SSCI Economics of Education in 2008-2017

Huang Shuai, Xie Chenlu

Abstract: This paper studied SSCI education economics professional journals from the three aspects of distribution characteristics, research hotspots and knowledge base from 2008 to 2017. The analysis indicates: In the past ten years, there was an international trend which was some high-level research institutes in UK, Germany or China made big progress except US; Secondly, there were some new research hotspots which can be classified into two aspects: the issues of educational investment and education output based on the human capital, and the issues which emerged during 2002—2015 (the NCLB Act and the ESSA Act), such as school accountability, education funding, public schools, teacher issues and peer effects. Finally, the knowledge base of the U. S. educational economics research field is on the subject knowledge of statistics, economics, and pedagogy, with particular reference to statistical and economic research methods.

Keywords: Economics of Education; Research Hotspots; Knowledge Base; Bibliometric Analysis

研究生职业适应性培养：基于劳动力供给的视角*

乔思辉**

摘　要：高等教育与社会经济的关系集中表现为高等教育与劳动力市场的互动适应，个体职业适应性是高等教育与劳动力市场互动的微观体现。研究生职业不适突出地表现为“高失业率”与“高离职率”并存。职业不适既有研究生个人职业素养不足的原因，也受深层劳动力供需结构性失衡的影响。从高等教育系统的角度讲，培养研究生职业适应性需要关注劳动力市场的变化，更新人才培养理念；合理调整研究生教育结构，建立动态适应机制；进一步加强分类指导，深化课程教学改革；建立就业信息平台，加强职业生涯教育和就业指导。

关键词：劳动力市场；劳动力供给；结构性矛盾；职业适应性；职业素养

一　引言

20世纪60年代以来，以舒尔茨为代表的人力资本理论学者们提出教育是社会经济发展的推动力量，肯定教育的经济价值。宏观上来说，教育通过多种途径促进社会经济增长；微观层面上，教育通过提高个体的劳动生产率，提升劳动者人力资本，进而促进经济增长。因此，教育与经济之间的关系在一定程度上是教育与劳动力市场之间的关系，劳动力市场作为中介，通过劳动力的供需匹配调节教育与社会经济发展的关系。知识经济时代，高等教育作为“动力站”，其知识创新和高素质劳动力供给对于社

* 基金项目：浙江师范大学2014年辅导员专项研究项目（项目编号：FDYZX201406）。

** 作者简介：乔思辉（1987—　），男，浙江师范大学教师教育学院研究生辅导员，博士研究生。

会经济持续快速发展的作用不言而喻。

当前，世界经济进入深度调整期，结构调整和科技创新成为世界经济发展的主要动力，十八届三中全会以来，我国经济的创新驱动发展战略进一步明确。经济增长方式转变对劳动力的素质提出了更高的要求，创新驱动发展更离不开高层次、尖端人才的支撑。高等教育，尤其是研究生教育，肩负着高层次创新人才培养和供给的重要使命，战略地位愈加重要。

经济增长对高层次人才需求是研究生教育规模扩大的首要动因。20世纪末，面对知识经济发展所需要高层次人才的巨大缺口，我国采取了补偿性增长策略，研究生规模迅速扩展。根据国家统计局《2017年国民经济和社会发展统计公报》数据显示，2017年全年我国研究生教育招生80.5万人，在学研究生263.9万人；相比1998年，我国招收研究生7.2万人，在学研究生19.9万人。20年间，研究生人数增长了10余倍。实证研究表明，我国的研究生教育对经济增长的确起到了正向的促进作用。[①] 然而，研究生教育在满足各行各业高层次人才需求的同时，由于规模的急速扩张，也带来研究生就业困难的问题。

本质上来说，研究生失业是高等教育劳动供给与劳动力市场需求之间的不协调、不匹配的失衡状态，微观上也折射出研究生教育培养的劳动力无法应对劳动力市场的变化和要求，出现了不适应。因此，研究生教育的人才培养过程中，积极应对劳动力市场出现的变化，提升毕业生的适应性，就显得尤为紧迫。

二　劳动力供给过程中的适应性

复杂理论和非线性科学的先驱约翰·亨利·霍兰（John Henry Holland）认为，复杂适应系统中的主体具有适应性。所谓适应性，就是指主体随着经验的积累，靠不断变换其规则来适应所处的环境。在复杂适应系统中，任何特定的适应性主体所处环境的主要部分都由其他适应性主体组成，所以，任何主体在适应上所做的努力就是要去适应别的适应性主

① 李峰亮等：《研究生教育与我国经济增长的匹配关系》，《北京大学教育评论》2013年第3期。

体。[①] 换言之，适应性就是主体之间的相互作用，对于主体而言，适应可以是主体自身的自主性选择，也可以是外界刺激下的反应。

（一）高等教育与经济社会的互动与适应

高等教育作为社会的重要组成部分和子系统，同时也具有相对独立性。根据约翰·亨利·霍兰的理论，高等教育与社会之间的适应也是相互的，高等教育可以被动适应社会政治、经济的要求，也可主动适应，甚至引领社会政治、经济的发展。我国高等教育领域，早有学者提出高等教育“适应论”，并指出这是“经济社会变革和发展的必然，是高等教育生存和发展的必然”。[②] 经济社会，尤其是劳动力市场，对高等教育强有力的制约和调节作用，加之高等教育本身具有一定的保守性，因此，在实践中高等教育对经济社会的主动适应尤其是引领常常无法实现，只能在外部环境的刺激下，处于一种被动适应的状态。

如前文所说，教育与经济之间的关系一定程度上是教育与劳动力市场之间的关系，因此，高等教育与社会经济的互动集中表现为高等教育与劳动力市场的适应。高等教育系统与劳动力市场的互动关系，主要通过劳动力供给和需求的动态平衡展开。经济社会发展变化，比如社会产业调整，经济增长方式转换对劳动力的需求必然要反映到劳动力市场。高等教育的首要职能是人才培养，作为劳动力供给端，就需要感知劳动力市场的变化，向各行各业输送合格劳动力，服务社会经济发展。这一过程，就需要高等教育敏锐把握劳动力需求信息，调整规模、结构、层次以及人才培养的规格积极适应。

（二）劳动力供给过程中的个体职业适应性

从微观的视角来看，高等教育与劳动力市场的相互适应最终通过劳动者个体与职业环境互动实现，劳动者在求职和工作过程中所能达到的和谐程度可被称为职业适应性。劳动者顺利进入劳动力市场，实现就业则表明二者互动良好，个人职业适应性也较高。

从劳动社会化的角度，衡量个体职业适应性一般考虑两方面：第一，

---

① 约翰·H. 霍兰：《隐秩序》，周晓牧译，上海科技教育出版社 2002 年版，第 9 页。

② 杨德广：《高等教育“适应论”是历史误区吗》，《北大教育评论》2013 年第 3 期。

是否掌握了一个职业角色所必需的知识和技能；第二，是否了解了工作环境的内涵，这其中包括工作制度和规范的学习与遵守以及对工作环境中人际关系的处理，等等。[①] 换言之，劳动者个体职业适应能力与其所具备的职业能力和素养息息相关。高校毕业生的职业适应性受到个人职业竞争力、社会网络支持、家庭社会背景等多方面的影响。其中，职业竞争能力是实现就业和良好发展的基础，被视为影响高校毕业生职业适应性的最主要因素。[②] 职业竞争力是职业素养的集中体现，职业素养是个人在求职和工作过程中表现出来的综合素质，也是对职业要求和规范的内在转化。[③] 劳动者的职业素养与职业活动效率紧紧相连，而效率又会反过来影响个体适应的积极状态，因此，职业素养直接影响着个体的职业适应性。

影响个体职业适应性的因素是多方面的，有研究者指出，个体的职业能力和职业期望是影响职业适应性的主要因素。[④] 职业期望中对工资待遇的期待是重要方面。微观经济学领域，劳动力供给侧重研究个人如何在不同工资水平下进行选择向市场提供劳动力。在此过程中，“要素供给原则”发挥重要作用，即在一定时期内劳动者拥有的要素数量（资源）是既定的，所以在一定的要素价格水平下，将其全部既定资源在“要素供给”和“保留自用”两种用途上进行分配以获得最大效用。由此可见，工资水平具有重要调节作用，决定了劳动者“供给”还是“保留自用”，并最终决定就业与否，如工资水平达不到期望值，则可能选择暂缓进入劳动力市场。

三　研究生的职业不适及原因

（一）研究生之职业“不适症”

研究生毕业生初入劳动力市场，职业不适突出地表现为“两高”，即

① 胡仕勇等：《国有企业青年职工职业适应性研究》，《当代青年研究》2004 年第 2 期。

② 罗竖元等：《现阶段提升高校毕业生职业适应性水平的路径选择》，《广西社会科学》2011 年第 2 期。

③ 张雅等：《“互联网+”背景下我国大学生职业素养培养现状与提升途径》，《中国职业技术教育》2017 年第 9 期。

④ 张廼英等：《基于适应性分析的高校毕业生就业保障研究》，《经济论坛》2010 年第7 期。

“高失业率”与“高离职率”并存。①

首先，在劳动力市场的入口端，毕业生就业存在困难，研究生就业形势严峻。北京大学组织的高校毕业生就业状况调查数据显示，相比本科生，研究生在劳动力市场上仍有一些优势，根据2003—2017年八次调查的平均数据来看，硕士研究生和博士研究生的工作落实率分别为81.7%和80.6%，高于本科生的73.1%。如果进一步关注“学用匹配”的问题，研究生的就业形势更不容乐观。学历匹配方面，劳动力市场发生向下的错配，过度教育的比例多年来徘徊在20%，研究生存在“向下就业”的现象，挤占本科生就业机会；专业匹配方面，高达四成的毕业生的首份工作与其所学专业不相关。②

其次，已经进入劳动力市场的毕业生，工作转换频繁，居高不下的离职率也折射出研究生就业质量不尽如人意。据《大学生职业适应状况调查报告（2012）》显示，大学毕业生职业不适的状况普遍存在，37%的受访者表示不太适应职业环境。麦可思《2017年中国大学生就业报告》显示，2016届大学毕业生毕业半年内的离职率为34%，与2015届持平。而在东部沿海经济发达地区，由于中小企业数量众多其发展速度较快，吸纳了近70%的毕业生，大学生离职率远高于全国平均水平。以浙江为例，数据显示，一年之内的离职率高达46.33%，相比上一年度还略有上升。与离职率相对，就业稳定性通常被作为衡量就业质量的重要指标，反映了劳动者对就业单位、就业环境、薪酬待遇、职业发展等方面的心理满意度。③ 尽管在开放的劳动力市场，离职跳槽、更换工作属于正常的职业流动现象，但是第一份工作具有长期的福利效应，如果第一份工作处于不利地位，工作状态较差，求职者将很难融入劳动力市场，在经济衰退中更容易面临失业风险。④

---

① 谭远发：《大学毕业生保留工资落差、工作转换和首职持续时间》，《高等教育研究》2017年第1期。

② 岳昌君等：《中国高校毕业生就业趋势分析：2003—2007年》，《北京大学教育评论》2017年第4期。

③ 朱广华等：《入学至就业过程影响研究生初次就业稳定性的因素分析》，《中国成人教育》2016年第24期。

④ OREOPOULOSP, VONWACHEERT, HEISZA. The Short and Long Term Career Effect of Graduating in a Recession [J]. *American Economic Journal*: *Applicated Economics*, 2012 (1): 1-29.

（二）研究生职业不适的原因

毕业生职业素养欠缺是造成职业不适最直接的原因。来自雇主的反馈认为，大学生责任意识不足、执行能力不强、自我规划不够，不能很好地适应工作岗位的需要。特别指出的是，毕业生与雇主对于岗位所需的职业素养在认知上存在差异。《大学生职业适应状况调查报告（2012）》指出，在接受调查的用人单位看来，最看重的是责任意识和抗挫能力，而大学生重点关注点的是专业知识和人际关系。这种认知的错位一定程度上源于高等教育机构对于劳动力市场了解的不足和对职业素养理解的局限，高校在人才培养过程中强调专业教育，而忽视职业教育，导致学生在劳动者要素的自我培养和形成中出现了意识偏差，进而导致毕业生不能顺利适应劳动力市场需要。

进一步而言，毕业生职业适应性不足，更深层次的问题还在于劳动力供需的结构性矛盾。就业结构性矛盾内涵丰富，涉及专业、层次、区域、观念、性别等多方面，引起这一矛盾最根本的原因在于，高等教育的人才培养不能适应经济结构调整、经济增长方式转变所引起的社会对劳动力需求的新变化，尤其人才在规格和质量上的不适，进而引发失业和职位空缺并存的状况。对于研究生教育系统内部构成状态涉及层级结构、科类结构、区域结构以及类型结构之分。具体而言，层次结构是指硕士与博士层次的构成比例，科类结构表明了各学科的地位与分布关系，区域结构是指拥有学位授予权的高校在省域间的布局，而类型结构则按照人才培养要求划分，分为学术型学位与专业学位。研究生教育结构，特别是科类结构中与市场更为紧密的专业结构，在一定程度上会反映社会的分工，如果出现专业结构的变化滞后于产业结构的调整，与市场需求存在一定的错位与脱节，这种失调就会导致研究生的劳动供给在个体层面上出现专业知识、能力结构上的不适，无法满足劳动力市场的需要。

四　研究生职业适应性培养之路径

我国不断深化供给侧结构性改革促进经济发展，将提高供给体系的质量作为主攻方向。劳动力作为供给基础，提高劳动力供给质量，尤其是高素质、高层次人才的供给，是我国经济调整转型和发展进步的关键。我国研究生教育经历了增量驱动发展，在数量上满足人才需求的同时，亟须在人才质量上回应经济社会和时代的要求，提升人才的适应能力，服务多样化需求。

（一）关注劳动力市场的变化，更新人才培养理念

从全世界范围来看，在知识经济社会，政府、工商业界越来越多地参与知识生产进程，从事知识的创新、开发及传播工作，相关岗位人才需求迅速增加。研究生规模急速扩张，各国研究生的就业逐渐转向学术界以外的其他领域，即使是深受传统观念影响、为学术职业做准备的博士研究生也不例外。2013 年，OECD、联合国教科文组织统计研究所和欧盟统计局联合发布专题报告《博士学位获得者的职业生涯：对劳动市场及流动指标的分析》，报告指出，虽然高等教育机构仍是博士就业的主要去向，但其他社会经济部门对博士研究生的需求普遍存在。① 我国 2015 年教育部高校毕业生就业质量年度报告显示，C9 高校博士就业去向越来越多元，在高等教育单位就业的平均比例仅为 32.75%。② 澳大利亚毕业生职业指导委员会发布的毕业生就业报告《研究生的目的地 2012》显示，38.5%的研究生进入私人企业领域工作，25.4%的研究生进入教育领域，13.3%的研究生在政府工作，15%的研究生在医疗部门工作。③

鉴于研究生就业去向日益多元化，多样化的职业环境对研究生职业适应能力提出了更高的要求。欧洲大学联合会颁布《博士研究生教育的质量保障：AREDE 项目报告》提出，以学术成果为中心到以职业服务为中心的转变是博士研究生领域改革的重要表现，大学正在不断强化研究生职业发展的意识，并推动博士研究生通过参与一系列研究计划取得独特的经历，从而获得职业发展上的优势。

然而，长久以来，受传统观念影响，我国研究生的人才培养仍具有典

① 中国学位与研究生教育发展年度报告课题组：《中国学位与研究生教育发展年度报告 2014》，高等教育出版社 2015 年版，第 167 页。

② 教育部 2015 届高校毕业生就业质量年度报告 [EB/OL]．（2016-09-10） [2018-01-20]．http：//www.ncss.org.cn/tbch/2015jgxbysjyzlndbg/.

③ 中国学位与研究生教育发展年度报告课题组：《中国学位与研究生教育发展年度报告 2014》，高等教育出版社 2015 年版，第 167 页。

型的学术倾向和理论偏好。[①] 对研究生进行职业教育不被广泛接受，忽视学生职业素养的培养。面对复杂多变的职业环境，研究生未来的职业发展具有不可预测性，研究生教育的育人目的必然满足学生职业发展的普适性需要，与未来所有职业相关的职业认知、职业情感、职业态度等普适性职业素养需有职业准备教育得以训育。[②]

（二）合理调整研究生教育结构，建立动态适应机制

千人注册研究生数是反映一国研究生规模的重要指标，以此指标来看，目前我国研究生学历人才的资源存量严重不足，相对培养规模与国家经济发展水平还不匹配，与高层次人才需求不相适应。[③] 研究生整体规模仍需要进一步扩大，然而人才供求的结构性矛盾已成为研究生失业和职业不适的深层原因，研究生教育侧供给改革应从单纯的绝对规模扩张向相对规模的结构性增长转变，以保证高质量的劳动力输出。具体而言，需要通过提升研究生教育结构与产业结构的匹配性，根据劳动力市场吸纳能力的结构性增长予以解决。[④]

高新技术产业作为知识密集和技术密集新兴产业集群，已成为我国推动产业结构调整、促进经济增长方式转变的重要力量。高新技术产业的发展离不开拔尖创新人才的人力供给支撑，我国目前硕、博研究生比例将近10：1，博士整体规模偏小，就层级结构来讲，未来研究生规模扩张应向博士研究生倾斜，科类结构的调整，需向与第三产业、高新技术业相关的管理、经济等学科转移，助力产业升级。此外，高新技术产业涉及新兴学科和交叉学科，专门人才的培养需要高校在学科、专业建设过程中，需打破学科专业壁垒，形成新兴交叉学科专业生长的制度和机制，保证人才供给与新技术产业的发展相适应。

需要注意的是，理论上，高等教育劳动力供给与劳动力市场需求存在

---

① 阎光才：《毕业生就业与高等教育类型结构调整》，《北京大学教育评论》2014 年第 4 期。

② 陈鹏等：《大职教观视野下现代职业教育体系的构建》，《教育研究》2015 年第 6 期。

③ 袁本涛等：《中国研究生教育规模究竟大不大——基于中、美、英、台的历史数据比较》，《高等教育研究》2012 年第 8 期。

④ 方超等：《人力资本梯度升级视野下的我国研究生教育供给侧改革》，《清华大学教育研究》2016 年第 5 期。

耦合的可能，然而，劳动力市场需求变化以及市场信息的反馈带有不确定性，加之高校的专业设置的相对稳定性和人才培养的滞后性，现实中，二者从来不曾真正实现耦合。[①] 研究教育在积极应对经济结构变动的同时，需防止因追求完全对接瞬息万变的劳动力需求，而变得无所适从。在与经济社会复杂的适应互动中，研究生教育需以自身实际条件为基础，建立起“需求与条件相结合”的动态适应机制。

（三）进一步加强分类指导，深化课程教学改革

为满足高层次劳动力市场需求，世界各国纷纷设立专业研究生学位，培养拥有良好职业技能的高水平、高层次应用型人才。我国 2009 年启动研究生教育结构调整，大力发展专业学位，当前，专业学位与学术学位在规模上已经基本相当。然而，实践中未能很好贯彻专业学位教育的核心理念，专业学位教育在教学培养、职业实践、就业引导等环节与学术型学位教育差异并不明显，有沦为学术教育体系低门槛的次级替代品的可能。在就业意愿方面，专业硕士毕业生有半数以上希望进入体制内和国企，而希望进入外企、民企或创业的比例仅为 14.6%。[②] 这与专业学位培养目标还有很大差距。因此研究生教育方应进一步加强学术学位与专业学位的分类指导，基于学位类型的差异，施以不同的教学内容、教学方法，真正形成异质化的能力和素养。

课程教学方面需进一步深化改革，特别是以职业需求和岗位胜任力为导向，以产学结合为途径，引导和鼓励行业企业全方位参与研究生培养，强化研究生实践能力和创业能力。在进一步提升专业知识和能力的同时，需更加注重学生可迁移通用能力的培养。研究者发现，大学生的通用职业能力对就业获得、持续有促进作用。[③] 来自西方国家的数据也显示，雇主更加看重可迁移的通用能力。2000 年，瑞士联邦大学的调查认为，毕业生特别需要具备的是个人品质、人际关系、宽泛的知识与视野、解决问题等通用性能力。2001 年，英国高等教育基金会的跨国调查结果表明，被

① 阎光才：《毕业生就业与高等教育类型结构调整》，《北京大学教育评论》2014 年第 4 期。

② 蒋承等：《专业硕士的就业意愿研究》，《北京大学教育评论》2014 年第 4 期。

③ 吴国强：《大学生通用职业能力测量及与就业绩效关系的研究》，复旦大学，2009 年。

雇主所看重的排在前十位的都是如抗压能力、团队协作、口头表达等通用性能力。日本学者矢野岩本指出，日本公司仅期望学校能够为学生提供基础知识而不是专业知识，与工作相关的实践性知识是在公司中获得的，而非通过学校系统。英国学者哈维等人的研究也指出，由于环境变化与企业组织变革异常迅速，雇主将具有良好的人际交流技巧，能够快速适应工作场所文化，能够承担责任、融入团队并开展创新性的团队工作，具有综合分析和批判能力的应聘者视为理想人选。①

（四）建立就业信息平台，加强职业生涯教育和就业指导

根据摩擦性失业理论，信息不完全和信息不对称会增加劳动力市场的摩擦，影响劳动力市场的合理流动和资源的有效配置，使劳动力供需无法达成匹配，造成失业的出现。此外，信息不对称还是造成研究生对劳动力市场的认知错位的重要原因，来自诸如电视、报纸、网络等媒体的信息缺乏系统性、整体性，不能形成完整的知识或信息链，导致学生对就业现状与就业前景的判断缺乏信息支撑。② 因此，建立和完善就业信息平台，促进信息渠道通畅，不仅可以增加研究生的就业机会，也可帮助研究生准确了解和判断专业就业现况与就业前景，进而形成对未来职业的合理期待。

高校还应加强职业生涯教育和就业指导，培养研究生良好的职业素养，提升其职业适应性。研究表明，高校对研究生的职业规划指导会有效地提升毕业研究生的就业稳定性。③ 职业素养作为职业适应性的核心，包括职业认知、职业能力、职业情感、职业态度等方面，这其中，又以从事职业所需的知识和技能为核心的职业能力最为重要。有实证研究表明，影响职业适应性的因素中个人的职业技能，如求职技能技巧、沟通组织能力，对毕业生就业适应性影响较大。④ 加强研究生职业生涯教育，高校需要从研究生人才培养的体制机制入手进行改革，在各项环节中多方位渗透

---

① 阎光才：《毕业生就业与高等教育类型结构调整》，《北京大学教育评论》2014 年第 4 期。

② 朱广华等：《入学至就业过程影响研究生初次就业稳定性的因素分析》，《中国成人教育》2016 年第 24 期。

③ 同上。

④ 张廼英等：《基于适应性分析的高校毕业生就业保障研究》，《经济论坛》2010 年第 7 期。

就职业生涯发展和指导的理念和内容。在尊重职业知识的特殊性和特殊价值的基础上将职业知识合理地纳入课程实践中，根据市场需求的数量和需求的结构要求，及时回应职业场所的变革需求，将培养大学毕业生将来的职业素养和职业适应能力作为大学生发展的重要目标。①

需要指出的是，加强职业生涯教育的更重要的意义还在于，它有助于落实学生中心的理念，促进学生职业发展的差异性，增强研究生教育人才供的多样性。

五　结语

实用主义教育家杜威（Dewey）曾说，良好的适应能力意味着一个人的成功。对研究生个人来说，良好的职业适应性对其职业生涯意义非凡。

提高研究生职业适应性，适应劳动力市场的要求，不仅是经济社会发展对研究生教育的深刻诉求，也是研究生教育自身发展的必然要求。

深化产教融合背景下，推动高等教育与经济社会发展紧密结合，服务经济发展，也需要研究生教育以经济结构变动为导向进行调整，优化人才供给，提高人才培养质量满足劳动力市场的需求。研究生教育从增量发展向内涵式发展转变，毕业生的就业成为衡量研究生教育发展质量的重要依据。需要面向经济社会发展，提升劳动力的职业素养，增强高层次劳动力的职业适应性，促进研究生就业必然是研究生教育侧供给改革和发展的重要内容。

Postgraduate Professional Adaptability Training: From the Perspective of Labor Supply

Qiao Sihui

Abstract: The relationship between higher education and social economy is mainly embodied in the interactive adaptation of higher education and the

① 罗竖元等：《现阶段提升高校毕业生职业适应性水平的路径选择》，《广西社会科学》2011 年第 2 期。

labor market. The adaptability of individual occupation is a microscopic manifestation of the interaction between higher education and the labor market. The occupational maladjustment of master degree holders is manifested as the coexistence of "high unemployment rate" and "high demission rate". Occupational maladjustment has both the reasons for the lack of professionalism of graduate students and the structural imbalance of supply and demand in deep labor. From the perspective of the higher education system, it needs to pay attention to the changes in the labor market, update the concept of talent cultivation, reasonably adjust the graduate education structure, and establish a dynamic adaptation mechanism to cultivate graduates' occupational adaptability. And it also needs to further strengthen the classification guidance, deepen the curriculum teaching reform, establish an employment information platform and strengthen career education and employment guidance.

Keywords: Labor Market; Workforce Supply; Structural Imbalance; Professional Adaptability; Professional Quality

课程改革

政治经济学“现代课堂”教学改革探索*

马　艳　冯　璐　王　琳**

摘　要：基于多年来在政治经济学教学改革方面的实践经验，提出“现代课堂”的改革思路，即采用现代教学理念、运用现代教学方式、传输现代课程内容的“以学为主”的现代化教学体系。其中，现代教学理念是灵魂，现代教学方式是技术支持，现代课程内容是核心主体，三者相互作用、有机结合，共同构成“现代课堂”教学体系。在此基础上，文章以政治经济学教学改革为例，提出了较为具体的系列“现代课堂”改革方案。

关键词：现代课堂；政治经济学；教学改革

随着网络信息技术的普遍应用，传统的、单向的、应试的教学方式已经无法适应当今的人才需求，寻求更适合学生的新型的教学模式变得尤为重要。基于多年来在政治经济学教学改革方面的经验和体会，本文提出“现代课堂”改革思路，即采用现代教学理念、运用现代教学方式、传输现代课程内容的“以学为主”的现代化教学体系。其中，现代教学理念是灵魂，现代教学方式是技术支持，现代课程内容是核心主体，三者相互作用、有机结合，共同构成“现代课堂”教学体系。

一　现代教学理念是“现代课堂”的灵魂

现代教学理念是与传统教育理念相对应的。所谓传统教学理念，就是

---

* 基金项目：浙江省高等教育教学改革和课堂教学改革项目“在翻转课堂教学中对学生自主学习能力的探讨”（项目编号：Kg2015621）。

** 作者简介：马艳，女，上海财经大学经济学院教授，博士生导师；冯璐，女，上海财经大学经济学院博士研究生；王琳，女，上海财经大学经济学院师资博士后。

在固有的教学方式下，以书本内容为课程内容，以通过考试为目的而进行的一种“以教为主”的学生培养理念。现代教学理念，是指突破传统教学方式，采用现代课堂形式，集合多种资源，以训练学生思维、培养学生能力为目的的“以学为主”的新型课程设计及学生培养理念。随着国内外高校在学科建设、人才培养、科研等方面交流的不断增加，随着社会对优秀人才需求的转变、互联网技术的飞速发展，“以学为本”的现代教学理念将逐步取代“以教为主”的传统教学理念。现代教学理念具有以下几个重要特征。

一是开放性。现代教学理念具有开放性主要指教学资源不受限制，包括教学地点、教学师资、教学内容等方面。传统的教学地点仅仅局限于课堂之中，教在教室里教，学在教室里学。随着科技的不断进步，互联网资源不断地涌入到我们的生活中，将网络应用到教学过程当中，逐渐成为了一种很好并且很实用的教学手段。互联网的应用使教学不再局限于课堂之中，学生可以应用一切碎片化时间，随时随地进行学习，大大提高了学习效率。此外，邀请国内外专家以及企业相关人员为学生进行专题讲座，使教师资源不受约束，学生接收到的信息不单单来自某一位教师，而来自本专业中更多的高水平专家，这样可以使学生能够接触到最新的思想观点，以及实践应用方法。此外，书本不是教学的唯一内容，书本以外的知识对于学生而言更为重要。与所学知识相关的其他内容，更多地在实践中总结出来的经验都应该成为课堂上传授的内容。只有这样，才能让学生在以后的工作和实践中真正应用到所学。

二是颠覆性。现代教学理念具有颠覆性，主要是指其改变了传统教学中只注重课本内容教学、忽略对学生思维方式培养的模式，是对传统教学理念以及学生能力上的颠覆。据调查显示，现在的毕业生所从事的工作与大学所学专业的匹配度只有 30%，也就是说，只有 30%的学生在找工作的时候找到了与本专业相关的工作，因此，在社会中更需要的是在学校进行的思维方式的锻炼，而不仅仅是对专业知识的掌握。所谓思维方式，即思考问题时所使用的方法，在大学的课程里，通过对专业课程的学习，要理解这些经典学说是如何形成的，学习他们的思考方法，并且，在课堂上，要加入大量的案例，并且引导学生去分析、解决案例中所产生的问题。在这种训练下，学生养成分析问题的习惯，这样，无论走出校园后从事何种行业，都具有极大的帮助。

三是翻转性①。现代教学理念具有翻转性是指改变传统教学中教师单方面授课的形式，也就是说，要从传统中的以“教”为主，变为以“学”为主。让学生在学习过程中由被动变主动，会增加学生的学习热情，并且能够更好地理解知识。通过运用互联网手段，让学生将一部分知识在网络上进行学习，而在课上教师的主要任务是讲解难点以及培养学生的思考能力。在课堂，让学生更多地参与，通过分组讨论、辩论、发表等形式，让学生更多地表达出自己对知识的理解。这样，通过网络的自主学习，以及课堂上各种形式的参与，使学生在学习过程中体会到自主学习的乐趣，更加能够凸显出学生的个性化学习效果。

对于现代课堂建设而言，现代教学理念是其灵魂和根本所在。与传统教学理念相比，现代教学理念是一个更加现代化、实用化、个性化的理念，它打破了传统的教学思想，改变了传统的固化、孤立、单向的形态，重建一个更加讲求开放、更加注重个性、更加有利于实际应用的教学理念。现代教学理念是贯穿现代课堂的整体思想，对教学方式、教学内容起着决定性的作用。只有拥有一个好的教学理念，才能实现现代的教学方式和教学内容，建设现代化的课堂教学。因此，教学理念是现代课堂的灵魂所在。

二　现代教学方式是“现代课堂”的技术支持

现代教学理念是现代课堂的灵魂所在，要将这种教学理念付诸实践，依托新理念、新技术、新媒体的现代教学方式是必不可少的技术支撑。依据教学组织形式的不同，可以将现代教学方式分为“多媒体+教学”“互联网+教学”以及“互联网+多媒体+教学”三大类，这三类教学方式所对应的课堂形式分别为“线下课堂”“线上课堂”以及“线上+线下课堂”。

（一）多媒体+教学

“多媒体+教学”是指在传统课堂教学基础上充分运用多媒体手段，

① 马艳、张沁悦：《经典导读类通识核心课程的教学探讨》，见甘阳、孙向晨《通识教育评论》，复旦大学出版社2016年版。

使教学形式更加多元化、立体化的教学方式。具体而言，现代课堂中的多媒体手段包括视频教学、图片教学、动画教学、案例教学、数据教学等多种形式。视频教学方法克服传统教学静态化缺陷，增加流动感；图片教学手段则使教学内容更加形象化、感性化；动画教学方法增添了教学的浅显性和喜剧感；案例教学加强了理论知识与现实经济活动的结合和对应性；数据教学则增加了教学的科学性和直观感。这些与多媒体相结合的教学手段不仅使学生通过视、听、感全方位地获取课堂知识，而且还通过幽默、色彩、流动的画面增添了学习兴趣，降低了学习难度，强化了记忆功能，拓展了创新思维，开拓了知识视野。“多媒体+教学”的教学方式仍局限于课堂教学，学生参与程度仍相对较低，并不能完全支撑现代教学理念的实现。

（二）互联网+教学

基于互联网技术的“互联网+教学”形式较“多媒体+教学”更具有发展前景。目前，“互联网+教学”的具体形式主要包括三种，分别为慕课、雨课堂和微课堂。

慕课（MOOC），即“大规模开放的在线课程”，最早于2008年由加拿大学者提出，同年一批教育工作者开始尝试用这一模式进行授课，目前已成为现代课堂的重要形式之一。慕课这一教学方式具有如下特点：一是规模化，线上课堂的教学形式打破了传统课堂一间教室、一位教师的局限性，不仅能够充分整合教学资料，其对学生的容纳度也大大提升；二是共享化，课程完全对社会开放，仅通过注册就可以共享所有的教学资源；三是碎片化，教学视频时间相对较短，学习者可在任何时间、地点利用碎片化时间进行学习，大大提高了学习效率。

雨课堂，即通过将复杂的信息技术手段融入到教学课件和微信而构建的覆盖课堂预习—课堂教学—课后复习的师生互动系统。其特点是“与其遏制，不如顺势而为”，即充分利用当前大学生对电子设备的依赖性和新鲜感，将课前复习、课堂教学、课后复习等过程融入手机的使用[①]，将

---

① 如教师将视频、习题、语音等预习资料推送到学生手机，实现课前预期的沟通和反馈；课堂上通过手机进行实时答题、弹幕互动等；课后通过手机进行复习和答疑等。

手机从娱乐工具转变为学习工具。这不仅能够增加课堂上的互动性和趣味性，打破传统教学方式中师生互动的局限，也使得学习过程更加方便，学生参与感更强，学习效果也更好。

微课（Micro Learning Resource），即由课堂教学片段及相关配套辅助性教学资源所构成的半结构化、主题式的教学资源环境。其特点包括：一是精练性，微课的教学片段在时长上保持在5—8分钟，且内容简洁明了，直奔主题，具有高度的简洁性和精练性；二是主题性，其教学内容针对性较强，往往围绕某一主题进行展开，通过几段短视频和辅助教学资料将该主题相关的知识点一一讲授；三是传播性，微课教学内容通常难度适中、易于理解，因此往往具有较强的传播性。

“互联网+教学”的教学方式能够在较大程度上支撑现代教学理念的实现，包括教学资源整合、学生自主性学习、碎片化学习方式等。但这种教学方式更加适用于面向社会的通识教育课程，对于高校而言，其所具有的开放性、自主性等特征使得学生管理难以进行。

（三）“互联网+多媒体+教学”

所谓“互联网+多媒体+教学”，是指将线上课堂与线下课堂有机结合的现代教学形式。其中，线上课堂承担绝大部分知识讲授的功能，也即学生通过学习线上教学视频、辅助教学资源、教学习题等完成自主学习的部分；线下课堂则承担教学内容答疑和分享、师生现实互动、知识点总结和提升等功能，可以采取多样化和富有趣味性的课堂形式。“线上—线下”课堂的有机结合，不仅能够充分发挥互联网技术在教学过程中的良好作用，提升教学效率、加强学生自主性、实现教学资源的充分整合等，同时也能保留课堂教学的诸多优点，包括师生之间的现实互动和反馈，学生之间的合作、讨论、分享，同时在课堂教学中多媒体的充分使用能够进一步提升教学效果。这类教学形式已经在部分高校课程中进行了一定的尝试，但目前仍处于起步期，相关的制度和技术支撑也仍有待完善，但不难看出，这一教学形式具有极强的未来性。

以政治经济学课程为例，现代教学方式的改革对于该课程极为重要。政治经济学课程在大学公共课中具有重要地位，一方面，该课程是理论经济学的基础性课程，对于学生理解经济甚至进一步学习其他经济课程有重要奠基作用；另一方面，该课程从理论上揭示了中国特色社会主义道路的科学性和优越性，对于建设社会主义核心价值体系有着重要作用。然而，目前政治经济学课程的授课方式仍相对传统，往往给学生一种“思想政治课”或“说教课”的直观感受，使得该课程的作用无法真正发挥。尽管目前部分高校已经开始进行了现代教学形式改革的尝试，但仍局限在小范围之内且具有试验性质。因此，加快政治经济学教学方式的改革，灵活使用“互联网+多媒体+教学”的教学形式，推行学生线上自主学习，线下课堂教授与案例研讨、主题辩论相结合的教学方式，以促进该课程重要作用的发挥，具有相当的必要性和紧迫性。

三　现代课程内容是“现代课堂”的核心主体

在现代课堂理念的指导下，在现代课堂技术的支持下，现代课堂教学已经形成了基本的框架体系。但是，对于授课而言，最主要的部分是课程内容的设置，因此，课程内容的建设是整个现代课堂的核心主体。在现代课堂的整体观点下，腐朽陈旧的课程内容已经不足以支撑现代的课堂体系，建立一个更为现代化的、符合现代社会需求的课程体系，是进行现代课堂教学的关键。而现代课程内容是指将课程内容进行重新设置，使之符合现代课堂的理念，并利用现代课堂的技术，完整呈现基本理论结构，让学生可以在现代课堂之中，完整地学习全部课程内容。

我国政治经济学主要以马克思的经济理论为理论指导，并结合中外经济发展为实践基础，自改革开放以后，随着市场经济的引入，进一步创建出符合中国特色的社会主义政治经济学的理论体系。伴随着快速的经济增长，政治经济学在不断的发展过程中不断显现出弊端，在规范分析层面缺乏理论深度，在实证描述上缺乏数学方法的定量分析，在政策层面上缺乏反思意识等。因此，重新构建一个更为具体的、现代的、全面的、适用我国国情的政治经济学理论框架成为重中之重。此外，为配合现代课堂体系，符合现代课堂理念，也要对政治经济学的知识内容进行重新调整，对研究方法进行重新探讨，对案例讨论进行重新安排，使之成为更符合现代课堂要求的课程内容。我们尝试对政治经济学课程在内容上做出一系列改革和创新。

首先，体系重构。依据马克思的《资本论》体系，我们综合阐述社会主义与资本主义市场经济在马克思政治经济学上的区别。在以往的理论体系中，通常将政治经济学分成六分册体系。为此，我们打破传统，将政治经济学进行拆分、整合，分为五个过程，分别以商品、货币、资本和剩余价值规律、资本积累为主要理论的直接生产过程；以资本循环周转、社会总资本在生产过程为主要理论框架的流通过程；以职能资本与平均利润为基础理论的生产的总过程分析；以国家调节经济手段为主的国家经济过程分析和以国际间的贸易往来为研究的主体的国际经济过程分析五个方面进行政治经济学的全新划分。

其次，方法创新。改变原有的资本主义部分与社会主义部分相分离的叙述方法，将资本主义与社会主义进行比较分析，建立“范畴一般与范畴特殊分析法”，更好地比较出社会主义与资本主义的优劣性。此外，还采用数学分析法、投入产出法等分析方法来对政治经济学进行分析，而这也是在政治经济学中较少使用的分析方法。

再次，观点综合。积极借鉴国内外对政治经济学关于资本主义和社会主义的最新研究成果，并不一味地摒弃当代西方经济学的研究理论，更加注重经济原理的科学性、稳定性和预见性，主张“思想应当解放而不僵化，学风应当严谨而不风化”的理念，比如将电子货币、通货膨胀、劳资关系、中国的资本积累、网络经济、增长模型等问题进行分析阐述，体现了与以往不同的研究方向。

最后，资料出新。结合当今国内外的发展现状，基于政治经济学的基本原理，增加更多的实用性更强、理论拟合度更高、学生理解更容易的新颖和典型的案例和资料，以培养学生在案例中理解理论，用理论去分析案例的综合能力。

四 “理念—方式—内容”构成“现代课堂”的系统改革方案

好的现代课堂需要现代化教学理念、现代化教学方式、现代化教学内容三者的有机结合和相互匹配，三个要素缺一不可，共同构成现代课堂的系统改革方案。本文以政治经济学教学改革为例，提出一套适用于政治经济学课程的现代课堂改革方案。其总体思路为，转变传统的教学理念、教学方式和教学内容，建设“以学为主”的教学新理念、新方式和新内容。其基本方案为，推行学生线上自主学习，线下课堂教授与案例研讨、主题辩论相结合的教学新模式。

（一）整体思路

第一，线上学习自主化。仿照慕课、雨课堂和微课的模式，将政治经济学课程资源网络化，即重新设计政治经济学教学安排，并将教学视频、教学课件、课程大纲、练习题、拓展资料等上传到网络平台。教学视频可整合国内外各个领域的专家学者，使学生有机会聆听大家之言，提升眼界和视野；其他教辅资料也可尽量充分，同时划分基础、深化和扩展三个层次，以适用不同学习目标的同学。依托以上网络平台，将政治经济学课程设置为“线上—线下”隔周交替的教学形式，其中一半课时为学生线上自主学习，即学生自主安排时间，按照教学进度阅读相应教材内容、学习教学视频、回答视频后习题并阅读拓展资料。这一过程培养了学生自主学习的能力和习惯，同时也使得学习行为更具灵活性和效率性。

第二，线下学习翻转化。作为线上学习的补充，政治经济学的线下课堂旨在通过丰富多样的形式加深学生对知识的理解、加强学生之间的互动与分享、为学生提供个性化的展示空间。根据教学内容特点的不同，线下课堂可以采取不同的教学形式。例如，对于商品价值这一概念可采取小组讨论—集中汇报—教师点评的形式；货币转化为资本这部分内容可通过学生小组表演情景剧的形式展示出来；资本积累理论可通过邀请国际名师—师生面对面提问的形式进行；生产价格理论可以采用学生课前市场调研—课上汇报—教师讲解的形式；地租理论可与当前互联网经济相结合，并通过学生辩论赛的形式加深对相关热点问题的理解。无论采取哪种具体形式，这其中的核心宗旨是要实现线下学习的翻转化，即师生之间角色翻转互动，学生变老师、老师变学生，最大化提升学生的课堂参与度、兴奋度及个人价值实现度，使得学生不仅收获知识、收获好的思维方式，同时也实现表现能力的提升。

第三，师生交流动态化。“线上—线下”课堂之间的协调和衔接离不开师生之间的动态交流。为此，可以利用现代通信手段，建立师生微信群或其他网络交流平台，学生可在微信群上实时提问，由同学或教师回答；教师也可不定期在微信群上发布相关话题，引导学生进行讨论并点评。根据学生提问和讨论情况，教师可进一步掌握学生的学习状况，如有必要，则在线下课堂引导学生展开进一步讨论。师生之间、同学之间、教师之间的动态化交流，对于新教学方式的实现、教学过程的监督、教学效果的提升等有着至关重要的作用。

（二）具体实施

在上述整体改革思路下，我们设计了一整套具体的改革实施策略，这些具体实施策略是整体设计方案付诸实践的重要支撑。

一是线上线下相结合的学习模式。线上线下按照 1∶2 的比例进行课程设置。首先，线上部分借助互联网资源，依托现有的精品资源共享课程平台，让学生对简单知识点进行自主线上学习，此外，在课后运用网络进行作业、测试，以及线上讨论等内容，以此来帮助学生在课堂外进行有计划的学习，增加学生的自主学习能力。其次，线下部分分为课堂教学内容和课外教学部分。其中，课堂教学主要针对课程中的重点、难点进行讲解，除对知识点的讲解外，通过课堂讨论等内容来培养学生的思维方式和思考能力；课外教学部分主要通过邀请校外专家为学生进行专题讲座，让学生拓宽知识领域，对课程有一个全方位的掌握。

二是模块化进行的教学模式。将整个课程内容分为三小节进行，每一小节设置课前预习、课堂讲解、学生参与、课后作业和小节测试五个模块。在教师的督促下，五个模块按序进行，以达到最佳学习效果。在这种教学方式下，不仅可以提高教师的教学效率，让原本不充裕的课堂时间变得更加有效，还能增加学生的学习兴趣，通过课堂分析讨论，增加学生的自我表现力。除此之外，通过这种学习过程能够更好地碎片化学生的学习时间，使学生通过利用网络随时随地进行学习，提高学习效率。

三是自由化的师资模式。不仅授课地点不局限于课堂之中，授课教师也不局限于学校之内。应用学院的专业师资、应用型双师，国内外专家混合搭配，将课程进行分解，除基本内容的讲解由一位专职教师负责外，各种专题的讨论，拓展练习都由相关方向的教师进行。此外，增加开设讲座、讨论等形式的专题教学，由各类专家进行相关方面最新研究的内容介绍和讲解，让学生了解更多学科内的最新成果，拓展学生的学习范围，引导学生对政治经济学各个方向的内容进行全面了解。

四是更加全面的考评模式。在期末成绩的设置方面，将平时成绩所占的比例提高到 50%。根据平时的线上预习情况，线上讨论、课堂讨论，课堂发言，课后作业，小节测验等加入到平时成绩的计算当中，这些成绩加之期末考试成绩，作为学生最终的期末成绩，以能够更为有效地反映出学生在学期中的学习情况。

五是双向进行的教评模式。在期末的教学评价中，既包含教师评价学生，也包含学生对教师的评价。评价方式包括主观评价和客观评价两个方面，学生可以根据教师的线上工作时间和教学资源的建设与发布情况对教师的教学情况进行评价，教师也可以根据学生的线上学习情况和专业的主观评价对学生进行评价。

Exploration on Teaching Reform of "Modern Class" in Political Economy

Ma Yan, Feng Lu, Wang Lin

Abstract: Based on years of practical experience in Political economy education reform, this paper introduces a reform idea — "Modern Class". It is a modern teaching system of "learning-based" by adopting modern teaching idea and using modern teaching method to transmit modern curriculum content. Among them, "modern idea" is the soul, "modern teaching method" is the technical support, and modern curriculum content is the central core. The three interact and tightly integrate with each other, and combine to compose a "Modern Class" teaching system. On this basis, the paper takes the teaching reform of Political economy as example, and puts forward a series of concrete reform plans of "Modern Class".

Keywords: Modern Class; Political Economy; Teaching Reform

基于微信的金融实验教学改革探析*
——以“DayDayUP”多层次实验教学平台构建为例

闵 敏 柳永明 金 成 赵凡青**

摘 要：本文基于前人研究和金融学实验教学实际需求，提出一种开发简便、扩展良好以及稳定性高的微信实验教学平台“DayDayUP”的解决方案。在梳理基于移动技术的课程应用改造研究的基础上，一方面对整个金融实验课程的流程重新加以提炼和归纳，另一方面基于需求提出了具体的设计方案并给出了具体的案例。新系统开发简便、应用成本低，不仅能满足目前金融学实验课程的所有需求，还能兼顾未来课程的发展需求，具有良好的推广空间。

关键词：金融学；实验教学；微信技术；教学平台

一 前言

随着信息技术的不断发展，传统高校的课堂教学模式也发生着翻天覆地的变化。从过去的电算化、电子化、互联网化，直到现在的移动便携化，对于教学模式和改进和配合的要求愈发提高。而金融学的实验教学承担着集理论知识灌输和实践动手操作为一体的双重任务，因此对于课堂的教学环节有更高层次的需求。

而微信作为一种取代传统通信的新型移动端软件，为金融实验的课堂

---

* 基金项目：上海财经大学本科教学改革项目“基于微信平台的金融学混合式教学改革与创新”。

** 作者简介：闵敏（1988— ），男，上海财经大学金融学院金融科学实验中心副主任，师资博士后；柳永明（1972— ），男，上海财经大学金融学院党委书记、教授；金成（1993— ），男，上海财经大学金融学院实验室助研，博士研究生；赵凡青（1994— ），男，上海财经大学金融学院实验室助研，硕士研究生。

环境提供了新的平台和扩展空间。随着教育信息化的推进，信息技术与课程的整合成为高校教学改革的重要内容，各类混合式学习也在不断深化和发展。目前大部分的教学改革研究主要集中于传统课堂学习与计算机网络学习的混合，而随着移动互联网技术的快速发展，移动终端成为当下最流行的交互模式。从这点上讲，传统基于 C/S 甚至 B/S 的混合方式已不适应时代的发展，探索移动技术与传统课堂学习相混合的学习模式显得日趋重要。基于这样的背景，本文将普及面广、交互性强、功能多元的微信为基础平台，进行移动学习平台的二次开发，将基于微信的移动学习与传统的金融学课堂学习相结合，创新混合式学习模式，成为推动金融学教学质量提升和教学改革的重要途径。

二　现有模式分析

教育领域在追求更加新颖、高效的教学模式的同时，越来越多的教师和从业者着手研究移动技术在教学中的应用。随着研究的深入，研究关注的重点从移动技术本身和移动终端设备的开发逐步转移到如何运用移动设备开展教学活动，由此诞生了新的研究方向——混合式教学和移动式教学。可以说混合式和移动式教学从根本上给我们的教育理念和学习方式带来了变革，是技术进步和社会发展的必然产物。

在早期国内外关于移动式或者混合式教学的相关研究中，平台的选择较少，主要基于 Moodle 平台。而在已有的基于 Moodle 的混合式教学平台中，我们发现 Moodle 平台大多被用来搭建虚拟实验平台或者虚拟实验环境。① 相比之下，其他平台则大多应用于教学的辅助环节，像 Blackboard 或者学校自建的教学管理平台。这也说明，在网络课程平台中，Moodle 较为符合教师和学生的需求，是现有混合式教学平台中的第一选择。同时也反映了现有的诸多学习平台不能满足混合式学习的基本要素，平台的开发和选择都需要创新。

从近几年的文献来看，各类平台和软件开始被研究者和教育从业者所

---

① Ekici F, Kara I, Ekici E. The Primary Student Teachers' Views About a Blended Learning Application In a Basic Physics Course［J］. *Turkish Online Journal of Distance Education*, 2012（2）: 291-310.

关注，并且关注点逐步从 PC 端拓展到了移动端，包括云计算[①]、QQ、优酷[②]以及微信等概念或平台的混合式学习研究。其中，微信作为专注于移动端的跨平台的即时通信软件，为移动教学提供了新的应用创新的平台和空间。与传统的网络学习平台相比，微信具有以下特点及优势[③]：

第一，广泛普及。腾讯公司的官方调查显示，微信用户群以年轻人为主，并且在大学生中普及度非常高。据统计，大学生平均每天使用微信时间超过半小时，如果可以将这些时间利用起来完全可以起到教学的目的。

第二，便捷操作。同其他功能相似的软件或者是 Moodle 这样的网络平台相比，微信的界面非常简洁，用户体验更好；更关注用户的需求，剔除了不必要的功能。因此，用户在使用时非常方便，新手也可以很快掌握基本的操作。

第三，实时交互。微信作为一款移动端的即时通信软件，其最基本的需求就是能够让通讯更加及时，只要手机有电，有网络链接，就可以学习。与之相比，绝大多数网络学习平台是基于电脑的，无论是时间还是空间上都存在较大限制。

第四，身份确认。微信的出现在一定程度上取代了 SMS 的地位，用户具有唯一的身份标识，不能多点登陆，传播加密，保证了用户端的排他性，适合点对点的教学模式。

第五，传播精准。微信消息的传播方式非常多，包括基本的文字、图片、语音、视频等，使传播的信息更加准确。另外，微信能够基于其即时通信服务，将对话框扩展成搜索框和服务框，保证了信息的时效性和相关性。

虽然微信及其公众平台的优势非常明显，基于微信开展的教学尝试也逐步增多，但就目前的各类研究来看，主要的研究方向还是集中在基于微信设计完整的学科学习平台，以及利用微信号微信群等开展移动学习上，只是将微信作为一个信息传播的载体，而直接将基于微信的移动学习和传

---

① 刘超：《基于云计算辅助教学平台的课程混合式学习研究与应用》，硕士学位论文，东北石油大学，2013 年。

② 黄磊、杨九民、李文昊：《基于免费网络服务的高校混合式学习模式构建——以“现代教育技术”课程为例》，《电化教育研究》2011 年第 8 期。

③ 卢程佳：《微信支持下的混合式学习设计与应用研究》，硕士学位论文，浙江师范大学，2015 年。

统课堂学习相结合，从基础上建立一个兼容并包、实用性广并兼具学科特色的课程平台研究较少。在基于微信设计学习平台的研究中，主要包括微信的各功能对教学的支持和应用①，基于各功能设计整体移动学习平台②，以及将微信学习平台和高校现有的网络教学系统相结合，构建一体化的移动学习空间。③ 在基于微信的移动学习研究中，主要包括学习资源的设计，即学习的内容、课程的编排等方面④以及学习活动的设计，即学习需要、学习者、学习可行性、学习成果的评价等方面。⑤ 将微信移动学习同传统课堂相结合的研究则比较少，现有的研究中也仅仅只利用了微信的通信功能⑥，并没有体现出微信与其他软件或平台的区别，构建的学习平台也相对简单。

综上所述，混合式学习发展到现在，已不再是“课堂学习与在线学习”“课堂学习与计算机辅助学习”的混合，而是逐步走向“课堂学习与移动学习”“课堂学习和探究式学习”等相结合的研究。在这样的背景下，将微信等移动平台应用于教学的时机已经比较成熟，目前的研究中，利用微信平台开展移动学习很多，但开展混合式学习的研究较为欠缺，移动学习的学科范围业相对有限。因此，如果能拓展和深化微信在教育领域的研究，改进现有混合式学习的教学模式，将会具有非常大的创新性和研究价值。

三 金融学实验教学设计剖析

传统的教学以“三教”为中心，即以课堂教学、教师、教材为中心，

---

① 王萍：《微信移动学习平台建设与应用》，《现代教育技术》2014 年第 5 期。

② 朱学伟、朱昱、徐小丽：《微信支持下的移动学习平台研究与设计》，《中国远程教育》2014 年第 4 期。

③ 孟凡立、陈琳：《基于微信公众平台的移动学习空间构建研究》，《现代教育技术》2014 年第 10 期。

④ 陈峰：《基于微信的微型移动学习资源设计研究》，硕士学位论文，辽宁师范大学，2014 年。

⑤ 王朋娇、田金玲、田华：《精品视频公开课提升中华文化软实力的策略研究》，《现代远距离教育》2014 年第 4 期。

⑥ 袁磊、陈晓慧、张艳丽：《微信支持下的混合式学习研究——以“摄影基本技术”课程为例》，《中国电化教育》2012 年第 7 期。

这直接导致了在金融教育领域无一例外地表现为封闭的灌输式的教学方法，主要以传承性教育为主，即使在实验教学环节也是偏向以教师为中心，注重“教”的过程，全部的教学设计都是围绕“教”而展开，“学”被限定在“教”之内，学生只能被动地接受老师的观点。利用信息技术，可以在金融实验教学转变传统的教学观念，充分认识到实验教学的重要性，改变过去按部就班的实验操作流程，推进实验教学模式的开放，给予教师和学生进行模拟、实证研究的充分自由度和创新空间，树立“为学而教”的新观念。在实验教学中，体现人文性和先进性，确认学生在整个实验教学中的主体地位，注重启发与诱导，灵活运用各种实验模拟系统与分析应用软件分析与解决实际经济运行中的问题。实验教学利用信息技术工具对传统的金融学教学进行较全面的信息化改造，而不只是利用信息技术工具改革一两门金融学课程，使信息技术工具可以与金融学及其相关课程深入结合。

因此实验教学的重点是结合信息技术的优势特点，改造传统金融学课程，改革教材内容，改革教学模式，对原有金融学课程的教学内容进行全面整合和优化。同时，针对不同教学内容的知识结构，以专业理论基础、专业技能基础和专业创新能力为主线，重点深化学生对基础理论的理解，加强学生实际动手能力的训练，提高学生的创新能力。所以，在这个基础上，我们认为金融学实验教学的信息化演变应该分为三个阶段：从最开始的传统教学基于单门课程的讲授，到以教学及课程本身为基础的独立信息化实验，最后到讲解各类课程教学要点和内容充分提炼并采用平台化软件的解决方案。

在第三阶段下，课程体系既兼顾了理论教学和综合性实验教学，又能将信息技术和金融实验充分融合，两者相辅相成、相得益彰。基于实时金融交易数据系统、计算机模拟及仿真技术的各项模拟实验，不仅为学生提供了一种可供体验和观测的市场环境，而且使学生通过实践操作得以了解金融市场的基本原理、基本内容以及交易程序。同时，建立在一些数理模型基础之上的实验设计，不仅可以加深学生对这些数理模型在金融实践中的运用和理解，而且有利于培养学生对新型金融工具的设计和开发能力。

而在这个阶段下，微信技术的出现使得整个实验的流程更加快速和高效，无论对于实验体验还是实验效果都提供了新的发展方向。因此基于微信技术对于实验平台进行重新整合，不仅能让教学资源的使用效率更高，

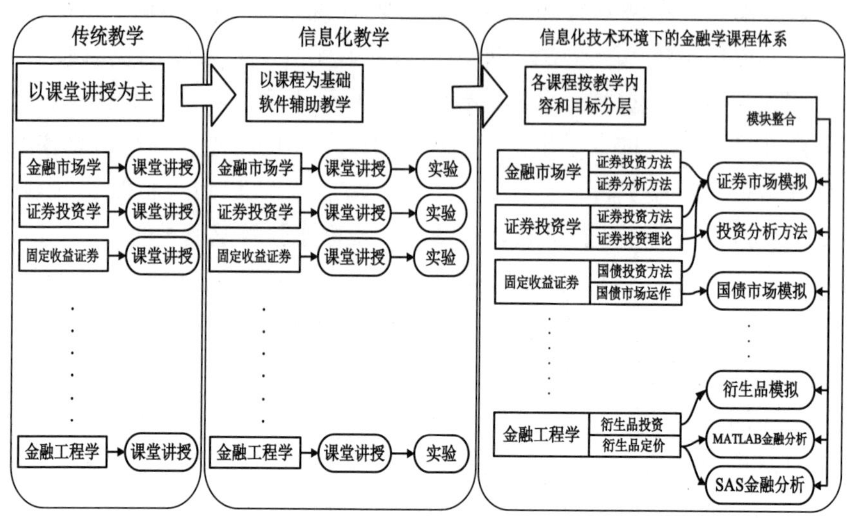

图1 信息技术对于教学演变作用示意图

充分利用碎片化时间，降低教学成本，也能在各项课程在设置的过程中尽可能让学生体验更完整的市场运作流程，而实验流程的完整性、丰富性能够充分培养学生的分析能力、团队合作能力和表达能力。从典型出发，由点及面地帮助学生学会自行收集数据、整理数据、分析数据，为进一步的科学研究打好基础。

四 实验教学平台设计

基于此，我们基于微信这一新移动技术，具体实现时，采用B/S和移动端结合的混合框架技术。学生端的主要实现都通过微信公众号、微信服务号和微信应用实现，而教师端在实现时也通过网页端进行全班的信息展示。如此，进行一个教学班的实验，只需要一个有投影仪和无线网络信号的教室即可，较大地简化了对于教学硬件的投入。

而对于具体的实验教学业务逻辑，我们将整个教学平台分为三个层次，分别为基础框架、互动框架和实验框架，三者是一个递进逻辑，全方面来对现有金融学课程进行深入分析和改革。

（一）基础框架

平台首先从正常的教学活动入手，将大部分的课堂的基础需求进行抽象化，提出共性接口，对整个教学环节进行改造。在该框架中，整个教学过程被分为课程管理、课程讲授、课程互动、课后学习以及双方互评五个模块，基本涵盖大部分金融学各个层次的教学需要。然后，在具体的微信平台的辅助中也按照具体的模块需求进行改造开发。

课程管理：现实中的课程背后有一系列常规内容，比如说课程注册、课程时间安排以及点名签到部分。这类功能变化较少，但需求刚性，在以往的教学活动中常常要占用不少的课堂时间，而且也存在一定的管理漏洞。因此，本平台内专门为这些功能需求提供具体的软件功能，利用微信的身份唯一性和排他性，提高课程进展效率。

课程讲授：现实中的课程会遇到大教室授课 PPT 不清楚，或者 PPT 较大资料携带不便。即使勤做笔记本也有遗失的可能。因此平台提供微 PPT 和微笔记功能，方便学生使用。同时老师也可以把一些重点单独在微信平台上实时推送，提高课堂效率。

课程互动：传统的课堂互动或者作业都是通过讲台和黑板进行。一方面单次能够互动的学生较少，另一方面部分内向的学生基本选择拒绝参与，这样使得整个课堂互动的偏向性较为严重。因此，本平台对课堂互动进行重点深入，提出一套全面和规范的接口，力求丰富整个课堂的气氛，让更多学生能够更好、更高效地参与课堂，也提高老师的授课效率。

课后学习：金融类课程受学科影响，是非常注重课后学习的过程。但传统的课堂形式并不能很好地保证这一点，一方面由于课外资料浩如烟海，而教师的推荐读物又不可能面面俱到，学生在课后学习中无法做到有的放矢；另一方面目前学生课后活动较多，时间碎片化趋势严重，如何利用好零碎时间进行课后教学以及答疑，也是非常值得研究的问题。本微信平台的海量性和实时性构建金融学科的知识库，让学生和教师能够更好地利用自身时间进行课堂外的安排。

双方互评：传统的课堂中，无论是作业、测验还是评教评课都具有一定的时间滞后，这样即使学生或者老师有好的改进或者批评意见都至少已上完了一学期的课。而新的平台可以做到实时的信息交流和反馈，大大提高每节课的教学质量。利用实时的评教评学记录，消解了以往课程分数和评教成绩的信息不对称，可以让教学双方进行自身的调整，让整个教学过程更加融合。

（二）互动框架

互动框架在之前的基础框架的基础上，对课堂互动单独展开研究。并根据原有的金融学教学实践进行模块划分，具体分为点名提问、分组互动、实验互动、课后实验以及成果展示五大模块。

点名提问：鉴于现有课堂点名的种种不足，提出了一系列的点名提问功能支持。比如支持随机、匿名、多人、同时等多种实用功能，可以在兼顾同学自尊心和自信心的同时，较好地挖掘课堂的互动氛围。同时所有的点名提问和回答记录均在后台保存，让平时成绩的制定更有依据。

分组互动：一些课程的实践需求中需要对全班进行分组，所以需要对小组管理进行功能提炼。具体计划提供一些智能分组、小组管理、组员沟通以及信息统计等。方便对于一些跨班选课的课程以及小组教学活动进行管理。

实验互动：金融学科本身就有非常丰富的实验环节，原有的实验已经经历过从纸上扮演到计算机单机以及互联网网络化的过程。新的平台提供更加丰富的特性，可以在对原有实验进行改造的基础上，再进行一些新实验的开发。

课后实验：一些金融学的实验可以在课后进行，因此平台也提供一系列的全天接口，方便学生进行全天候交易。比如股票、债券、期货、期权及外汇等。同时也支持一系列的统计和排名功能，方便进行数据统计。

成果展示：整个课程中一般会安排学生的展示环节，本项目也计划对展示进行改进，比如进行预约功能，甚至可以和课堂讲授一样，提供更多的互动选项，让整个展示的可能性，方便让展示者与被展示对象进行互动交流。

（三）实验框架

实验框架在之前的互动提升的基础上，对实验互动单独展开研究。并根据原有的金融实验模块划分，具体分为实验管理、实验开发、实验操作、实验总结以及报告管理五大模块。

实验管理：对于所有的金融学实验进行基础的业务提炼。比如实验项管理、人员管理、注册登录以及时间安排等功能。平台实现对于某节课或者某个课群进行整体的课程外设，使得课程和课程实验可以分离，让专业的开发团队进行统一化的实验定制。同时，由于基于微信的实验开发更为简便，所以可以同样将开发和教学环节融为一体。

实验开发：将接口分为教师端接口集和学生端，进行具体深入开放。灵活的设计使得各个终端都能兼容各种硬件形式，比如电脑、平板、手机、投影等，方便就各类教室类型进行不同的解决方案，但对整个实验的流程和体验不会有特别大的影响。同时，实验开发和设计将沿用学生和老师结合，让整个实验开发环节也变成教学活动的一部分。

实验操作：为方便具体的实验开发，将从底层进行操作分类：同步接口和异步接口，充分兼容各类实验操作。在现有的项目设计与规划下，可以进行实时、分时、多角色、多账户的实验操作，同时有完善的账户管理、清算、撮合、拍卖、合作以及基础数据与信息接口，方便进行各类金融学实验的开发。

实验总结：各类实验都有一个完成情况，以往的实验限于技术原因无法进行全面的实验评价。本研究基于底层的框架，提出一套完整的总结方案接口，既能满足共性的实验总结描述，也能提供定制化的总结需求。同时，项目也会提供其他信息的汇总和录入，方便教师和学生进行实验成绩的管理和发布。

报告管理：传统课程中实验课程的报告管理流程相对烦琐，无法进行实时的报告生产与存档。新的项目规划智能的报告管理，方便进行每一次实验的报告定制、填写、生产与存档。缩短整个报告的操作时间、简化操作流程和步骤，更加方便地进行报告管理和存储。

（四）应用举例

以证券模拟投资平台为例，传统的证券交易模拟系统可以进行真实行情和虚拟行情两种模拟方式，方便不同的实验课程。而其中针对班级团体的虚拟撮合交易对于学生的教学理解效果较好，但对于软件的场景设计要求较高。此处以虚拟交易为例给作为具体的应用介绍。

1. 进入虚拟市场

打开实验系统后，学生通过扫描二维码即可进入模拟实验场景，并在手机微信端查看使用（下单）规则，教师也可在系统中查看入市人数。

2. 连续或逐轮集合竞价

教师可根据实际需要对个账户的资金和股票进行平均分配或随机分

图 2　软件教师端和手机端部分功能示意图

配，完成初始化设置。学生根据微信公众号的提示进行集合竞价的买卖报价，报价信息将自动显示在“DayDayUp”系统网页界面。教师根据买价、买量、卖价、卖量等信息，就不同的竞价原则向同学们进行讲授并现场与学生互动共同计算出撮合后的最终成交价。在网页系统中输入后即可进入下一轮，重复上述步骤继续进行集合竞价帮助同学们巩固知识。教师根据自身需求设计竞价轮数，模拟真实市场中的集合竞价全过程。

3. 发布虚拟新闻

在每一轮竞价的过程中，指定据通过“DayDayUp”系统向学生的手机微信端发送编写好的虚拟新闻，正面或负面的新闻都将会对模拟股市中参与者的报价产生影响，在这样的环境下，同学们可以更真实地感受竞价的过程。

4. 统计最终账户

一轮竞价模拟结束后，教师输入最终成交价，单击提交便可得出所有同学最终的资金、股票账户信息，进行统计汇总和课程总结。

可以发现，新平台下大大简化了证券市场操作部分的流程，大大降低了学生和老师的学习成本，让整个教学环节更加深入实验的本质目标，同时全新互动例如新闻系统融入可以拓宽可实验的内容和范围，寓教于乐，增加学生对于教学的兴趣，提高实验教学的巩固效果。

五 总结与展望

本文基于金融实验教学的实际需求，提出一种适应度较高的三层次微信教学平台，可以较好地适应各类金融学实验教学环节中的大部分需求。具体而言：首先，基于三层构架的微信平台全方面混合式教学改革，和现有教学平台相比可以非常快速地进行替换和改革，而且不仅能适应电教化程度高的实验教学，也能完全适用于传统的教学活动，普及程度高，对硬件环境要求较低，开发利用率高。其次，基于以往的金融学教学改革研究，整个平台需求从提出到归纳总结都源自一线的教学实践经验。其项目规划既切合实践的需要，又对多样式的教学活动进行了有意义的研究和探索，具有丰富的理论和实践意义。最后，对于实验环节的高度抽象与提炼可以满足各类金融学实验的教学改革，同时在实验设计环节，由于整个平台简化了实验的设计，所以可以尝试让参加课程的学生与授课老师一起参与教学实验的设计，让整个实验开发过程也变成教学环节，培养学生的动手能力，同时也减少开发费用的支出，可谓一举多得。

本教学平台在设计时仅考虑例了最典型的金融实验需求，未考虑将具体的科研计算接口加入，所以对于一些基于 Matlab 等专业科研计算软件的实验提升不大。在未来的探索研究中，将尝试将软件工程领域的版本控制和分发机制融入这类实验教学的环节，让整个平台能够支持计算软件教学层面的调用，使功能得到新的提升。

Research on the Reform of Experiment Teaching for Finance based on WeChat：Take "DayDayUP", a Multilevel Experimental Teaching Platform, as Example

Min Min, Liu Yongming, Jin Cheng, Zhao Fanqing

Abstract: Based on the actual needs of previous studies and experimental teaching in finance, this paper proposes a solution to the WeChat experimental teaching platform called "DayDayUP", which is easy to develop, well expanded and has high stability. On the basis of the literature review on the application and transformation of the curriculum based on mobile technology, we refined and summarized the process of the whole financial experiment course. On the other hand, the specific design is given based on the specific demand. The new system is easy to develop with low cost. It can not only meet all the needs of the current financial experiment course, but also take other future needs into account. Thus, the new system is worth promoting.

Keywords: Finance; Experimental Teaching; WeChat Technology; Teaching Platform

流程再造：基于微信平台的思政课移动学习模式研究*

曹东勃**

摘　要：在后现代主义思潮的影响下，解构、去中心化、反讽成为青年大学生的一种生活状态、思维方式和交往互动习惯，这也是当下高校思政课教学面临“有效性危机”的原因之一。时空变换和受教育者需求特征的变化，要求教育者在供给侧实施变革。而新媒体技术特别是微信平台的出现，使“互联网+思政教育”推动思政课教学的供给侧变革成为可能。基于微信平台的思政课移动学习模式，可以有效促进问题导向和专题化教学，建立师生之间持久和内在的人际交往和互动、依赖关系，实现跨课程间的资源共享、教学体系的顶层设计和教学流程的适应性再造。

关键词：思政课；微信；移动学习；流程再造

一　问题的提出

教学方法的创新，特别是新技术手段在高校思想政治理论课教学过程中的运用，日益受到人们的重视。中宣部、教育部联合下发的《普通高校思想政治理论课建设体系创新计划》（教社科［2015］2号）明确要求各高校“积极培育和推广优秀教学方法，建设理念科学、形式多样、管理有效的思想政治理论课课堂教学体系”，“充分发挥课堂教学的主渠道

* 基金项目：上海市学校德育实践研究课题“流程再造：基于微信平台的思政课移动学习模式研究”（项目编号：2016-D-036）；上海学校德育创新发展专项研究课题“大学新生入学教育与思政课课程德育协同创新研究”（项目编号：2016-dycx-209）。

** 作者简介：曹东勃（1983—　），上海财经大学党委宣传部副部长，马克思主义学院副教授。

作用和实践教学、网络教学的有效补充作用”。教育部印发的《高等学校思想政治理论课建设标准》（教社科［2015］3号），也将“积极探索教学方法改革，优化教学手段”作为教学管理的重要任务之一。

近年来，各高校普遍兴起了以“网络思政”为特色的思想政治理论课教学改革探索，尤以运用“慕课”（MOOC）即大规模在线课程的模式对思想政治理论课的课堂环境、讲授方法、互动方式所做的改革居多。然而，正如本雅明在《机械复制时代的艺术》中所关注到的，一种当代孵化的新的艺术样式——机械复制艺术，正在消解古典艺术的距离感和唯一性，导致古典艺术“灵韵”的凋萎和消逝：“复制技术使复制品脱离了传统的领域。通过制造出许许多多的复制品，它以一种摹本的众多性取代了一个独一无二的存在。”① 事实上，当风靡全球的“慕课”风暴席卷而来并被迅速地大规模复制时，一些思想政治理论课教师和思想政治教育工作者已开始了对这一新兴教学形式的深度追问：其是否符合思政课性质和特点，是否遵循思政课自身的教学规律，是否有利于实现思政课教学改革的目标。②

早在1941年，时任中央大学校长的罗家伦先生就在一次演讲中极富远见地指出，大学的教育绝不仅限于课堂，否则只要办好广播电台，躺在床上听课又有何不可？问题恰恰在于，这种“空中大学”决不能完成大学的任务：“大学里必须有良好的学风，人格的感化。这就要靠人与人的接触。”③ 今天更加值得考虑的问题是：“慕课”是否是“互联网+思政教育”的主导形式，使广受诟病的满堂灌式的大班教学有实质性的改进？“慕课”是否真切呼应被教育者的真实需求和主观体验，使人才培养过程更全面化而不是单向度？“慕课”是否充分发挥了教育者的主观能动性和创造活力，使教师在教学过程中不可替代的人格魅力得以留存并张扬？上述问题实际指向的是“网络思政”教学改革在提升教师教学效果、学生学习效果、师生互动效果方面继续改进的空间。这种改进，应当是一种基

① ［德］本雅明：《机械复制时代的艺术作品》，见阿伦特编《启迪：本雅明文选》，生活·读书·新知三联书店2008年版，第236页。

② 顾钰民：《高校思想政治理论课改革“慕课热”以后的“冷思考”》，《思想理论教育导刊》2016年第1期。

③ 罗家伦：《中央大学之回顾与前瞻》，见罗久芳《我的父亲罗家伦》，商务印书馆2013年版，第200页。

于互联网技术对思政课教学过程所进行的整体性流程再造。

二 时空变换：后现代主义冲击下思政课教学的新挑战

当下中国的思想政治教育，正处于历史与现实、传统与现代、历时性与共时性多重维度交织的转折点。① 这个纷繁复杂的思想谱系中，后现代主义无疑是其中颇具现实影响力的一支。从积极的一面来说，它契合了世俗化、市场化时代人们追求个性、自主性和异质性的自我意识的自觉过程，并在这一历史进程中推动了时代与社会的进步。然而从另一个方向反观，对后现代主义毫无保留地拥抱和支持，也对主流意识形态及其所承载使命感的神圣性造成一定程度的销蚀，导致某种“信仰危机”。② 这无形中也为价值相对主义、历史虚无主义开通了一条隐秘的通道，对于国民价值体系的建构无疑造成“开门揖盗”的意外后果。

从年龄特征看，当前高校中就读的大学生，业已逐渐逼近“00 后”。如果以标志性的后现代主义无厘头电影《大话西游》为一个简单的“断代”分水岭，则这一代大学生完全生长于后现代主义思潮进入中国并深度本土化之后的时代环境之中。③ 互联网技术特别是移动互联网技术的应用，使青年大学生群体的青年亚文化创制和传播能力如虎添翼、加倍放大。传统教育结构中本处于消极被动接受主流价值观念熏陶和教育的一方，如今却可轻而易举地对施教者及其宣教的知识、理念、信念展开间接的揶揄、反讽或直接的恶搞乃至颠覆。在这个意义上说，是后现代拥抱着新媒体，也是新媒体成全了后现代。

这就是当下高校思政课教学对象的真实生活状态、思维方式和交往互动习惯，它当然也是高校思政课教学“有效性危机”的一个原因。今天的大学生思想活跃，有着强烈的学习兴趣、怀疑精神和创造能力，绝非玩世不恭的一代。但如果思政课教师不注意研究时代特点的变化、教学对象

① 卢岚：《现代化进程中思想政治教育若干问题研究》，《安徽师范大学学报》（人文社会科学版）2016 年第 4 期。

② 陈映芳：《“青年”与中国的社会变迁》，社会科学文献出版社 2007 年版，第 223 页。

③ 曹东勃：《大学全面进入“95 后世代”这意味着什么》，《文汇报》2016 年 9 月 9 日。

需求的变化，就会在从事教学活动的过程中由于习惯性重复，产生某种厌烦和疲惫的情绪状态，或可称为“教师职业倦怠”①。仍然教条刻板单向度地进行“供给”，实际上就是一种无效供给。就有可能造成如下的悖论与窘境：学生枯坐课堂、心不在焉，认为老师老套死板，课程无聊乏味，全无学习兴趣；老师口不应心、言不由衷，认为学生顽劣厌学，缺乏自我认同，丧失教学动力。从这个意义上说，思政课教学需要一场“供给侧变革”。

三 移动学习：基于微信平台的思政课教学流程再造

新媒体技术的产生、发展直至形成潮涌之势，引领起一波“互联网+”的技术革命，经历了一个层层递进的过程。从“互联网+思想政治教育”的角度考察，大体可以划分为四个阶段。从作为闭区间的BBS到作为开区间的微博，再到作为过渡样态的人人网，直到作为半开半闭区间的微信，这场媒介革命对思政教育的影响渐趋稳定。从微博时期以来，一批学者、教师就致力于将互联网技术与课堂教学相融合。可以说，这场“互联网+教育”的“供给侧”探索早已开始。近年来，一批富有教学和科研热情的青年教师，先后以一己之力或形成一定的专业团队，打造学术型微信平台，使之服务于教学过程，成为课堂教学的有益补充。充分利用学生对手机“爱不释手”的特点，以新媒体手段完成课堂教学的模式创新和流程再造。

（一）微信平台与思政课教学改革的相容性

高校思想政治理论课教学中大量使用新技术手段特别是移动互联网技术手段，已不鲜见。从前述分析来看，微信特别是微信公众平台是当下具有较大应用潜力的技术载体。它契合了当代大学生社会交往、表达、行为方式中的若干特点：其一，注重互动性，即有着强烈的表达欲望和自我意识；其二，注重专题性，即不满足于对课程知识的书本式、概论式宣讲，而要求教师有高超的化教材语言为教学语言的能力和进行专题化研究型教

① 中国教育工会上海市委员会、上海高校心理咨询协会：《教师心理健康自助手册》，上海交通大学出版社2014年版，第8页。

学的能力；其三，注重私密性，即学生尽管不会在课堂特别是大班教学的课堂上表达出主动发言的特殊要求，但在私下里、网络上与教师的沟通和咨询中，往往表现出不凡的认识水平和深刻的问题意识；其四，注重即时性，即学生不会仅仅将课堂视为脱离于社会现实的存在，将教师视为迂腐不堪的夫子，他们随时要求或希望教师就刚刚发生的社会热点事件（无论是否与课程相关）发表自己的见解并与其进行讨论；其五，注重便捷性，即作为互联网的原住民一代，当今大学生成长的过程中已须臾不能脱离互联网所带来的便捷和舒适，希望这一技术方式进一步渗透到其生活、学习各个层面。这五点特征，与微信平台这一技术载体的特性正相契合。

第一，微信平台可以作为思想政治教育与时俱进的工具。从本体论的意义上考察，学术界的多数声音倾向于认为微信的本质是以关系为核心的、具有高度私密性的社交工具，也有更强的黏性、更好的交流体验。[①]微信公众平台的出现，使微信从一个私人即时通信工具扩展为一个具备多功能模块的交互集群[②]，这就破除了此前只是作为私人账号在大面积传播中面对的诸多壁垒，提升了平台本身的附加值和潜在用户数量，形成较微博更具用户黏性和拥有更好的互动体验的自媒体交流平台。微信的普及，必然要求思想政治教育的主体、客体、媒介、环境都进行自主的适应性改造。就主体而言，每个从事思想政治教育的教师必须转变此前的“中心—边缘”模式，从高高在上的管理者、发布者，变为平等的参与者。就客体来说，大学生正处于心理与人格的最后定型阶段，恰当使用而非过度依赖于微信，才不至于产生思想的彷徨和迷失。就媒介而言，如果不能与时俱进地更新和使用学生更喜闻乐见的信息传播渠道，就会造成教育过程的梗阻。而就环境来说，大学生“宅”在寝室的现象和大学班集体活动形式的松散化、单一化，使得从日常渠道对学生进行跟踪和了解的有效性下降，需要从外部环境上进行整体性“改造”。以微信平台的建设为中介，打通线上与线下、虚拟与现实之间的障碍[③]，通过语音、图片、文字的实时互动，创造资源共享和师生间平等交流、同学间朋辈激励的新环

① 方兴东等：《微信传播机制与治理问题研究》，《现代传播》2013 年第 6 期。

② 李阳：《微信公众平台的角色定位与功能调适》，《社会科学辑刊》2014 年第 2 期。

③ 杨敏：《微信对大学生思想政治教育的挑战及应对策略研究》，《思想理论教育》2012 年第 6 期。

境，营造其乐融融的新氛围。

第二，微信平台可以作为公共课移动学习的载体。微信的出现及其功能的不断深化拓展，是基于移动互联网技术而演化生成的。作为一种搭载了丰富移动应用形式的通信平台，微信为学习者超越课堂的时空局限而进行随时随地的移动学习，提供了充分的支持和极大的自主性。其互动性和可操作性，能够使学生在课堂教学过程保持思维活跃和积极参与的状态，更便于师生交流和学生意见表达。同时，教师也可以通过这些新媒体应用更好地进行课堂教学、学生管理，同时更及时、充分地得到学生对课堂的反馈。微信的语音文本交互、微信群交流、自动回复响应、订阅推送、内容分享等，为开放学习者构建了新型学习环境。通过人人交互、人机交互、机机交互，可以实现微信公众平台功能包对移动学习的全面支持。[①]现有对微信支持移动学习的研究文献和教学实践相对较少，其中绝大部分针对学生人数较多的公共课而设计。不难发现，教育的供给方和需求方在这里存在相当程度的契合之处。其一，学生学习的过程可简单概括为“知识传递”和“吸收内化”两个阶段[②]。而选修人数较多的大面积课程或公共课，由于其大班化教学的先天劣势，往往限制甚至窒闭了课堂互动的空间，因而很难摆脱传统的灌输模式，使得大量宝贵时间停留在“知识传递”阶段而无法深入。其二，利用微信平台可以将“知识传递”过程经由翻转课堂，转化为课前的移动学习，而将宝贵的课堂教学时空转变为教师与学生深度互动和解疑释惑的过程。这样，以“学生为主体、教师为主导”的教学理念可以顺利达成。其三，微信平台的技术要件能够实现学习内容的专题化、学习过程的简洁化、学习过程的可控化、学习方式的多样化、学习资源的共享化。通过公众平台的“关键字自动回复”“菜单专栏设计”等方面功能的开发和运用，对相关问题进行选择性的预设添加，完全可以在一定程度上实现教学过程的“自动应答”，实现教师不在场状态下的学生自主学习。

① 王朋娇等：《微信功能包支持下的移动学习活动设计》，《现代远距离教育》2015 年第 1 期。

② 范文翔等：《移动学习环境下微信支持的翻转课堂实践探究》，《开放教育研究》2015 年第 3 期。

（二）基于微信平台的思政课移动学习模式

所谓移动学习（mobile learning），是使用体积较小的移动终端（如手机、PAD、掌上电脑等），利用现代远程教育技术所进行的一种现代远程学习。作为一种手机应用程序，微信搭载于人们的移动通信设备之上，如果在微信公众平台开发相应的学习资源，则人们随时拿起手机调用微信程序，就可以进行学习，这就是微信平台所具有的移动学习功能。

对于微信平台移动学习功能的既有研究有如下两个特点：一是对于新媒体技术手段在教学过程中的潜在重要意义和作用机制，给予敏锐洞察和普遍关注；二是针对微信技术平台的诸多特征，就其在大面积公共课教学过程中的应用及对教学流程的再造，作了原则性勾连和深度挖掘。然而，既有的一些文献往往聚焦于高校日常的思想政治教育和思想政治工作中微信公众平台的运用，具体阐述思想政治理论课如何将微信公众平台作为日常教学基础设施和辅助性工具，借之改进教学过程、提升教学效果的实践研究，还并不多见。而思想政治理论课固然是高校公共课的一个组成部分，但因其高度的理论色彩和所承载的意识形态与文化涵育功能而有其特殊性。因而，仅从公共课的角度谈论新媒体技术的介入是不够的。

其一，思想政治理论课是一个系统性的完整理论体系，因而其教学辅助工具的选择和运用需要一种顶层设计。从历史视角（《中国近现代史纲要》）、理论视角（《马克思主义基本原理》《毛泽东思想和中国特色社会主义理论体系概论》）、政策视角（《形势与政策》）到文化与法治视角（《思想道德修养与法律基础》），共同组成了中国特色社会主义理论体系相互照应、互相支撑的一套话语体系。而在不少高校的基层教学单位，一些思想政治理论课教师也常常“能者多劳”，身兼两门以上思政课教学工作。那么，建构和运用微信公众平台进行思政课的辅助教学，就完全可以作为一项覆盖五门课程内容的、具有学科内部包容性和共享性的教学基础设施工程，值得下大气力将之做好并逐步推开。

其二，思想政治理论课是直面当代中国重大理论与实际问题的课程体系，因而需要学生的独立思考和在此基础上的教学相长、思想交流与碰撞。思政课之所以需要充分讨论，是因为讨论本身兼具价值和方法两个层面的意义①：讨论既是形塑一个合格公民基本价值观的必要训练，也是知识创造与文化传承、思想塑造与文化传播的基本途径。在传统的课堂教学中，这项工作基本难有充分的时空环境，课堂之外的实践教学常常流于形式，而师生之间在课外的交流也难于保证。在紧张的教学设计和课时安排特别是普遍的大班教学环境中，互动环节的缺失是一个普遍现象。那么，建构和运用微信公众平台进行思政课的辅助教学，就是赋予学生主动选择和自主学习的权利，弹性化地将有限的课堂教学时间向前向后延展，在90分钟的课堂教学之外打开了一个无限交互的“平行时空”。

其三，思想政治理论课教学改革的两个重要方向是问题导向和专题化教学，因而需要教师在教学设计和教学实践中及时、准确地回应学生的相关困惑。“思政课教学要摆脱概念先行的模式，凸显‘问题意识’，以问题导入，以达到训练理论思维和价值判断能力的目的”②，同时将时代化、整体化、精品化的要求融入专题群建设过程中③。建构和运用微信公众平台进行思政课辅助教学，正可以运用其就事论事、一事一议、细水长流、润物无声的技术特点，以分散化的“议题储备”通过微信的关键词以及响应式的搜索回复，来对接思政课问题导向与专题化教学的需要，

其四，思想政治理论课的理论魅力离不开思政课教师的人格魅力，因而需要在学生与教师之间建立一种持久和内在的人际交往和依赖关系。应当指出，相较于这些年来教育界更多追逐的互动性，依赖性是一种更高也更难达到的境界。学生不仅乐于在课上课下向教师交流看法、请教问题，更乐于在线上线下与教师敞开心扉、坦诚交流，形成一种良师益友的内在依赖关系。实现“真心喜爱、终身受益、毕生难忘”的课程建设目标，必然意味着师生之间建构一种超越教学过程、超越“学期”界限的关系。微信公众平台的使用，有助于这种长久性内在依赖关系的形成。

具体来说，如何对传统思政课教学流程加以改造，使微信公众平台与思政课课堂教学结合起来？笔者尝试提出如下基于微信平台的思政课移动

① 徐家林：《“思政课”讨论式教学的合法逻辑与基本要求》，《湖北社会科学》2014年第11期。

② 陈锡喜：《深化高校思想政治理论课改革和建设的新空间》，《湖北社会科学》2015年第12期。

③ 李忠军：《夯实专题教学环节在思政课教学中的基础地位》，《中国高等教育》2015年第21期。

学习模式。

一是开通微信公众号，点滴积累，精益经营。勤于动笔，善于表达，直面重大理论问题、改革难点问题、社会热点问题，这应当是思政课教师的基本素质。在此基础上，将自身所思所悟，以学生喜闻乐见、通俗易懂的语言整理成文，在微信公众号推送，这是基础性工作。公众号发文应以原创为主，体现教师自己的研究偏好和研究水平，这更有助于增强说服力。

二是课堂上主动宣介，分门别类，融入教学。经过日积月累，微信公众号有了一定的文章存量，此时可将每篇文章设定相应的关键词，只要用户回复特定关键词，就可以触发后台自动推送特定文章。进而，在课件的制作中，可以将相应文章融入有关章节的 ppt 页面，将微信公众号的二维码置于页面显著位置，同时注明所需回复的关键词。这样，学生在课堂现场扫码识别、进入公众号后再输入关键词，即可用手机调阅相关文章或阅读材料。这一办法有助于将将宝贵的课堂教学时间聚焦于重点难点问题，对于有些展开的部分则可以上述方式留给学生通过移动学习模式在课后自学完成。

三是课堂外积极沟通，答疑解惑，教学相长。微信平台的功能不仅限于教师向学生的单方面灌输，它本身也是一个兼具交互性与私密性的渠道，学生可在公众号或具体文章下留言发表看法，教师也可对留言加以回复，这个过程可无限延伸下去，成为师生交流和学术探讨的适宜形式。

四是建构跨课程网络，专题教学，共享资源。公众号课程资源积累到一定数量级后，会逐渐向教材内容全覆盖的目标推进，做到每堂课的课件中均有推荐学生扫码微信公众号阅读课外文章进行移动学习的机会。这时要有意识地对文章进行专题性的归类，并使不同的思想政治理论课乃至公共课、专业课之间能够以专题为单位共享移动学习资源。比如，《毛泽东思想和中国特色社会主义理论体系概论》和《思想道德修养与法律基础》两门课中均有关于法治建设方面的教学内容，那么微信平台有关这方面的文章即可共用。扩展开来，不同教师以一己之力开发的课程移动学习专题资源库之间也可以互通有无，资源共享，共同做大做强课程体系的辅助支撑系统，以这种多样化的移动学习模式再造思政课教学流程，更好提升思政课的教学及育人效果。

四 结语

上述基于微信平台对思政课的流程再造，在保留了传统思政课课堂教学过程中教师宣讲、学生听讲的基本要素的同时，也有所创新，有所收益：一是有效拓展教学时空，让教学可以不再受到教室和课时的限制；二是有力推动重心转移，让教师可以更无后顾之忧、详略得当设计教学过程，安排教学重点；三是极大促进自主学习，让学生可以自发自主地进行预习和复习，拓展自身的知识面；四是显著改善教学效果，让思政课相关知识、理论、政策的内容之间以及各门思政课之间能够由点及面，逐步编织为一个可以共享、共用的网状结构和课程体系，将基本原理、创新理论、形势热点、政策难点有机融合，提高课堂教学的针对性、实效性、说服力和感染力，最终达到让学生真心喜爱、终身受益的教学改革目标。

Process Reengineering：A Study of Mobile Learning Mode Based on WeChat Platform of Ideological and Political Course

Cao Dongbo

Abstract：Under the influence of post-modernism, deconstruction, decentralization and irony have become a state of life, contact interaction habits and ways of thinking of young college students. It is also one of the reasons for "the effectiveness of crisis" on teaching Ideological and Political course at this moment. With the changes in space-time transformation and demand characteristics of the educated, educators are required to implement a supply-side reform. With the application of new media technologies especially WeChat platform, it's possible to use "Internet + Ideological and Political Education" to promote the supply-side reform on teaching Ideological and Political course. Mobile learning mode based on WeChat platform of Ideological and Political course, can effectively promote problem-oriented and thematic teaching. It can also establish a lasting and internal relationship between teachers and students. This enables a cross-curricular sharing of resources, top-level design of teaching system and adaptive reengineering of teaching process.

Keywords: Ideological and Political Course; WeChat; Mobile Learning; Process Reengineering

以“三教四式”增强思政课学生获得感

章忠民　徐圣龙*

摘　要：思想政治理论课是高校学生思想政治素质培养的主渠道、主阵地。为进一步贯彻落实全国高校思想政治工作会议精神和习近平总书记对新形势下做好高校思想政治工作所提出的要求，以全国高校思想政治工作会议精神和习近平总书记对新形势下做好高校思想政治工作所提出的要求为指导，抓住教师、学生、课堂三个载体，以“三教”（教师、教材、教学）改革为举措，以“四式”（专题式、研讨式、自主式、体验式）教学为抓手，进一步促进学校思政课教育教学改革，不断提升思政课教学实效性和学生获得感，满足学生成长发展需求和期待。

关键词：三教；四式；亲和力；针对性；获得感

思想政治理论课一直是高校学生思想政治素质培养的主渠道、主阵地。我国高等教育历来非常重视大学生思想政治教育工作，2015年，中宣部、教育部先后出台了三个用于指导规范高校大学生思想政治教育工作的重要文件，不断加强高校思想政治教育工作的顶层设计与统筹谋划。2016年12月，全国高校思想政治工作会议召开，习近平总书记出席会议并发表重要讲话，对新形势下做好高校思想政治工作提出了新的要求，指出高校“要用好课堂教学这个主渠道，思想政治理论课要坚持在改进中加强，提升思想政治教育亲和力和针对性，满足学生成长发展需求和期待”。为进一步贯彻落实全国高校思想政治工作会议精神和习近平总书记对新形势下做好高校思想政治工作所提出的要求，必须结合上海财经大学

---

* 作者简介：章忠民，男，上海财经大学马克思主义学院院长，教授，博士生导师；徐圣龙，男，上海财经大学马克思主义学院讲师。

思想政治理论课教育教学实际，进一步促进我校思想政治理论课教育教学改革。

一 反思学校思政课教学现状与聚焦教改方向

思政课教改应结合本校思政课教育教学实际，按照全国高校思想政治工作会议精神和习近平总书记对新形势下做好高校思想政治工作所提出的要求，努力解决思政课教育教学中存在的问题和不足，真正发挥思政课在学生思想政治素质培养过程中的主渠道、主阵地作用。

（一）把脉思政课教学现状

学校始终把思想政治理论课作为学生思想政治素质培养的主渠道、主阵地，不断加强和改进思想政治理论课教育教学工作。长期以来，学校以高水平马克思主义理论学科建设为平台，推进一流的马克思主义理论研究，带动一流的思想政治理论课教育教学；发挥“传帮带”的优良传统，以一流的师资队伍建设为保障，确保思想政治理论课教育教学改革针对性、实效性和时效性；以入耳、入脑、入心为目标，通过践行社会主义核心价值观，把中国特色社会主义的理论自觉转化为大学生的实践自觉；以增强学生获得感为抓手，通过课堂教学内容与方法改革，充分发挥思政课主渠道、主阵地作用；充分运用新媒体、智能化载体，打造“互联网+思政课”新模式，使思想政治理论课活起来、火起来。

2016 年，上海财经大学马克思主义学院成功申报上海市示范马克思主义学院并获为期三年的重点建设支持。马克思主义学院以上海市示范马克思主义学院建设为契机有效推进教育教学改革，在立德树人取得了显著成绩。为有效促进一流的学科建设，带动一流的教学，搞好思想政治理论课教育教学改革，学院先后十次成功举办中国化马克思主义新发展等系列高水平学术研讨会，有效落实并完成了教育部有关习近平新时代中国特色社会主义思想“三进”工作。学院认真学习贯彻中央有关加强思想政治理论课教育教学改革的文件精神，对表达标，扎实落实学校党委关于思政课教育教学改革的具体要求：其一，与学校党校联合举办了上海财经大学思想政治理论课学习贯彻中央文件精神培训班，同时安排了现场教学环节，组织思政课教师“重走长征路”活动，在活动中深化对有关课程内容的理解和把握。其二，充分利用学校周二例会的活动平台，积极组织全体教师就如何搞好思政课教育教学改革献言献策；研讨兄弟高校成功经验；各教研室认真落实集体备课制度，就教学难点、形势热点问题进行深入研讨；各教研室主任、学科带头人、教学骨干标兵现身说法，充分发挥先锋带头作用，由此营造出良好的教育教学改革氛围；《大学生思想品德修养》《马克思主义原理概论》被列为上海市教委重点建设课程，《毛泽东思想和中国特色社会主义理论体系概论》被列为学校精品课程，《中国近现代史纲要》被列为学校重点建设课程。

但是，随着国际国内形势的深刻变化，不同思想文化的交流交融交锋，社会思潮的多元多样多变，也给当下思想政治理论课的教育教学带来一定的影响和挑战，并产生一些问题。就我校而言，2015—2017 年，上海财经大学马克思主义学院会同学校有关部门单位，先后就思想政治理论课教育教学现状展开了广泛而又深入的调研，尤其是通过师生座谈会及问卷调研，围绕学生获得感，重点梳理出我校思想政治理论课的思想性、科学性和实效性三方面情况。

1. 在“三入”与认知认同践行等方面还有提升的空间

从调研中的学生反馈来看，在理论知识教育、政治素质培养、三观引导和对社会问题的独立思考能力培养等方面，学校思政课很好地实现了既定培养目标。在教学管理方面，课堂的高出勤率表明学校思想政治理论课的教学管理富有成效。主要有三个维度的突出表现。

第一，目标完成度良好，理论传授、社会责任意识引导有效。在课程获益上，59. 1%的受调查学生认可获得了“新闻时事热点和历史知识”，56. 6%认可养成“社会责任意识”，“思维理论修养”提高也获得了 41%的高赞同率。相反，为“考研准备”“提高绩点”“无所获益”等纯功利或消极获益选项的认同率皆低于 20%。这表明，从培养结果来看，我校思想政治理论课程的培养目标完成良好。

第二，教学管理优秀，九成学生出勤高。当问及“您一门思想政治理论课的平均缺勤次数”时，56. 2%的学生能够保持从不缺勤，还有 37%的学生也能够保持缺勤次数在 3 次以下，仅不到 7%的学生出现 4 次或以上缺勤情况。出勤率是教学有效性的首要保证，也是教学管理的重要一环，优秀的出勤率表明思想政治理论课程的基本面良好。

第三，教学效果优良，通过有效的教育教学改革，学生逐渐喜爱思想政治理论课及其特有的教育教学方式。通过邀请劳模、校友、行家进课堂，带领学生走进革命圣地、改革一线，通过情景剧表演等形式，扩大和盘活教学资源，寓思政教育于文化熏陶和思想浸润之中，把思政课上到大学生的心坎上。

2. 离学生真心喜欢终身受益的要求还有距离

虽然学校思想政治理论课基本面及其各方面要素，其状态表现良好，但是我们却不能忽略其中因为客观原因或主观原因所带来的一些挑战和问题，否则思想政治理论课的实效性势必会受到影响。从整个调研中所反映出来的学生对思想政治理论课程的总体评价来看，在课堂“积极性调动”问题和“理论切合实际不足”问题等方面，都反映出思想政治理论课在进一步提升有效性方面有着很大空间，折射出进一步增强思想政治理论课的学生获得感之紧迫性和重要性。

第一，有九成呼吁改革的学生源自认同感、自信感不足。在与其他学校思想政治理论课教学的学术性、趣味性、理论性、实用性等比较中，学校思政课有其自身的优势和特色，但是在学生对思想政治理论课认同感和自信感方面却没有优势可言。这应该引起我们的高度重视，也应成为思政课教育教学改革中的重点所在。

第二，学生积极性表现不佳，师生互动不足。反映教学有效性的一个重要表征是学生课堂参与情况，从问卷显示的结果来看，尽管学校目前思想政治理论课的出勤状况保持在一个良好的水准之上，然而我们却应当谦虚地看到这种高出勤率却并不能完全代表课堂教育的高效率，应当关注到有一些同学想从思想政治理论课教育教学活动有更高的获得感，而社会风气、移动设备、对思政课的偏见等外在干扰导致“想认真听课，但无法集中注意力”及最终“不听课”的学生仍有一定比例。此外，师生互动的内容及其质量也有待提高。教师和学生作为教学情境中的两大能动主体，是教育天平的两端、也是知识思想流通的节点，越有效的教育必然是互动越频繁的，这无疑是我们需要大踏步进行改进的教育实践。

3. 着力增强思想政治理论课的学生获得感

第一，学生主体目的认知需进一步端正，应确立起基于树立正确的思想路线、价值立场的学习动机。学生对课程学习的主体认同是大学生理性判断的结果，高认同感无疑会增益学生课堂参与和理论实践。从调研结果来看，学校学生在思想政治理论课程的参课动机方面存在一定认知偏见，并由此实际影响了思想政治理论课的课堂表现和参与程度。如果将“获取学分”作为最终学习目的，那么思想政治理论课对于学生来说将只是强制性要求，是外界环境给予其压力而接受的，主体性已不复存在，而一旦丧失教育对象的主体性，教育的有效性只能是纸上谈兵。

第二，思想政治理论课教师的课堂教学与其他专业课教师的课堂教学存在较大差异，学生片面地用专业课的期望参数要求思想政治理论课，客观上增加了思想政治理论课的教学难度。从调查反馈情况来看，学校学生大体在思想政治理论课与其他基础学科的差异性上达成一致，认为无论是学术性、理论性还是趣味性、实用性上都存在很大的差异。上述差异性背后隐藏着思想政治理论课教学的难度上升。学生不仅对思想政治理论课教学内容有着更广范围的要求，并且学生对从事教学的教师职业素养也有着更高的要求，包括理论素养、政治素质、人格素质、课堂能力等多方面、广范围的要求。

第三，思想政治理论课承载着马列主义毛泽东思想、中国特色社会主义理论体系的学习，党的思想路线方针政策的宣传和社会主义核心价值观的培育与践行等多方面使命，由此决定了思想政治理论课的课堂教学要特别注重形式与内容的丰富多彩，而忌讳形式单一。教学形式的有效性不足会带来诸多问题，如课堂教学乏味、吸引力不足、理论与现实脱节等，这也是调研中得到学生呼声比较高的重要部分，它以教学形式上的问题呈现出来，然而却会影响学生对思想政治理论课的总体评价效果。这应该成为教改重点。

（二）聚焦思政课教改方向

中央有关思政课教学改革的指导思想和总体要求为我们指明了思政课教改方向。中共中央《关于进一步加强和改进新形势下高校宣传思想工作的意见》指出，全面贯彻党的教育方针，立足坚定大学生对中国特色社会主义的道路自信、理论自信、制度自信、文化自信，以教材体系、人才体系、教学体系建设为核心，以学科支撑体系、综合评价体系、条件保障体系建设为关键，以推动综合改革创新为动力，以问题为导向，以教育教学实效性为评价标准，进一步坚定信心，强化责任，系统规划，整体推进，落实思想政治理论课在高校立德树人工作中的战略地位，把培育和践行社会主义核心价值观融入教书育人全过程，为实现“两个一百年”奋斗目标、实现中华民族伟大复兴中国梦发挥应有的作用。

习近平总书记在全国高校思想政治工作会议上的讲话中指出，高校肩负着学习研究宣传马克思主义、培养中国特色社会主义事业建设者和接班人的重大任务。思想政治理论课是巩固马克思主义在高校意识形态领域指导地位，坚持社会主义办学方向的重要阵地，是全面贯彻落实党的教育方针，培养中国特色社会主义事业合格建设者和可靠接班人，落实立德树人根本任务的主干渠道，是进行社会主义核心价值观教育、帮助大学生树立正确世界观人生观价值观的核心课程。办好思想政治理论课，事关意识形态工作大局，事关中国特色社会主义事业后继有人，事关实现中华民族伟大复兴的中国梦，必须始终摆在突出位置，持之以恒、常抓不懈。

学习贯彻全国高校思想政治工作会议精神和习近平总书记对新形势下做好高校思想政治工作所提出的要求，学校思政课教改必须努力提升思想政治教育亲和力和针对性，以满足学生成长发展需求和期待。坚持理论与实际相结合，注重发挥实践环节的育人功能，创新推动学生实践教学和教师实践研修。坚持教学与科研相结合，努力探索攻克教学难关，强化马克思主义理论学科和科研对教学的支撑作用。坚持教师讲授与学生参与相结合，注重师生教学互动，充分调动学生学习的主动性积极性。坚持课堂教学与日常教育相结合，积极拓展思想理论教育渠道，创新发挥第二课堂的教育作用。坚持思想政治理论课与专业课相结合，注重发挥所有课程的育人功能，所有教师的育人职责。坚持校内与校外相结合，注重资源整合，探索建立全社会关心支持思想政治理论课建设的长效机制。整体推进教材、教师、教学等方面综合改革创新，编写充分反映马克思主义中国化最新成果、教师好用学生爱读的系列教辅材料，建设一支对马克思主义理论真学、真懂、真信、真用的教师队伍，培育推广理论联系实际、富有说服力、吸引力、感染力的多种教学方法，重点建设好教学科研皆强的马克思主义学院，逐步构建重点突出、载体丰富、协同创新的思想政治理论课建设体系，不断深化中国特色社会主义和中国梦教育，深入开展社会主义核心价值观教育，加强法治教育，坚持不懈地推动中国特色社会主义理论体系进教材、进课堂、进头脑，不断改善思想政治理论课教学状况，努力把思想政治理论课建设成为学生真心喜爱、终身受益、毕生难忘的优秀课程。

二　以“三教”改革为举措增强思政课教学实效性

学校思政课教改要紧紧抓住教师、学生、课堂三个重要载体，力争有所突破。首先是以“三教”，即教师、教材、教学改革为举措，增强思政课教学实效性。

（一）以“四真”为思政课改革打牢师资队伍基础

1. 打造一支“真学真懂真信真用”的思想政治理论课师资队伍，为增强教学实效性提供强大的优质师资保证，保证思想政治理论课课堂教学的正确性、科学性、实践性，以有效的教学效果实现学生获得感的实质性提高。第一，通过师徒结对，不仅将老教师丰富有效的教育教学经验以“传、帮、带”的形式传递给思想政治理论课青年教师，而且同时也注重思想信念的“传、帮、带”，截至“十三五”期末，完成完善年轻教师的“结对子”工作。第二，结合教学形式的改革，组成具有专业能力互补的教学团队。其一，组成团队——合作教学设计——教学目标任务分解——集体分段教学——反馈与补救——教学评价，最终是在团队中形成教学资料和课堂的共享，分解广范围的教学内容，在课堂中共同承担学生的期许；其二，根据课程的主导方向，确定团队的核心小组，一般有 3—4 名成员，核心小组负责制订团队教学计划、教学原则等，这种形式的教学团队可与“传帮带”方式结合，同时充分运用现有的集体备课机制和平台，既发挥老教师的经验优势，又在团队中形成合作氛围，分担教学压力。第三，尝试为每一位思政课老师建立教育教学档案，记载教师教书育人的心路历程，使之成为自我成长以及与他人交流学习的良好平台和载体，学院每学期定期进行交流。

2. 加强国际国内培训交流，拓展思政课教师学术视野、提升思政课教师学术研究能力，保证思政课课堂教学说服力、吸引力、感染力。第一，品牌性期刊建设。继续办好《海派经济学》（CSSCI）和《世界政治经济学评论》，坚持期刊建设的高品位、精品化，确保每年 4 期的高质量。第二，品牌性系列学术会议建设。“全国现代马克思主义政治经济学与应用经济学创新学术研讨会”等 3 个全国性学术品牌，“世界政治经济学国际论坛”1个国际性学术品牌，以及“国外马克思主义经济学译丛”，每年按质按量定期举办和出版。第三，继续发挥和拓展现有的国际学术交流平台的优势，未来要进一步搭建广泛有效的国际国内交流合作平台，完成与美国、俄罗斯和乌克兰等国进一步拓展学术交流平台。

3. 加强教师教育管理和纪律约束，确保思政课教师课堂教学与中央精神实现无缝对接。根据《上海财经大学关于进一步加强教师思想政治工作及师德师风建设的实施意见》《上海财经大学思想政治理论课课堂教学规范》等文件规定，进一步加强思政课教师课堂教学管理规章制度的常规化建设工作，通过教育培训、教研室教研活动等有效形式，让每一位思政课教师真正认识到：其一，讲政治是思政课教师的基本职责；其二，讲政治也是思政课教师教学的主体内容；其三，讲政治还是思政课教师需要具备的自觉境界。同时，还要将这种正确的认知内化于心、外化于行，落实到整个教育教学工作之中。

4. 通过引培结合，打造一支学缘结构合理、具有保证思政课教学实效性的思想政治理论课教师队伍。第一，通过实施领军人才引进工程，重点引进在国内外学界具有重要学术影响力、德才兼备的学科领军人才，“十三五”期间完成引进2—3名学科领军人才。第二，通过实施中青年教师研修访学计划，提升现有教师教学科研水平，确保每年选派3—5名教师参加相关研修访学。第三，通过实施人才发展支持工程，鼓励学院教师赴国内外著名学府进行学术交流、开展校际合作研究，促进学院教师的自身发展，提升教师个人以及各学科的社会影响力，确保每年选派1—2名教师开展此项活动。第四，通过开展创新团队支持工程，争取建成3—5个科研创新团队，2—3个教学创新团队。

（二）以鲜活的“教材”对接学生丰富的需求

紧扣2018版思想政治理论课教材，努力实现教材语言转化为教学语言、生活语言，让“马克思主义说中国话”，让“大家说家常话”，讲好中国故事，尽显中国力量和中国智慧。

1. 让马克思主义说中国话。要通过思政课教师积极有效地转化工作而得以实现，这就要求思政课教师除了自我备课之外，还要就每一门课程热点、重点、难点等方面，搞好集体备课。要求每一个教研室主任就所负责的课程，定期做好听课检查工作。让教材讲生活话。要求思想政治理论课教师把科学、深刻的马克思主义理论转化为生活、活泼的教学语言和生活语言，让学生听得懂、愿意听、还想听。

2. 让马克思主义说中国话。用马克思主义理论和中国实践回答和解释学生所思所想，用中国力量和中国智慧破解世界难题的实践及其成果，讲好中国故事。

3. 让大家说家常话。思想政治理论课教学讲究本校本院教师教学与“请进来”相结合的方式，要让“请进来”的大家名家、特别是马克思主义理论的权威专家，用通俗易懂、浅显明了的语言传授给学生理论、思想和道理。每学期各门课程要分别安排好上大课与上小课相互结合的具体工作内容。

（三）以“互联网+”模式、线上线下相结合打造思政课教学的新平台

在现有《上海财经大学思想政治理论课“互联网+”建设草案》等文件规定基础上，不断将互联网等新形式引入思政课教育教学过程之中，覆盖课堂教学与课外教学全过程，不断提高思政课教学的针对性、时效性和实效性。

1. 充分发挥互联网丰厚的资料资源优势。每一门课程均要建立本课程专有的网上教学资源库，同时，使该库具有充分良好的分享功能、辐射功能。第一，网上教学资源库建设。以上财教学网和教学互动平台为主要载体，构建完整、立体的“网络思想政治理论”教育教学资料库。第二，资源共享能力建设。通过课堂植入、专题培训和网络实践等形式，思想政治理论课教师不断教会学生日常的资源共享能力，实现思想政治理论课教育教学中的资源共享、资源拓展和教学相长。

2. 充分运用新媒体智能化载体等形象生动的表现形式。为全体思政课教师提供“互联网+”培训，要求 55 岁以下的老师熟练掌握运用新媒体智能化载体。第一，电脑、互联网、多媒体、手机等硬件的有机统一。以电脑、互联网、多媒体为基础，构建统一的课堂终端。第二，教材、图片、视频、动画等软件的有机组合。不仅强调教师对图片、视频、动画的综合运用，还允许学生以文字、图片、视频、动画的形式参与进来。第三，不断开辟新技术、新形式的教学实践，特别是大数据教学、人工智能以及 VR 等。

3. 充分发挥线上线下、两微一端等便捷渠道和有效互动功能。每一门课程每一学期至少就一个重点章节做好上线工作，通过 3—4 年积累，基本上做到对教材重点内容的全部覆盖。第一，以两微沟通带动既有沟通方式。通过上海财经大学校内聊（教师版）这一媒介，实现师生实时沟通；在此基础上，做到“一班一微、专人负责”。第二，强化一端建设辅助既有沟通方式。一端建设主要是客户端建设，包括网上思想政治理论课和教学互动平台等。第三，打好既有沟通方式的基础。每一位思想政治理论课教师都需要安排好课堂交流与讨论、课后辅导与答疑、定时定点答疑解惑等工作。

三 以“四式”教学为抓手提升思政课学生获得感

通过教师、教材、教学改革，实质性地提高思政课教学质量和教学效果，通过“四式”教学方法创新，真正实现思政课教育教学学生真心喜欢、终身受益。教学实效性的提高是学生获得感的前提条件，学生获得感的实现是教学实效性的自然结果。思政课教改必须提升思政课课堂教学的吸引力、感染力、说服力，通过“四式”即专题式、研讨式、自主式、体验式教学以形成师生互动教学相长的良好生态，增强学生的参与性，形成良好的师生互动。要遵循教育教学规律，使增强学生获得感落地生根。

（一）抓住思政课教改中课堂教学改革这一主渠道，以“四式”教学把学生的获得感落到实处

根据中央文件精神和习近平总书记关于高校思想政治工作的重要讲话精神，学习兄弟高校的基本经验和做法，参考近年来我们所作的有关思想政治理论课现状的调研，联系我校思想政治理论课教育教学改革实际进程，从思想政治理论课教学目的、目标和任务，课堂教学的内容与形式以及学生反馈等整体情况看，存在的主要问题有：其一，从长远看，严格地说，思想政治理论课教学距离“学生真心喜爱、终身受益”的要求还有一定差距，这就要求进一步增强学生获得感；其二，思想政治理论课所特有的政治性要求、思想性导向、科学性提升应化作每一位教师自觉的追求，严格克服思想政治理论课课堂教学的随意性；其三，教师应自觉担负起加强课堂教学组织和管理的责任，杜绝思想政治理论课课堂纪律差的

现象。

为努力克服上述存在问题，必须以培育和践行社会主义核心价值观为重要引领，以落实和贯彻中央关于思想政治理论课教育教学改革文件精神为抓手，遵循思想政治理论课教育教学规律和大学生成长规律，在教学理念、教学形式、教学方法与举措等方面不断创新，与时俱进。全面深入有效提升我校思想政治理论课亲和力和针对性，使其真正成为“学生真心喜爱、终身受益”的课程，将增强学生获得感得以全面深入落实。

为此，我们拟采取以下几个举措：第一，严格执行中共中央办公厅、国务院办公厅《关于进一步加强和改进新形势下高校宣传思想工作的意见》、中央宣传部教育部印发的《普通高校思想政治理论课建设体系创新计划》（教社科［2015］2号）和教育部关于印发《高等学校思想政治理论课建设标准》（教社科［2015］3号），以“统一思想、苦练内功”为抓手，进一步规范和改进思想政治理论课教育教学工作，形成一种“教师真学、真懂、真信、真用，为学生终身受用，真心喜爱”的思想政治理论课教育教学长效机制。第二，以社会主义核心价值观的培育和践行为引领，规范思想政治理论课教师的课堂授课方向，把握主旋律，传播正能量，保证思想政治理论课课堂教学观点与党中央的要求“严丝合缝”，保证课堂宣传纪律性的切实贯彻和落实。第三，期末和暑期组织各教研室召开集体备课会，就如何通过创新思想政治理论课教学形式、不断充实教学内容，有效激发大学生的学习积极性、主动性，开展集中研讨，寻找到行之有效的办法。第四，抓住主要矛盾与问题，结合有关文件精神的学习、讨论，认真制定规范思想政治理论课教育教学活动、严格课堂纪律的管理规定。第五，扎实推进思政课教改，在思想政治理论课教育教学实践过程中，为学生提供正确科学的知识真理，以增强学生认知获得感；为学生美好幸福人生领航，以增强学生认同获得感；为学生提供投身于社会生活实践的力量与智慧，以增强学生的践行获得感。

（二）通过专题式、研讨式、自主式教学以形成师生互动教学相长的良好生态

1. 运用“三位一体”的反馈法加强对大学生关于思政课需求的调研，适应大学生群体新变化，创新思政课教育教学方法，增强思政课针对性。为增强获得感提供鲜活的教育教化情景，充分发挥“三位一体”反馈法

对于了解学生真实需求的功能，并将其相应地落实到每一门思政课程的实际教学过程之中，利用期初期末课堂教学检查、总结及听课等平台，要求每一个课程组形成教研室“三位一体”的反馈法教育教学档案。第一，课堂反馈法。课堂反馈是把握学生需求的第一战场，每一位思想政治理论课教师都应该通过课堂教学与反馈的形式，尊重学生需求，调整教学内容和方法。第二，教评反馈法。进一步落实教学评价工作，通过扎实推进学期教学评价工作，充分吸纳学生有关思想政治理论课的需求、意见和建议，改进教师在接下来的教育教学工作中的形式和内容。第三，座谈反馈法。每一门思想政治理论课在学期教学过程中，至少组织一次以上的教研室集中座谈与意见反馈工作，邀请各个班级的学生代表参加座谈会，由教研室主任负责座谈并总结、归纳学生的学习要求、改进意见和预期形式。

2. 各个课程组要根据各自的实际教学特点和实际需求，充分、灵活地运用好“四式教学”，认真地做好“四式教学”的教学档案记录工作，累积经验、总结规律，每学期定期在教研室内开展研讨交流，在此基础上，在整个学院每学期进行至少进行一次的学习交流，并将“四式教学”操作内容和经验规律整理成册，择优出版，形成宝贵的教学资料累积。第一，研讨式教学。紧扣思想政治理论课教学大纲内容要求，主要以经典文献研读、典型案例剖析、著名历史事件讨论、时政热点问题深耕等方式展开。第二，专题式教学。采取“请进来”的方式，在相关思想政治理论课教学中，多渠道、多路径地引入各种社会教学资源，开展相关专题教学。第三，自主式教学。把大学生开展体验式教学活动所得到的收获和成果，以大学生自身授课如上讲台尝试讲学、写心得体会、学习兴趣小组交流会、微信群互动等形式展现出来。到目前为止，《毛泽东思想与中国特色社会主义理论体系概论》完成专题式教学典型案例，《马克思主义基本原理》和《中国近现代史纲要》完成研讨式教学典型案例。

（三）以体验式教学让学生从思政课教育教学过程中有 360 度大熔炉的获得感

所谓体验式教学，就是把思政课课堂从学校教室搬到社区、工厂、乡间、红色基地，主要有红色经典体验、改革成就体验、历史文化体验、实践调研体验等方式。以两个结合调动学生学习思想政治理论课的积极性、主体性和能动性，为学生提供积极参与互动的渠道和机会，营造教学相长的融洽氛围。要求每一个课程组的教研室主任，在期初期末认真开好“两结合”教学研讨会，部署好“两结合”的具体工作任务，记录在案，期末汇总检查。上台讲与台下学相结合的形式。每一个思想政治理论课教师在每一门思想政治理论课教育教学过程中，需要配置相应的学生活动时间。课堂学与社会学相结合的形式。通过学生参与社会实践活动，把思想政治理论课课堂搬到社会这个大课堂。到目前为止，《思想道德修养与法律基础》完成体验式和自主式教学典型案例。接下来，将进一步推进四门思想政治理论课联合体验教学实践活动，进一步共享教学资源，实现大联动、大互动，不断提高体验式教学与自主式教学的融合、发展。

四　小结

未来，以“三教四式”为核心的思政课教育教学改革，学校将本着体系性与重点性相结合的原则，围绕具有财经特色的思政课教育教学体系建设，着重在三个方面实现突破：第一，紧紧抓住教师这个关键，着力化解影响思政课吸引力、感染力、说服力的瓶颈问题。以完全解决教师真学真懂真信真用的问题为突破口，要求每位教师认真学习领会中央文件精神，切实提高思想理论水平，强化对马列主义、中国特色社会主义理论的思想认同、理论认同和情感认同，坚定理想信念；让老师站稳站住站好讲台，理直气壮地批判各种错误思潮，正面回答学生的疑问，引领学生健康成长；让每个班教师做到以德感人，以德示人，以德动人，突出教师“身教”对学生思想行为的引领作用。要求教师严格执行上海财经大学思想政治理论课课堂规范，为增强学生获得感提供强大的优质师资保证。第二，高度关注学生抬头率、认知度、认同感，在实现思政课亲和力和针对性的基础上完成入耳入脑入心，提升思政课课堂教学的吸引力、感染力、说服力。第三，运用新媒体、智能化载体，打造“互联网+思政课”新模式，充分利用“互联网+”、新媒体活跃课堂气氛，搞好线上线下教学，强化一端建设辅助既有沟通方式，以两微沟通带动既有沟通方式。使思政课活起来、火起来，充分运用新媒体智能化载体等形象生动的表现形式。通过教师、学生和课堂这三个载体，围绕教师、教学和教材改革，不断提高教学质量和教学效果；通过研讨式专题式自主式体验式教学方法创新，以高质量的教学效果为支撑，真正实现学生真心喜欢、终身受益。教学实效性是学生获得感的基础条件，学生获得感是教学实效性的自然升华，围绕“三教四式”的思政课教育教学改革，必将不断提高教学实效性和学生获得感，打造具有财经特色的思政课教育教学改革品牌。

Strengthen Students' Achievement in Ideological and Political Courses with "*SanjiaoSishi*"

Zhang Zhongmin, Xu Shenglong

Abstract: The Ideological and Political Theory course is the main channel and position for the cultivation of the ideological and political qualities of college students. In order to further implement the spirit of the National Conference on Ideological and Political Work in Colleges and Universities and Xi Jinping's requirements for the ideological and political work in colleges and universities under the new situation, we should seize the three carriers of teachers, students and classes, taking the "*Sanjiao*" (teachers, teaching materials, teaching) reform as an initiative, and the "*Sishi*" (topical, seminary, self-directed, experiential) teaching as the starting point, further promote school ideological and political education and teaching reform, and constantly enhance effectiveness and student acquisition of the ideological and political education to meet the needs of students growth, development and expectations.

Keywords: "*Sanjiao*"; "*Sishi*"; Affinity; Direction; Sense of Gain

浅谈财经类专业数学课程改革*

王艳华　王燕军**

摘　要：数学课程是各个专业的基础课程，对财经类专业而言尤为重要，探索和研究如何为财经类专业学生上好数学基础课对财经类创新型人才培养具有重要意义。本文以上海财经大学数学学院的数学课程改革为例，深入阐述了当前财经类专业数学课程改革的现状和问题，并针对学生和师资情况，构建了相应的综合改革方案，提出了具体的建议。

关键词：数学课程；财经类专业；改革

一　导论

数学课程是高校各专业培养计划中重要的基础理论课程，其目的在于培养学生所必备的数学素质，为培养我国现代化建设所需要的人才服务。通过大学数学课程的学习，学生的创造性思维能力、抽象概括能力、逻辑推理能力、自学能力、分析问题和解决问题能力都会得到相应的提高。而且，数学对开阔学生思路，提高学生综合素质等起到至关重要的作用。

数学作为财经研究的重要工具，在财经专业的教学中发挥着举足轻重的作用。值得一提的是，自 1969 年以来，共颁出 45 个诺贝尔经济学奖，其中 1/3 的奖项是运用数学知识来研究经济学问题。近年来，国内高校与外界的交流不断加大，许多国外一流大学的教学理念不断被引入到教学中，重视财经类专业的数学基础课教学已成为共识，对这些专业的数学基

---

* 基金项目：上海财经大学 2015 年度本科教改项目“大学数学基础课程综合改革”（项目编号：2015120319）。

** 作者简介：王艳华（1975—　），女，上海财经大学数学学院，教授；王燕军（1975—　），女，上海财经大学数学学院副院长，教授。

础课教学要求也越来越高。

目前很多专业对数学课程的深度和难度不断加深，《高等数学 A》已成为一些商学院的平台课，越来越多的专业开始讲授《数学分析》课程。普遍重视数学教学的效果逐渐显现，但实践表明数学课程不是简单的数量训练，不能一味地加难、加深。对财经类专业的学生而言，一方面，学习更多的数学知识固然重要，更重要的是掌握数学的基本思想和基本方法，把数学作为一种重要的工具，去解决经济金融领域中的实际问题；另一方面，随着本科教学改革的不断推进，传统教学模式的不足逐渐显现出来，比如注重理论的严密性，忽视财经应用；注重繁复的解题技巧，忽视实际应用内容的介绍等，这些状况与财经类专业培养中对数学的迫切需求显得滞后和不相适应。因此，在实行通识教育、加强创新型人才培养的背景下，探索和研究如何为财经类专业学生上好数学基础课就显得非常重要。以下通过调研和对比研究，深入阐述当前数学课程改革的基本现状和现实问题。

二　现状和问题

在分析上海财经大学课程改革的基础上，我们首先调研了四所知名大学的经管学院和国外两所顶尖商学院数学基础课程设置情况。国内选取了综合实力名列前茅的四所大学经济管理学院作为研究对象：清华大学经济管理学院、北京大学光华管理学院和经济学院、复旦大学管理学院和经济学院、上海交通大学安泰经济与管理学院。国外选取两所代表性大学为研究对象：宾夕法尼亚大学沃顿商学院和伦敦政治经济学院。通过分析和对比研究，我们发现：

（一）国外院校课程选择自由度更大

国外高校非常重视学生的个性，注重个性化培养，教学计划比较简单，只设定部分必修课程，前两年学习通识教育课程，后两年分专业学习。学生根据自己的能力和兴趣及专业要求来选修剩余学分课程。而国内院校教学计划分专业制订得非常详细，尤其是财经类专业数学基础课，基本都规定好了必修课程：高等数学或数学分析，线性代数，概率论与数理统计等。学生没有自主选择空间，尽管同一专业学生数学基础能力有差异，且对数学的兴趣程度也不同，但是他们都必须学习同样多、同等难度的数学基础课。①

（二）国外院校更加注重课程应用性

沃顿商学院及伦敦政治经济学院的数学课设置强调理论知识在经济管理中的应用，注重理论知识的现实社会意义，应用例子贯穿数学课程始末，能够深入清晰地阐述数学知识的经济含义，将数学知识与经济管理问题有效结合起来。目的是为了讲解这些知识点在经济问题中的应用，是研究经济学和其他学科的量化工具。以经济应用为主线，来讲解经济问题中所需要用到的定量方法，继而传授相关数学理论知识，将数学知识的应用性和现实意义直观体现出来，更能激发学生对数学的热爱。而纵观清华、北大、复旦、上海交大及上海财大五所学校财经类专业数学课设置，我们发现开设的数学基础课基本相同：高等数学或数学分析、线性代数、概率论与数理统计，这些课程以传授理论知识为主，课程难度较大，涉及的经济问题及应用实例较少，课程的应用性和现实意义较难直接体现，学生只知学习理论，却不知学以何用，盲目式的学习使学生学习中缺乏主动性和创新性，缺乏对数学在经济管理问题中应用的认知，以至于越来越多财经类专业的学生对数学基础课的学习产生了畏惧和抵触情绪。②

（三）国外院校数学课层次更加分明

目前，国内院校财经类专业数学基础课主要开设高等数学、线性代数和概率论与数理统计 3 门课，部分专业开设数学分析。根据专业背景和培养目标不同，绝大部分专业高等数学采用分级分类教学模式，即设高等数学 A 级、B 级、C 级、D 级等层级，不同学校设置的分级分类标准不尽相同，但不同层次课程内容有重叠。以上海财经大学为例，高等数学 A 级、B 级和 C 级的体系和结构基本相同，都涵盖了共同的微积分知识，只是 B 级比 C 级难度高一点，A 级又比 B 级多一些内容。如果上过高等数学 C 级的学生想继续修读高等数学 B 级或 A 级，有相当一部分知识点是重复

① 陆立强、郝群、谢琳、张计龙等：《关于国外高校经济学本科数学基础课程设置的探讨》，《大学数学》2010 年第 26 期。

② 何其祥：《财经类专业数学基础课的改革研究》，《财经高教研究》2011 年第 3 期。

的，而且由于课程开设时间、教学计划等条件的限制，每位学生往往只能修读规定层次的课程。而国外财经类专业数学基础课则是采用阶梯形分类逐级上升的教学模式。以沃顿商学院的课程设置为例，他们的授课内容没有交叉，难度和内容逐级上升提高，后一门课程均是在前一门课程学习基础上进一步学习。学生在修读了必修课之后，可以根据自身数学能力、兴趣及今后发展方向选择是否继续修读后续数学课程，知识点也并没有重复。由此看出，国外院校财经类专业数学基础课设置层次更加分明，课程知识点从入门级到高级，从简单到复杂，从理论到应用，各个层次的数学基础课针对不同基础的学生设置了各具特点的教学内容，更加实用。①

三 改革措施

研究发现，上海财经大学数学公共基础课教学模式属于传统模式，无论是课程体系、教学内容与课时安排、使用教材等，都属于典型的理工科课程教学，注重数学公式推导，严密证明和解题技巧，忽略财经应用。教材中虽然增加了一些经济管理类问题应用实例，却没有实质性变化。在学校实施通识教育、加强本科创新人才培养背景下，数学作为全校公共基础课，要充分发挥数学在财经类人才培养中的重要作用，进行相应的改革。

（一）改革课程体系，增加选课自由度

对财经类专业学生来说，不在于数学基础知识学习的多少，重要的应是学习有用的数学知识，如何去掌握数学的基本思想和基本方法，如何利用数学工具去解决经济金融管理中的问题。通过对比研究我们发现，在目前的课程体系和教学内容框架下，简单地提升课程内容意义不大。下面以上海财经大学高等数学课程改革为例具体剖析。

上海财经大学高等数学公共课调整前的课程体系为：数学分析、高等数学 A 级、B 级、C 级。已有的教学计划已为每个专业学生规定好了应该完成的数学课程，学生没有任何选择空间。假如学生已完成了教学计划规定的高等数学 B 级，若想提升继续学习高等数学 A 级，或者数学分析，一方面因为提升课程的知识点与之前较多重叠，继续学习无太大意义；另

---

① James Stewart，*Calculus*，Boston，MA，USA，Cengage Learning，2016.

一方面由于时间冲突，缺乏操作的可能性。针对这种状况，需要调整课程体系，把高等数学按阶梯形分类逐级上升分为高等数学Ⅰ、高等数学Ⅱ、高等数学Ⅲ。高等数学Ⅰ是全校学生必修课，讲解微积分基础知识，让每一个学生对大学数学有一个入门，注重基本概念和基本思想。高等数学Ⅱ则根据专业需求分专业开设，课程内容与高等数学Ⅰ没有重复，除了内容的增多，还注重高等数学Ⅰ理论的应用和强化。比如根据会计、经济、金融等专业要求不同，加入微分方程、差分方程、博弈论或运筹优化知识，注重数学建模与计算，让学生真正体会到学以致用，感受到数学在专业领域中的重要作用。对数学要求不高的专业学生如人文、法学、外语等则可以不必规定修读高等数学Ⅱ。高等数学Ⅲ则是在Ⅰ、Ⅱ的基础上，根据学生毕业以后是否继续深造或其修读专业对数学是否有更高要求，设置课程内容可与研究生阶段数学基础课相结合，覆盖难度比较高且内容比较抽象的理论知识。这样一来，学生可根据自身兴趣、专业要求及发展方向来选择所学数学课程。

表1　　　数学基础课程设置

<table>
<tr><th>分组</th><th colspan="2">课程名称</th><th>学分</th><th>开课时间</th><th>先修课程</th><th>备注</th></tr>
<tr><td rowspan="3">理科类</td><td>Ⅰ组</td><td>数学分析Ⅰ
数学分析Ⅱ
数学分析Ⅲ</td><td>6
6
4</td><td>秋季
春季
秋季</td><td>高中知识
数学分析Ⅰ</td><td>注1</td></tr>
<tr><td rowspan="2">Ⅲ组</td><td>高等代数AⅠ
高等代数AⅡ</td><td>4
4</td><td>秋季
春季</td><td>高中知识
高等代数AⅠ</td><td rowspan="2">注1</td></tr>
<tr><td>高等代数BⅠ
高等代数BⅡ</td><td>3
3</td><td>秋季
春季</td><td>高中知识
高等代数BⅠ</td></tr>
<tr><td rowspan="5">工科类</td><td>Ⅰ组</td><td>高等数学（工科类）Ⅰ
高等数学（工科类）Ⅱ</td><td>6
6</td><td>秋季
春季</td><td>高中知识
高等数学（工科类）Ⅰ</td><td>按照教育部高校大学数学课程教指委颁布的要求设置</td></tr>
<tr><td>Ⅱ组</td><td>线性代数</td><td>3</td><td>春秋</td><td>高中知识</td><td>维持原方案</td></tr>
<tr><td rowspan="3">Ⅱ组</td><td>概率论与数理统计</td><td>4</td><td>春秋</td><td>高等数学Ⅰ、Ⅱ
或数学分析A、B（Ⅰ、Ⅱ）</td><td rowspan="3">注2</td></tr>
<tr><td>概率论</td><td>3</td><td>春秋</td><td>高等数学（Ⅰ、Ⅱ）</td></tr>
<tr><td>数理统计</td><td>3</td><td>春秋</td><td>概率论</td></tr>
</table>

续表

分组	课程名称		学分	开课时间	先修课程	备注
经管类	Ⅰ组	数学分析Ⅰ 数学分析Ⅱ 数学分析Ⅲ	6 6 4	秋季 春季 秋季	高中知识 数学分析Ⅰ 数学分析Ⅱ	注3
		高等数学（经管类）Ⅰ 高等数学（经管类）Ⅱ	5 5	秋季 春季	高中知识 高等数学（经管类）Ⅰ	
	Ⅱ组	线性代数	3	春秋	高中知识	维持原方案
	Ⅲ组	概率论与数理统计	4	春秋	高等数学（Ⅰ、Ⅱ）或数学分析（Ⅰ、Ⅱ）	
		概率论	3	春秋	高等数学（Ⅰ、Ⅱ）	
		数理统计	3	春秋	概率论	注3
		统计学	3	春秋	概率论	
社科及人文类	微积分		4	秋季	高中知识	

注1：理科专业的学生根据意向专业对数学课程的要求，从理科类Ⅰ组和Ⅱ组中进行选择。

注2：工科类专业的学生根据意向专业对数学课程的要求，在此进行选择。

注3：经管类专业的学生根据意向专业对数学课程的要求，在经管类Ⅰ、Ⅲ组课程中选择。

调整后，高等数学Ⅰ不分专业，成为所有学生必修课。高等数学Ⅱ侧重于财经应用，供经济、金融、统计等专业学生必修，供会计、工商等专业选修，其他专业学生感兴趣也可修读。高等数学Ⅲ则侧重于数学理论分析与证明，供继续深造的学生及感兴趣的学生选修。这样的分层设计，课程之间内容没有重复，且充分考虑到了学生的需求。线性代数和概率论与数理统计这两门课也仿照这样的分层模式进行设置。调整后的数学课程体系见表1和表2。

表2　　可供选择的数学选修课

课程名称	学分	开课时间	先修课程
高等数学Ⅲ（经管类）	4	春、秋	高等数学Ⅰ、Ⅱ或 数学分析Ⅰ、Ⅱ
数学分析原理	4	春秋	高等数学Ⅰ、Ⅱ

（二）丰富教学内容，改进教学方法

李大潜院士曾经提出一个观点叫“问题驱动型”，实质就是讲数学概念之前，先把涉及这一概念在经济管理中的实际问题给予一个介绍，通过实际问题的分析来引进数学概念等内容。如在高等数学课中给出导数概念之前，可先由实际问题引出边际成本，再给出导数的概念。[①] 同时，理论知识介绍完后，再继续讲解数学方法在经济管理问题中的应用实例，少讲一些复杂类型的解题技巧。传统的教学内容强调数学的细节和技巧，将财经类专业需要的实际教学内容排除在外。我们应摒弃传统数学课填鸭式的教学，将课程内容比较烦琐抽象，难度比较高，并且与财经类专业完全无关的内容可以删繁就简，甚至去除。加强数学与财经类学科的结合，强调数学概念、定理公式和方法在经济管理问题中的具体含义和直观理解，加强经济管理等专业问题中的数学表述，注重数学在经济管理中的应用。

另外传统的教学观念是以教师为主体，教师根据课程教学大纲备课，讲课，完成课程教学内容，忽视了学生的需求和接受能力。传统数学课教学方法已不能满足创新人才培养要求。建议引入讨论式、案例式教学方法、问题驱动引导法等，将理论知识和实际问题相结合，丰富课堂内容，通过数学基础课的学习，培养财经类专业学生创新思维能力和学习能力，提高学生学习数学积极性。学生经过严密的数学思维训练，必将拥有扎实的数学基础，增强运用数学思维方法来解决实际问题的能力。

（三）编写合适教材，注重学科交叉

目前国内财经类院校所用数学教材大部分是自编，基本上是传统数学专业教材的简化版，为了显示其财经应用性，硬塞进一些例题，这些例题的内容和假设与实际情况相去甚远。学生学习了数学理论知识，再添加一些经济管理类应用例子的解题方法和技巧，这样的学习方式学生很难看到问题的本质，了解不到数学和财经类专业深层次的联系。财经类院校的数学教材，仅有数学知识是不够的，还需要结合经济管理方面的知识，强调经济管理中的含义和数学概念知识的交叉融合和相互联系，让学生真正体会到数学和经济管理知识的内在联系和本质，掌握用数学思维方式来思考

① 张晓颖：《高等数学课程分层次教学的研究与实践》，《科技展望》2017 年第 12 期。

和解决经济学、管理学中问题，培养学生的数学思维方式和数学应用能力。

结合以上问题，建议加强数学教师和财经类专业教师的合作，将数学和经济管理类学科内在联系和思想方法融合在一起，除了大学数学的基本概念和基础知识，提炼出真正能用到财经类专业学生专业课学习上的数学内容，注重财经类问题中的数学思想方法，编写具有财经特色的数学教材，对于财经类院校学生数学公共课学习大有裨益。

（四）优化师资结构，加强学科合作

目前，国内财经类院校数学基础课教师一般来源于综合性大学的数学专业，老师自身所学的数学课程专业背景大部分来源于自然科学，有经济管理学科背景的数学老师较少。由于缺乏必要的财经知识，老师对财经类专业的学生需求缺乏了解，他们不知道所讲授的数学内容在经济、管理学科中的作用如何体现，从事的研究工作仍然是原来的理工科专业领域，难以将数学和经济管理类学科的本质联系及思想方法清楚的传授给学生，存在着教学与科研脱节的问题。应鼓励和培养数学基础课教师从事财经管理类问题应用研究，加强数学教师和专业教师合作，引进具有经济数学、金融数学背景的师资，在教学中将数学思想方法和经济管理类问题有机结合，提高财经类专业学生数学思想认识和数学思维训练，激发学生学习数学的兴趣，提高学习效果。

A Discussion on the Curriculum Reformation of Mathematics of Finance and Economics Major

Wang Yanhua，Wang Yanjun

Abstract: It is well known that mathematics curriculum is the basic course of other majors. It is particularly important for finance and economics major. It is of great significance to study and explore how to teach mathematics curriculum well for the students of finance and economics major on training finance and economics innovative talents. Taking the mathematics curriculum reformation of School of Mathematics in Shanghai University of

Finance and Economics as an example, we introduced the status and problems of mathematics curriculum reformation of finance and economics major. According to the situation of students and teachers, the corresponding comprehensive reform plans were constructed, and detailed suggestions were made.

Keywords: Mathematics Curriculum; Finance and Economics Major; Reformation

财经学人

龚清浩教授的会计学术思想与教育理念

刘 华*

摘　要： 龚清浩先生是我国著名的会计学家、教育家、中国会计世纪名师和国家二级教授。他秉持理论联系实际和国际化的研究原则，学贯中西，一生致力于构建中国特色的会计理论体系，将西方会计理念和定额法引入中国，结合本土实际，在会计制度设计、班组核算和工业会计等领域取得了突出的成就，留有《辞海》会计类词目的释文、《会计简明辞典》、《会计辞典》、《工业会计核算》（二分册）、《工业会计》和《工业会计图解》等著作。他是我国最早的会计学研究生培养引航者之一，为新中国教育事业、会计学科的发展做出了开创性贡献。在社会工作方面，龚清浩教授参与筹建了中国会计学会和上海市会计学会并担任首届副会长职务，还从事了上海大华会计师事务所的筹建和顾问工作。

关键词： 学术思想；教育理念；社会影响

龚清浩（1909. 11. 24 —2001. 3. 23）是我国著名的会计学家、教育家、中国会计世纪名师和国家二级教授，享受国务院特殊津贴，1952—1958 年、1960—1972 年、1978—2001 年为上海财经大学（上海财政经济学院和上海财经学院为其旧称）教授并任会计系、会计统计系主任。龚清浩教授秉持理论联系实际的研究原则，学贯中西，一生致力于构建中国特色的会计理论体系，将西方会计理念和定额法引入中国，结合本土实际，在会计制度设计、班组核算和工业会计等领域取得了突出的成就，留有《辞海》会计类词目的释文、《会计简明辞典》、《会计辞典》、《工业会计核算》（二分册）、《工业会计》和《工业会计图解》等著作。他还

---

* 作者简介：刘华（1974— ），上海财经大学会计学院副教授。

是我国最早的会计学研究生培养引航者之一，为新中国教育、会计学科事业的发展做出了开创性贡献。在社会贡献方面，龚清浩教授参与筹建了中国会计学会和上海市会计学会并担任首届副会长职务，兼任上海市审计学会顾问、上海市注册会计师协会顾问、上海市高级会计师评审委员会副主任等社会职务。

一 海纳百川，深受美国会计名人利特尔顿教授思想影响

龚清浩教授1909年诞生于上海崇明堡一个书香之家，从小受到良好的家庭教育，深受“海纳百川”“诚朴”的海派文化影响。而成年后的龚清浩如儒雅之河，静水流深，学贯中西，受名师指点，在学界留下了坚韧有为的不朽足迹。

1921年，少年龚清浩启蒙于上海澄衷蒙学堂（现为上海市澄衷中学）。该学堂曾由著名教育家蔡元培出任校长，以“诚朴”为校训，主张教学应从造就现世社会幸福出发。1926年，龚清浩从澄衷蒙学堂商科毕业，以优异成绩考入上海交通大学铁路管理学院，将商科的深厚素养转变为对会计的浓厚兴趣，打下了扎实的会计基础。1930年，从上海交通大学毕业，在青岛胶济铁路管理局会计处任职。1933年，在国民政府铁道部“会计统计统一委员会”工作。在工作中，龚清浩发现当时国内的会计业务还停留在记账、算账、报账这一初级阶段，既难以反映一个项目、一个部门的财务状况，更没有相应科学的会计理论，我国会计学科远远落后于欧美先进国家。治学兴邦的志向，促使少年龚清浩萌生了出国求学深造的强烈愿望。

1934年，龚清浩远渡重洋，赴美国留学，当时的铁道部给其推荐时用的评语是“慎于言，敏于行”。龚清浩在美国伊利诺伊大学商学院主攻会计专业，师从美国会计名人、殿堂级别的著名会计学专家利特尔顿（A. C. Littleton）教授。利特尔顿教授毕业于伊利诺伊大学铁路管理专业，是一位极富洞察力且博学多才的会计学家，对大学会计教育、会计思想、注册会计师职业做出了杰出贡献，其在铁路管理方面的深厚造诣及先进的会计思想，使龚清浩在其指导下受益匪浅。龚清浩深受其影响，立志构建由会计思想、会计理论与会计方法等有机结合的具有良好逻辑的中国会计

学体系，主张会计应反映时代变化和需要，认为会计理论和会计实务相互联系和不可分割，且会计实务先于会计理论，对经验的理性分析产生逻辑性解释。

1935年，因勤奋刻苦，加上天资聪慧，龚清浩一年内即获美国伊利诺伊大学会计学硕士学位。同年，转入美国西北大学，在著名会计学家赫勃罗（David Himmel Blav）教授与斐南（H. A. Finney）教授的指导下，攻读会计学博士学位。[①] 1936年，龚清浩利用课余时间在美国芝加哥赫勃罗会计事务所兼任审计师，并加入美国会计学会和美国成本会计人员协会。兼职期间，龚清浩系统学习掌握了美国的会计业务和审计业务，将所学的理论知识与实践操作结合起来，专业理论水平和实际工作能力迅速提高。1937年，他获得美国芝加哥大学MBA学位。同年抗日战争爆发，龚清浩深感“国家有难，匹夫有责”，毅然谢绝了导师的挽留，放弃了继续深造的机会和美国铁道部审计专员的高薪聘请，怀着“我的事业在中国”的满腔爱国热忱返回祖国，从此将其一生投入中国的教育和会计审计事业的建设中。

二　科学研究：国际接轨与中国特色相结合

龚清浩教授精通美国、苏联等国外会计理论，主张在学习和借鉴国外会计理论的同时，必须针对中国国情，建立中国特色的会计理论体系。为此，他深入机关团体、工厂车间，考察掌握第一手资料，精心钻研，撰写专业著作。

（一）会计理念和定额法的引进：西学东渐，接轨国际

随着我国对外开放不断深入，外国投资者接踵而来，国内一些大企业和上市公司也逐步走出国门，国际社会开始对我国当时的企业财务核算和会计报表提出了质疑，并出现根据国际会计准则对我国企业报表进行事后调整的现象。面对这一困境，龚清浩教授提出，中国会计要走向世界，就必须了解国际会计准则。龚清浩教授力主中西会计文化交流，大力引进西方会计思想。他主张，“会计学的国际接轨问题必须放到高校的教育层面

---

① 周为熙：《龚清浩》，《财经研究》1986年第11期。

上来”，并力排众议，提出改掉当时的增减记账法，恢复借贷记账法，这一提议最终得到了财政部和会计界的重视和认可。

在学习苏联的成熟经验方面，龚清浩教授大力主张引进定额法。1952—1953 年间，我国机器制造业试用系数法，后改为定额比例法（或称定额标准法）以计算产品成本。1954 年，苏联财政部颁布“生产费用与产品成本计算定额法基本条例”，其中要求的定额法是苏联各工业企业，尤其是机器制造业，在过去近 30 年中通过实践而取得的经验的总结。1956 年，龚清浩教授在《财经研究》发表《论机器制造业成本计算的定额比例法》一文，系统论述了我国机器制造企业的成本计算应从苏联引进定额法，而非简单沿用我国会计工作者自己创造的土生土长的定额比例法。

龚清浩教授认为，定额比例法避免了在成批生产下按批计算成本的必要性，也初步解决了跨月完成产品的成本分配问题，从简化核算手续和满足国家会计报表的要求来说，起着一定的历史作用。但是，对于任何一种产品成本计算方法的评价，不能单纯地从它能简化核算手续和满足国家会计报表的要求着眼，而是要看它是否可保证产品报告成本指标的准确性，以及能否对生产费用进行有效的监督。在定额比例法下，实际生产费用虽按产品别归集，但在产成品、自制半成品与在产品间是以定额耗用量的比例为分配标准的。定额耗用量只能说明对生产者完成某项任务的要求，绝不能说明实际生产费用的耗用水平。因此，以定额耗用量的比例作为分配实际生产费用的标准，缺乏理论上的根据。此外，产品的实际成本和计划成本或定额成本间的差异，要在每月月底以后，才能求得，但造成这一差异的原因，尚不能立即知悉，为了了解这些差异的原因，须在报告月份以后的时期内，进行许多繁复的计算和分析工作。这样，往往因得到的资料不够及时，使核算不能对生产费用进行有效的监督。

当时，有不少人认为，通过定额比例法的推行，可以积累定额资料，巩固定额基础，为实行定额法创造有利条件，因此在实行定额法前，应以定额比例法作为过渡；还有不少人认为，定额比例法是由我国会计工作者自己创造的土生土长的方法，应当加以珍视和爱惜。龚清浩教授对此予以驳斥，他强调，定额法的最主要特点在于对生产费用的监督是在生产过程中进行的，这也是定额法的基本精神。定额法的另一个主要特点，在于产品成本的计算方式。产品的实际成本，是由产品的定额成本加减定额差异与定额变动求得的。定额法的基本内容不在于它的产品成本计算方式，比产品成本计算方式更为重要的是那种在日常核算中对生产费用的监督[①]而在定额比例法下，定额仅用作为分配实际成本的标准，而不是衡量工作质量的尺度，这种使用定额的方式，是不能保证积累定额资料和巩固定额基础的，也不具备定额法的基本精神。实践后来也证实，定额比例法的被广泛采用及其进一步衍化导致成本信息失实及成本控制不力，严重削弱了成本反馈及生产监督的职能，采用定额比例法的国有机器制造企业普遍出现了经济效益低下、生产经营困难的严峻局面。

（二）会计制度设计、班组核算和工业会计：本土化系列论著和实践成果

龚清浩教授一贯主张，无论会计教学还是会计科研，都要理论联系实际，学习国外经验，达到“洋为中用”的目的。早在新中国成立初期，龚清浩教授受聘担任上海市人民政府公用事业局会计顾问。由于新中国成立前上海的公用事业企业大都由外商经营，全套采用的是西方账户体系，给新中国成立后人民政府接管带来困难。在龚清浩教授的指导下，该局对各外商公用事业企业进行了一次较为详尽的查账，摸清了各企业的情况，设计了一套方便政府进行监督和管理的会计制度加以推行，使政府对这些企业能够进行有效的监督和管理，并为机关和公用事业单位会计制度的建立健全和规范化奠定了良好基础。

20 世纪 50 年代初期，为响应政府“增加生产、厉行节约”的号召，龚清浩教授提出，实行班组核算能促进生产，降低消耗，提高生产效率。他带领中青年教师到上海卷烟三厂进行班组核算的试点工作考察，在考察中认真总结经验，克服遇到的各种阻力，将班组核算形成可操作的一套制度，并在上海各工业企业广泛推行，取得了显著效益。

根据高校教学和科研工作的需要，龚清浩教授先后编写了《工业会计核算》（二分册）、《工业会计》和《工业会计图解》等教材。1957 年，在他编著的《工业会计（第二分册）》里，系统地阐述了各种成本计算方法，特别是定额成本计算法，不仅详尽地说明了每一种方法的计算步骤与程序及所根据的理论，更是指出了各种方法的适用性和优缺点及其理

---

① 龚清浩：《论机器制造业成本计算的定额比例法》，《财经研究》1956 年第 2 期。

由。该书出版后，被全国不少高等财经院校用作教材。1974—1978 年，龚清浩教授主编并负责审阅了《工业会计》一书（上海人民出版社出版），先后发行 40 多万册。龚清浩教授系统地阐述了中国模式的会计理论及实务，深受广大财会工作者的欢迎。该书中，龚清浩教授首次提出会计应着重于“用账”的观点，指出了会计的职能不仅是记账、算账、报账，更重要的是“用账”，只有抓好“用账”这个重要环节，才能使会计具有控制和参与决策的管理职能，这一理论创新开启了学术界对会计职能的全新探索。该书还着重阐述了以成本计算对象为中心的产品成本计算方法体系，并首次提出了成本计算的“品种法”，使“品种法”成为“分步法”和“分批法”之外的又一基本方法。该书还指出，当时被广泛采用的定额比例法只是处理共同费用分配的一种方法，并非独立的产品成本计算方法。上述观点受到会计学术界的重视，并且在后来其他院校的会计教科书中被广泛采纳。

龚清浩教授不仅是公认的成本会计、工业会计和会计制度设计专家，在内部审计方面也颇有建树。1980 年，龚清浩教授前瞻性地提出“我国应开展内部审计制度，以提高经济效益为内部审计的核心，而不应局限于审查财务收支事项”。此后，这一观点在国务院 1985 年颁布的《审计工作暂行条例》中得到了反映，伴随时代发展，现今内部审计工作已成为我国审计工作的主要环节。

三　名留辞书：工匠精神，博采众家之言

龚清浩教授始终坚守认真严谨、精益求精的工匠精神，孜孜不倦，披荆斩棘 20 年，打造了《会计辞典》这部传世的经典之作。

《会计辞典》的编撰，以龚清浩教授为主、徐政旦教授为副。这本经典之作汇集了当时会计学界群英才智，其中，吴诚之负责会计一般和预算会计部分，徐政旦、章青松负责工业会计部分，胡文义负责农业会计和基建会计部分，姚焕廷负责商业会计部分，濮长庚负责外贸会计部分，龚以奎负责银行会计部分，龚清浩、娄尔行、胡文义、龚以奎负责国外常用会计部分，李鸿寿负责中式簿记部分，周颂康负责其他会计部分。

龚清浩教授认为，辞典是人们心中的典范。除自行编写一部分词目的释文外，龚清浩教授对于该辞典中的每一条词目的释文，均逐一审阅，反

复推敲，不仅注意其文字和结构，还核对其出处与来源，务求在有限的篇幅内完整地、科学地反映其内涵。担任《会计辞典》副主编的徐政旦教授忆及编写工作的艰辛时说，他们在编写期间，夜以继日，不论寒暑，全力以赴，往往对一条词目修改 10 余次，几乎每天就《会计辞典》进行深入探讨，风雨无阻，辞典的底稿达一个人身高以上。① 参与《会计辞典》编写的姚焕廷教授也表示，龚清浩教授的治学态度非常严谨："我那时共写了 170 余条词目，每天上午赶到他家里。龚先生对词目的修改一丝不苟，字斟句酌。有些地方，他对商业情况比较陌生，就要叫我把情况介绍清楚，然后再动笔修改。一个上午，多则十几条，少则七八条。我的部分共跑了半月左右才修改完成。"②

《会计辞典》于 1981 年 9 月完稿，1982 年 5 月第一次印数就是 42 万册，以后不断加印，不到 3 年时间，发行量就超过百万册，其印量创造了当时会计类书籍之最，在国内外会计界产生了广泛影响，堪称会计经典。《会计辞典》以其新意和质量赢得了全国会计界的盛誉，反映了当时会计学科的发展，是新中国第一部学术性、知识性和应用性兼具的会计专业辞书，特别是其中有关国外常用的部分会计词目的介绍，为中国会计界打开了一扇窥测西方会计的"门窗"，为日后的会计改革奠定了重要的思想基础，发挥了不可替代的先导作用。词典共收会计以及与会计有关的常用词目 2251 条（包括参见条），主要包括会计一般知识、行业会计（7 个）知识、国外会计知识和其他与会计有关的知识 10 大类，具体内容为：会计一般类词目 516 条（附中式簿记类词目 33 条）、工业会计类词目 440 条、农业会计类词目 286 条、商业会计类词目 173 条、外贸会计类词目 57 条、基本建设会计类词目 172 条、预算会计类词目 83 条、银行会计类词目 72 条、国外常用的部分会计词目 283 条、其他有关词目 136 条等。书末附有"分类索引"，所选词目内容稳定且释文简练扼要、通俗易懂，具有"指引读书门径，解决疑难问题，提供参考资料，节省时间精力"的作用。因"收词完备，释文言简意赅、精练概括"，《会计辞典》1984 年被评为上海市哲学社会科学研

---

① 刘华：《缅怀龚清浩教授》，转引自《振兴路 奉献歌——上海财经大学老同志回忆录》，上海财经大学出版社 2007 年版。

② 姚焕廷、龚清浩先生编：《会计辞典》，转引自《振兴路 奉献歌——上海财经大学老同志回忆录》，上海财经大学出版社 2007 年版。

究（1976—1982）优秀成果奖，1986年被评为上海市哲学社会科学（1979—1985）优秀著作、上海市高校文科科研成果奖二等奖。在日文《中国企业改革和会计制度》一书中，大量引用了《会计辞典》的会计条目释文，《会计辞典》被列为第一本主要参考书。

由龚清浩亲手栽种的《会计辞典》这课茂盛的“梧桐树”，终引得中国会计学界“凤凰”竞相飞来。词典后期修订中，石人瑾、汤云为、周忠惠、袁瑾堡、王松年、钱嘉福、徐逸星、陈守白、谢荣、朱荣恩、徐建新等一批会计学者纷纷加入。《会计辞典》修订本于1991年4月出版，被评为代表我国辞书编纂最高水平的首届中国辞书奖专科类获奖书目。

正是《会计辞典》的“二十年磨一剑”，将龚清浩教授执着、坚毅的学术追求及严谨、细致的科学作风和工匠精神体现得淋漓尽致，也牢牢确立了龚清浩教授在会计界的学术地位。龚清浩教授总结《会计辞典》的编写经历时说：“通过编著《会计辞典》，我有两点很深的体会，一是作为一名新中国的知识分子，他的命运始终是同党和国家的命运紧密相连的，离开这个大前提，就会一事无成；二是做学问干事业，既要有科学严谨的态度，又要有不怕吃苦、耐得寂寞的牺牲精神”。龚清浩教授逝世时，家人遵照其遗嘱，将一套《会计辞典》长伴其左右，足见其对《会计辞典》用情之深。

龚清浩教授是公认的辞书专家和学界权威，除了主持编撰《会计辞典》，还负责编写“辞妙百家、海汇众流”的《辞海》中会计学科词目。自20世纪60年代初以来，龚清浩教授一直负责编写大型辞书《辞海》的会计学科数百条词目的释文。晚年时，他还克服年事已高、视力不佳、书写和阅读不便等困难，孜孜不倦地完成了1989年新版《辞海》的撰述工作。在编纂辞书的有关条目时，他主张应博采众家之言，让读者自行分析评价，而不是独抒己见、强加于人。

四　教书育人：理论联系实际，本科和研究生育英才

作为会计学教授，龚先生心无旁骛，将教书育人作为终身理想。纵观其执教生涯，力推本科和研究生教学改革，弟子众多，桃李满天下，他的学生中既有学校的校长和院系书记、主任等中层领导干部，又有研究生导

师、教授，还有活跃在知名企业和国际会计公司财政、经济、会计、审计等战线的总会计师、总经济师、主任会计师及业界精英。

（一）本科生教育：身体力行推进教学改革

龚清浩教授在担任我校会计统计系、会计系主任期间，力抓本科教学改革和教育质量，主持教材编写审核及教育业务，明确提出在教学工作中要强调“三基”，即基本理论、基础知识和基础技能的训练。在高校的会计教学中，把基本理论放在首位，这是教育思想上的一个重大转变。他主张对会计统计专业实行教育改革，教授不再完全按教学讲义给同学上课，而是由同学先预习讲义，教授在课堂上进行例题释疑，教授与学生在课堂内产生交流与沟通，这样的专业学习效果显著。同时，在学生学习期间，还根据学习的进程内容，安排学生下工厂、到农村，把学到的理论知识与各类工厂不同的成本核算实务结合起来，让学生增加感性知识。通过下工厂，学生对工厂中开展的班组经济核算与成本的控制过程有了深刻的感受。

龚清浩教授十分重视教学的方式方法，认为教学方法不仅是教师传授知识的手段，而且关系到培养什么样人才的问题，注重培养学生独立之精神、自由之思想。“我们要培养的是，政治素质好，思想品德高尚，并且善于思考，勤于探索，具有分析问题解决问题能力的‘德才兼备’的理财人。”他经常教导学生：思考问题一定要有大格局；要养成良好的阅读习惯，坚持独立思考的原则，发现问题、提出问题、讨论问题，解决问题原则性和灵活性兼顾；要理论联系实际，包括企业实际、供产销实际和社会发展实际，做到脚踏实地和与时俱进；要迎难而上，不回避矛盾；掌握知识要专，知识面要广；不仅要会记账、算账、报账，还要能够把核算办法、制度设计和企业管理紧密地结合起来，这样才能有效地发挥会计的作用。

龚清浩教授重视本科生教育，注意教学方法研究，潜心钻研和消化教材，提倡启发式教学，并针对不同对象采用不同的教学方法，始终注重培养学生独立分析问题和解决问题的能力。龚教授经常教导学生博学而笃志，切问而近思，“只读书，不理解，犹如二脚书橱，再多也无用”。他认为教学方法本身不是目的，只是达到良好教学效果的手段，因此应随环境而有所变化，通过启发式教学，循循善诱，因材施教。

同时，龚清浩教授根据自身治学经验，总结提炼出一整套张弛有度的治学之法，即博览勤奋，崇德修学。“一个人的能力，是长期磨炼的结果，一旦形成了自己特有的知识结构和工作技能，在工作中就比较得心应手了。就方法而言，也往往因人而异。但是，手勤、脚勤、眼勤、脑勤，可以说是最基本的，离开这四勤，入门不易，深造也难。”在日常教学和生活中，龚清浩教授严格要求自己，做学生的表率。他说：“‘要给学生一杯水，教师必须有一桶水’。问题在于教师的这一桶水不应该是‘死水’，而应该是流淌着的‘水’。”为了提高学生的学习兴趣和阅读能力，他在课堂上常常引举案例，深入浅出地讲解会计学的基础理论，让学生进一步去深入钻研和体会。他还以图表形式对各章节知识和跨章节内容进行归纳总结，以加深印象。最有效的是用对话和讨论形式，对学习中易混淆的概念和原理进行比较分析，抓住重点、难点开展辩论。期终考试时，采用理论+实践的口试答辩形式，从题库中抽题现场作答。他不仅在课堂上谆谆教导，诲人不倦，还下功夫在课外让学生组织互助组和兴趣小组，参加学生的分组讨论，鼓励学生发表见解，拓宽视野，博采众长，培养学生的主动性和创造性，让学生养成独立思考的能力和习惯，拥有想象力和勇于探索的精神，着力造就学生成为有用之才。①

龚清浩教授提倡教育先育人，“处世要作正人，要正派坦率，光明磊落；治学要作通人，要举一反三，闻一知十 ”，这是他一生追求的处世信条和治学原则。他强调会计工作者的职业道德教育，将人文精神、科学精神、思政理念贯穿于专业教育教学的始终，是思政教育进课堂的先行者。龚清浩教授指出：“不管时代的潮流和社会风气如何，正直的人总可以凭着自己高尚的品质，走自己正确的道路。为个人利益而奔波、追逐、竞争，甚至为追求金钱而堕落，这是很可悲的。作为一名财会工作者，整天与钱财打交道，为人正直很重要”；“学而致用，造福人民，这就叫贡献，这就是为人民服务”。②

龚清浩教授强调实业兴学在会计学科高等教育中的重要性，力图使学生从象牙塔里走出来，极力倡导会计理论要与实践相结合的观点。他经常

---

① 张漪华：《我的恩师龚清浩教授》，转引自《振兴路　奉献歌——上海财经大学老同志回忆录》，上海财经大学出版社 2007 年版。

② 樊祥森：《龚清浩：中国著名会计学家》，《崇明报》2017 年 1 月 4 日。

引用会计界老前辈潘序伦先生回忆录中的一句话就是，“要掌握会计这门科学，如同医师一样，必须亲自动手实践，才能真正学到手”。为提高企业和行业的管理水平，龚清浩教授多次亲自参与企业的调查研究，撰写研究报告，将企业中的管理经验总结提升到理论高度，再应用于教学之中。

龚清浩教授的培养理念先进，育人成果丰硕。从上财会计的学术传承关系来看，从安绍芸至杨纪琬、娄尔行等学术大师为一脉，从龚清浩至徐政旦等学术大师则为另一脉。1942 年，徐政旦考入大夏大学攻读经济学及会计学，当时会计系主任即由龚清浩教授担任。徐政旦在该校攻读高级会计学、成本会计学、会计制度设计等课程，均由龚清浩教授面授，从而学习到扎实的会计学理论，并为其后的会计教学工作打下了坚实的基础。毕业后，经龚清浩教授介绍，进入震旦大学会计专修科教授成本会计。20 世纪 50 年代，院系大调整，师徒两人又走到了一起，相聚在上海财经大学会计系。师徒两人携手，共同主编完成了新中国第一部《会计辞典》，至今仍是学界的一段佳话。1985，徐政旦教授在上海发起创办我国高等学校第一家会计师事务所——大华会计师事务所，与龚清浩教授对其的指导、鼓励和提名也是分不开的。

（二）研究生教育：最早的会计学研究生教育引航者

龚清浩教授是上海财经大学会计学科第一批开展研究生教育的教授，他对研究生的教育、指导和管理的经验对财大后来研究生教育的发展起了重要的作用。龚清浩教授高度重视研究生培养质量，对学生要求严格，精益求精，由于年事已高，他前后共带了三个研究生，包括前上海财经大学校长、上海会计学会会长、博士生导师、安永华明会计师事务所管理合伙人汤云为教授，上海财经大学原研究生部主任、研究生导师冯正权教授，以及上海财经大学研究生导师、普华永道中天会计师事务所前主任会计师、中国证监会前首席会计师周忠惠教授。

龚清浩教授堪称“伯乐”，识才、爱才、惜才。1980 年间还在第七建筑公司做建筑工人的汤云为，有志回财大攻读硕士研究生，进行会计理论和财务会计的教学和研究工作。1944 年出生的汤云为严格来说尚不能完全满足《高校六十条》所定的研究生选拔标准（如 35 岁以下的年龄限制要求），龚清浩教授本着“不拘一格选人才”的育人理念极力举荐。而后，当时的财政部副部长吕培俭邀请主持考察欧美时，龚清浩教授郑重推荐了汤云为等年轻有为的学生担纲，并介绍至自己曾供职过的美国芝加哥赫勃罗会计事务所实习，帮助其积累和提升实务经验。龚清浩教授惜才、爱才，但又是严师。1983 年，汤云为硕士研究生毕业论文以《论内部控制制度》为题。龚清浩教授要求其对美国一整套最新的资料、成果进行充分的消化吸收，并在此基础上做到为我所用，还要反复修改、论证。尽管汤云为教授的研究成果现被广为引用，并为其奠定了大师级的学术地位，但他至今仍对是否已经达到了龚清浩教授的期望心存不安。

龚清浩教授洞察力敏锐，预见性强，对待年轻学子，总是鼓励他们充分发挥自己的见解。1982 年，他指导研究生周忠惠以《论物价变动的会计反映问题》为题撰写硕士毕业论文。对这篇论文的选题，当时不少人认为不合时宜，但龚清浩教授却认为学术问题应当允许作深入探讨，关键在于论据和资料是否充足。他援引美国最早论述通货膨胀会计的 H. Sweeny 的事例为证，严肃指出："20 世纪 30 年代初期，Sweeny 提出通货膨胀会计，就被众人反对，并被视为异端邪说。可是，几十年后，通货膨胀会计却成了西方会计学界最热门的研究课题之一。"在龚清浩教授的指导和鼓励下，周忠惠终于完成了这篇论文的写作，并以优秀成绩通过了答辩。周忠惠教授如今接受采访时说："龚清浩教授是令我十分敬重的大师，他毫无顾虑地提携我们晚辈，我当时的论文题目是《论物价变动的会计反映问题》，这在当时几乎没有人涉及过，因为物价上涨的问题在我国当时尚未引起关注，写这样的文章，必会引起争议，事实也是如此。但是龚清浩教授坚决支持我，并且力排众议，赞同我的开题报告。如果当时没有龚清浩教授的支持，我怎能完成这篇论文！其次，龚清浩教授为人十分谦和，低调，但在学术上精益求精，十分顶真，不仅认真审阅我们的论文，而且鼓励我和汤老师参加他和徐老主编的会计辞典条目的编撰，还逐字逐句地斟酌、修改，品德高尚，为人师表。"

为利于会计学科尽快发展，龚清浩教授在学术、教学和管理工作中，以"胜似闲庭信步"的心境无私举荐后学。20 世纪 80 年代初期，我国研究生制度恢复，财政部指定在会计领域的高等学府执教 40 年并具有二级教授职称的龚清浩教授为全国第一个会计学博士生导师。龚清浩教授婉言谢绝，他说"长江后浪推前浪，世上新人换旧人"，推荐了年富力强的娄尔行等教授来担任，并愿意为其他博士生导师做前期工作。他考虑的不是眼前的名利，而是中国会计界的长远发展和悠远传承。随着上财博士生导师队伍的扩大和一批批年轻的会计界精英的涌现，以及中国的会计终于走出国门与国际逐步接轨，龚清浩教授感到由衷的欣慰自豪。上海财经大学的会计教育能有今天这样人才辈出的繁荣局面，与龚清浩教授等老先生的奋斗和奉献是分不开的。

五 社会服务：业界泰斗，影响深远

龚清浩教授认为，科学进步离不开交流与实践。1949 年新中国成立，龚清浩教授受聘兼任上海市人民政府公用局会计顾问，负责设计上海市各公用事业单位的会计制度及指导该局对各外商公用事业公司账目的审查。1980 年，在以龚清浩为代表的老一辈会计学家的倡导下，中国会计学会和上海会计学会相继成立。龚清浩兼任中国会计学会第一届理事会（1980—1983）副会长、第二届理事会（1983—1987）副会长和第三届理事会（1987—1992）顾问，以及上海会计学会副会长、上海市审计学会顾问、上海市注册会计师协会顾问、上海市高级会计师评审委员会副主任等社会职务。特别是中国会计学会和上海会计学会，成为同类学会中人数最多、影响最大的学术团体，龚清浩教授以副会长和顾问身份对这两个学术团体的建设做出了重大贡献。以全国最早成立的一个非营利性会计学术组织——上海会计学会的筹建为例，1979 年正逢党的十一届三中全会决定把工作重点转移到社会主义现代化建设上来的历史性关键时刻，为了更好地组织和推动会计理论研究，发挥会计在经济工作中的重要作用，龚清浩教授作为会计界知名人士，积极参与和推动上海会计学会筹建创办。经第一届理事会一致推选，龚清浩教授任上海会计学会的常务理事和副会长（潘序伦为顾问）。学会立足中国会计改革与发展的实际，以推动全国会计理论与实务界的交流与合作为己任，多年来，越来越多的有志之士被吸引投身中国会计学建设事业，虽通过换届改选学会领导成员有所更迭，但增强中国会计领域世界话语权的初心不变，并始终砥砺前行至今。难能可贵的是，会计界享有盛名的龚清浩教授在中国会计学会担任了前两届副会长职务并打开局面以后，即坚决请辞。其一心为会计事业奉献的精神和淡泊名利的气节，让人钦佩和动容。

龚清浩教授还积极参与多项资政启民工作，历任上海市第五届、第七届、第八届人大代表，担任第七届预算审查委员会委员，参与筹建创办了上海大华会计师事务所并任顾问。随后，大华作为国内大所，与国际大所普华强强联合，合作成立普华大华，中方由汤云为教授负责，为财政部主导下的最早的国际化办所举措。财大按要求与事务所脱钩后，普华大华又演变为国内第一大合作所普华永道中天会计师事务所，由龚清浩教授的另一弟子周忠惠教授担任主任会计师。龚清浩教授通过身体力行和大力倡导，为我国会计、审计事业的发展做出了突出贡献，业界泰斗之誉当之无愧。

六　结语

龚清浩教授学贯中西，师出名门，在波澜壮阔的中国会计学发展史中，开理论之先河，树后世之典范，留下了浓墨重彩的一笔。他倡导引进国际经验和与国际接轨，力主构建中国特色会计理论体系；他献身教育60年，治学理念先进，为上海财经大学的筹建和会计统计系的创办做出了重大贡献，是国内最早的会计学专业研究生教育的拓荒者，人才培养卓有成效；他以工匠精神打造会计辞典，以创新实用开发工业会计系列论著，主张会计理论要与实践相结合，留下真知灼见和经典之作；他理论联系实际，参与创办中国会计学会和上海会计学会，曾任中国会计学会和上海会计学会副会长等重要社会职务；他淡泊名利，不计个人得失，心系国家，大力提携年轻后学，既是学者又是绅士，拥有崇高的人格魅力。

正如上海财经大学原会计学系主任石成岳教授所说："半个世纪以来，龚清浩教授励精图治，兢兢业业，为发展祖国的会计教育事业，为建设有中国特色的现代化会计学科体系，为培养社会主义四化建设所需要的高级会计专门人才做出了巨大贡献"；"龚清浩教授精益求精的治学态度，教书育人的教育思想以及谦逊正直的崇高品质，值得我们全体师生员工好好学习"。① 龚清浩教授对国家和上财会计学科的发展贡献良多，是后生学子永远的精神财富和奋勇前行的楷模。

① 朱根林：《上海财经大学会计学系师生举行庆祝活动热烈祝贺龚清浩教授执教五十周年》，《上海会计》1988 年第 2 期。

Academic Accounting Thought, Education Idea of Professor of Gong Qinghao

Liu Hua

Abstract: Mr. Gong Qinghao was a famous accountant, educator, Chinese century accountant and national second – level professor in China. He upheld the principles of linking theory with practice and internationalized research, devoted his life to build a system of accounting theory with Chinese characteristics, introduced the quota method and western ideas of accounting to China, combined with domestic reality, and had made outstanding achievements in accounting system design, team accounting, industrial accounting and other fields. He had given the paraphrase on headwords under the category of accounting in Ci Hai and had written Compendious Dictionary of the Accounting, the Accounting Dictionary, Industrial Accounting (Vol. Ⅱ), Industrial Accounting and Industrial Accounting Diagram and other works. He was one of the earliest trainers of postgraduates of accounting in China, and had made pioneering contributions to the development of new China's education and accounting disciplines. In terms of social work, Professor Gong Qinghao co-founded the Accounting Society of China and Shanghai Accounting Association, and served as the first vice President. He also engaged in the preparation and consultancy work of Shanghai Dahua Accounting Firm. Due to his profound academic attainments and profound social influence, his name was included in the Chinese Celebrity Dictionary.

Keywords: Academic Thought; Education Idea; Social Influence

彭信威教授的中国货币史研究

曹　啸*

摘　要：彭信威教授一生追求学术卓越，作为研究中国货币问题的集大成者而享誉世界。其著作《中国货币史》以浩瀚广博的史料、富有逻辑的体系奠定了现代钱币学的理论基础，透视出了中国货币制度演进的原发性与独创性，是中国货币史研究领域中的权威著作。

关键词：货币史；金融史；学术思想；学术影响

彭信威（1907—1967），少时喜文学艺术，青年时代广泛涉猎哲学、艺术、历史、农业、财政、金融等知识，为他今后开创性的学术研究打下了坚实的基础。彭信威先生曾先后两次出国学习，其一生追求学术卓越，主要学术工作包括：一方面研究发达国家的金融体系；另一方面，为呼吁改革中国的金融业不断出谋划策。其最著名的著作是《中国货币史》，该书1954年初版，1994年在美国出版英文译本。《中国货币史》奠定了现代钱币学的理论基础，被认为是这一领域的任何语言版本的著作中唯一的最重要的作品，他也因此被称为研究中国货币问题的集大成者。今天，研究中国的钱币史、货币史（货币理论与货币制度）以及金融史，都绕不开彭信威和他的《中国货币史》。

一　贯中外而致极诣：彭信威先生的学术人生

从《中国货币史》当中可以充分领略到彭信威先生学贯东西而满腹才情，更加令人动容的则是坚持不懈、谦虚谨慎的学者风范，这体现在可以找到的纪念文字当中。

---

* 作者简介：曹啸（1970—　），男，上海财经大学金融学院院长助理，副教授。

（一）早年的文学追求

彭信威先生生于1907年，江西安福人，原名彭乃珏，曾用名彭子明。彭先生出身于官宦世家，7岁之前在私塾接受中国传统教育，后又在祖父开办的严溪彭氏第二国民小学和铭西高等小学就读。彭先生的父亲彭学浚为清朝最后一位科举人，后留学日本，民国初年任第一届国会众议院议员。他的叔父彭学沛，也曾留学日本和西欧，曾任民国内政部长、宣传部长等职。民国初期，随着帝制的废除，方孔铜钱结束了它的流通历史。生活于江西省安福县西乡农家的彭信威正是不懂世事的年龄，父母和祖父母讲述的一个个关于铜钱的故事使他对铜钱产生了强烈兴趣，开始收集铜钱。据说正是童年时代萌发的兴趣和集钱活动最终使彭信威建立了一座中国货币史研究的丰碑。[①]

1923年至1926年，彭先生在天津南开中学读书，因感到英文程度较低，遂于1927年官费赴日本，就读东京高等师范学校英语系，学英国文学，希望将来从事与文学有关的职业，如记者和作家等。其间因政府拖欠官费，乃从事翻译以补助生活，最早翻译了金子马治的《哲学概论》。及至九一八事变后辍学归国，在上海神州国光社从事编辑工作。神州国光社由十九路军蒋光鼐、蔡廷锴等将领出资兴办，以翻译和出版社科和文艺著作为主。在神州国光社任编辑期间，彭先生因经济拮据，住在著名诗人王礼锡家中。早年的彭信威，除对哲学、文学有兴趣外，还对艺术、电影等均有涉猎。

1933年底，彭信威任福建政府新闻科科长，兼人民通讯社社长。1934年，在福建参与反蒋运动，失败后受到通缉，先生用预支的稿费自费赴英国游学，一来为避祸，二来也方便进一步研究英国文学。他曾在伦敦政治经济学院听过课，又旁听牛津大学英国文学史，其间还在一间夜校攻读法文。除旁听课程之外的时间，都在大英图书馆翻译书和收集资料，间或看英国古典戏剧和逛旧书店，顺便也完成了其对《日本近代史》（长谷川越次郎著，1935年神州国光社版）的翻译工作。在英期间，因受叔父彭学沛指引，希望其能了解西方国家货币金融情况，所以在伦敦政治经

---

① 崔鲸涛：《彭信威和他的史学巨著——写在〈中国货币史〉出版50周年之际》，《中国经济史论坛》2004年。

济学院所修课程慢慢转向以财政、金融为主，同时翻译各国预算制度与战后货币金融，以资了解。

彭先生自少时喜爱文学艺术，为研究欧洲文学而学多种语种，精通英、俄、日、法、德等诸国语言，原未想到来英国后转而致力于货币史，并且日后终生专攻此学。但彭信威先生驾驭多国语言的能力，使其具备了将中国货币史与国外货币史进行比较的语言与文化基础。在伦敦两年间，彭先生生计一度甚为困难，曾为出版商翻译过中国民间故事和给人抄书以糊口，后期的空余时间比较多的是在大英国图书馆抄阅货币史资料。彭信威青年时代广泛涉猎哲学、艺术、历史、农业、财政、金融等知识，为他以后开创性的学术研究打下了坚实的基础。

(二) 对研究金融问题的兴趣与日俱增

1937 年，彭先生回国后受到警告不得再从事新闻等职业，经宋子文安排，在香港就职于中国银行总管理处，任国外部副主任，负责外汇统计等工作。香港沦陷后又迁往上海、重庆等地，这使他能够近距离地观察一国金融体系的实际运行，在英国所学习的先进国家的金融理论也逐步有了用武之地，他开始在学术刊物上发表与经济和金融相关的论文，因观点新颖实用而一时声名鹊起。彭先生的主要学术工作包括：一方面研究发达国家的金融体系；另一方面，为呼呼改革中国的金融业不断出谋划策。在此期间发表的论文，涉及国外金融的有《法国银行制度》、《国际自由通商之路》、《日本的银行制度》、《日本的各种金融机关》、《苏俄的银行制度》、《日本战时的生产力扩充问题》、《德国的银行制度》、《论美英国际通货计划》、《意大利银行制度》、《各国自给自足经济政策》、《日本战时的入超问题》、《美国的土地政策》（译著）、《土地所得与地价》（译文）、《战后国际贸易与金本位》、《德国各种信用机关的研究》等；主要针对中国金融改革的论述有《战时财政金融问题》《我国经济建设之展望》《黄金之将来》《论整理粤币》《再论战时财政金融问题》《日人破坏我币制的企图》《日本宪政发展与我国实施宪政问题》《战后我国外汇政策与国际合作》《民国建国中银行的地位》《论建设西南工业区》等。

因对学术研究的兴趣日益浓厚，1943 年彭先生辞去在金融业的高薪职务，改任重庆复旦大学教授，相关的兼职还包括国民政府行政院农村复兴委员会专员、上海经济调查所副主任兼《社会经济月报》总编辑、无锡中国银行襄理、中中交农四行派驻贸易委员会稽核、国防最高委员会金融设计专家等。尤为值得一提的是，在担任行政院农村复兴委员会专员期间，他还以彭子明为笔名，翻译了《南斯拉夫农业概况》《保加利亚农业概况》《南斯拉夫农业概况》《波兰农业概况》《希腊农业概况》等，后汇集成册，名为《中欧各国农业概况》，由商务印书馆印行出版，为中国当时农业政策的制定提供了重要的借鉴。此外，为了满足高等教育的需要，他还编写《银行学》（1944 年，重庆中外图书出版社），作为大学教材。

（三）以货币史作为毕生研究的主要领域

彭信威先生转向货币史的研究，有两个原因。第一是与他从小收集各种钱币的爱好有关，随着他对金融活动了解的不断深入，他对各种古代货币的鉴别能力得到了很大程度的提高。他常常用业余时间走访各地古玩市场，以增长见识。如果听说某地有新出土的钱币，他一定设法前往，即便无力买下，也希望能够先睹为快。长此以往，他逐渐成了一位重量级的钱币收藏家。我国当代著名中国钞票研究学者蔡小军先生在《一元起初万象更新》一文中指出，彭信威先生所藏的顶尖珍钞有海内孤品中华民国军用钞票中央财政部担保陈锦涛签名壹元券、浙江官钱局鹰洋壹元券、交通银行宣统南京壹元券、江西官钱局拾足制钱壹千文等（后两种图片曾刊于《中国货币史》一书中）。关于中国古代钱币的知识，为他后来研究中国货币史提供了重要的支撑。

彭先生研究货币史的第二个原因，是因为从 20 世纪 30 年代开始，中国通货膨胀日益严重，彭信威想要总结中国历史上通货膨胀的事实及危害，以警醒政策当局对治理通货膨胀的重视，因此在彭信威书写的货币史中，货币的购买力占据着十分重要的地位。“但没想到这件事并不像想象中的那么容易，于是牛角尖越钻越深，乃至需要耗费一生的精力还无法得到彻底的解决，”彭信威说，“清以前的货币史资料，埋没在千万卷的线装书中，从来没有人做过系统的整理工作。”为了把中国古代货币和通货膨胀的事实整理得更加清晰，1943 年，彭信威开始着手写作《中国货币史》。要完成这一任务，显然需要一个安静而稳定的工作环境，到高校担任教职，无疑是最理想的选择。从此以后，撰写一部系统的《中国货币史》，便成了他人生的重心。

1944年，民国政府为了增加对国际形势的了解，通知各新闻机构推选驻外记者，员额30名，为期两年。为收集货币史的资料，彭信威先生设法取得这一资格，于1945年至1946年，以驻美和驻联合国特派记者身份赴美，除按要求参加并报道过第一届联合国大会及联合国制宪会议之外，彭先生的主要工作就是拜访美国各大图书馆，收集有关货币史的资料，其间还用英文在美国发表一篇介绍中国金融业的论文 *Shanghai Money Market*。从美国返回后，他继续留在教育界，先后在复旦大学和上海财经学院任教①，讲授货币与金融、各国信用制度、金融市场等课，授课之余，全部时间都用于整理资料和写作。

二 集大成而绪绝学：《中国货币史》的历史地位与学术贡献

与其成就相比，彭信威教授个人的社会名声并不算显赫，关于这位为中国货币史和中国钱币学进行了开创性研究工作的学者的生平资料，目前能够找到的非常之少。人们只能穿行在他已出版的著作和论文中，从字里行间寻找彭信威。《中国货币史》英译本的译者卡普兰（1994年）说：除了作者在前言中自述的情况之外，译者对作者本人及其著述的其他情况一无所知。但是，彭信威先生的学术影响则是世界性的，这种影响主要来自他的《中国货币史》。《中国货币史》从动笔到付梓历时凡10载，其间数次易稿，至1954年这部61万字的皇皇巨著方始初版面世。此后3年中，作者对全书作过一次大幅度修改，压缩11万字，1958年出版第二版本。至1962年，又完成生前最后一次的79万字的增订稿工作，即1965年第三版《中国货币史》的底本。从初版问世，到完成最后一次的修订稿，8年间三易其稿，其治学勤奋与一丝不苟精神贯穿始终。

《中国货币史》1954年初版面世，1958年第二版，1965年第三版，1988年第三版重印并很快售罄。1994年美国即出版了彭信威《中国货币史》的英文译本 *A Monetary History of China*。美国资深汉学家卡普兰先生（Edward H. Kaplan）在美国国家人文学科基金会资助下，于20世纪80年代完成了这一中国现代学术名著的英译工作。英文译本出版后，一些美国

① 可居：《彭信威及其〈中国货币史〉》，《中国钱币》1986年第2期。

的学术期刊和学会出版物相继对之作了评价和介绍，彭信威的《中国货币史》被认为是这一领域的任何语言版本的著作中唯一的最重要的作品，是中国货币史研究领域中的权威著作。彭著的英译本普遍入藏于英美和欧洲非英语国家的大学图书馆和公共图书馆，在西方学术界产生了广泛影响(英译本第一版第一次印刷本很快即脱销，目前销售的是1998年的重印本)，在中国货币史、钱币学、考古学、中国经济史、中国通史等领域的文献（包括中文和英文的专著和论文）中常常见到作者援引彭著货币史的情况。毫无疑问，《中国货币史》是中国钱币学和货币史领域的一部经典著作①。

《中国货币史》是部皇皇巨著，不是因为它厚，而是因为它会通古今中外，资料浩瀚，见解精当，涉及广泛，目前还没有一本货币史方面的书可以和彭信威先生的《中国货币史》相媲美。

(一)《中国货币史》发现了中国货币制度演进的原发性与独创性

《中国货币史》体例科学，分析深刻，富有逻辑，发现了中国货币制度演进的原发性与独特性，由于世界上“真正独立发展出来而长期保持其独立性的货币文化极其少见”，强调了研究中国货币制度演进的理论价值，透过看似纷乱、有时还显得有些刻板的中国货币金融演进过程，真切地领略到包含其中的历史逻辑与理论逻辑。②

《中国货币史》全书八章二十四节，主要以时间和朝代的顺序排列，但是在每一个分章里，四大主题不时系统地呈现：货币的制度、货币的购买力、货币研究以及信用和信用机关，从而将浩瀚的史料组合为一个富有逻辑的有机整体，是对中国货币史总体设计上的创制。③ 而且此书几经修订，全书结构并无变动，三种版本均为八章二十四节，只是对某些章节子目作了一些调整，基本观点一脉相承，显示出彭氏的学术思想和方法论的

① Hans Ulrich Vogel, Introduction, Journal of the Economic and Social History of the Orient [J]. *Money in the Orient*, 1996 (3): 207-223.

② 张杰:《中国货币金融演进之谜：王亚南与彭信威的解读》,《经济理论与经济管理》2010年第10期。

③ 叶世昌:《中国货币史的若干问题》,《上海金融》1984年第6期。

前后一致性。

（二）《中国货币史》涉及的史料之广博，达到了前所未有的高度

《中国货币史》从先秦、两汉至明清，不仅时间跨度长，而且资料翔实，言必有据，体现了作者科学严谨的治学风格。彭信威在第三版序言中说，历代的货币，从形制到币材上都是具有法律依据的，因此，《中国货币史》的历史素材之一在很大程度上是根据中国历代王朝发布的官方政令而作。在货币购买力方面，《中国货币史》则对于历代的米麦比价、布价棉价、棉量比价、铜价、畜价、书价、田价等作了翔实的叙述和比较。除借助正规史料外，《中国货币史》还引唐宋传奇、元曲、明清小说为据，相互印证，规模宏大，史料详赡，令人无法企及。尤其是在货币理论方面，《中国货币史》在史料中的搜索细致到了“琐碎”的程度，这是“因为中国的货币流通实践是非常丰富的，而货币理论对货币实践而言，过去没有专门的著作，也没有人作过比较全面的研究”，“关于货币史的著作，主要见于历代的《食货志》。比起货币理论来，内容要丰富得多，只是不全面，没有完整的体系，大多是些琐碎的资料。对于这些著作，也没有人做过总结工作”，“由于中国历史比较长，历代的士大夫或知识分子会有意无意地讲过一些值得注意的话。比如说，纸币在中国出现的最早，因而当时中国学者关于纸币的见解，不论怎样粗浅，都是世界上比较早的。所以中国的货币思想史是值得总结的”。在彭信威先生看来，“因为理论同人是分不开的。人文历史除了时间和空间的要素外，总是人物和事件结合在一起的”，因此，彭信威先生力争不“埋没真正有贡献的货币理论家”，“把历史上每一个有名人物讲过关于货币的每一句话拿来分析”（第三版序言）。

彭先生是注重实际的实务学者，他在三版序文中有这样的一句话：钱币和货币购买力“是货币流通的基础，只有把基础摸清之后，才能进行货币理论的研究，否则会流于空洞，而且容易犯错误”。言必有据，是他的信条，他这样说，也是这样做的。先生不仅十分注重文献资料的收集，注意正史资料的收集和整理，也注意野史杂记甚至文学作品的资料收集与整理。他还十分注重实物资料的收集。先生对于钱币实物的重视，和对于钱币的社会调查，是其他货币史学家所无法比拟的。利用钱

币学的知识，为货币史研究服务，先生做出了典范。这样的治学方法和求实精神，最终凝结成这部著作的强烈个性和特色。① 过去的货币专史，重视实物图录的甚少，而钱币学家的著录，又往往不问货币史研究的成果，存在两相脱离现象。唯彭著《中国货币史》初版，收货币图版91幅之多，及至第三版增到122幅图版，均按货币原大影印。在同一类著作中，鲜有大量采用图版的，自彭先生开图文并重风气之先，在货币史研究领域中堪称是一次有意义的突破，也是他强调文献与实物相结合的研究方法的一个范例。

（三）《中国货币史》是东西方学术融合的杰出典范

《中国货币史》不仅扎根于中国的历史，承接了中国传统的治学之道，而且具有鲜明的国际视野，吸收了西方现代社会科学分析的精髓，是东西方学术融合的杰出典范，也是中国传统的治学之道转向现代社会科学的代表之作。这集中体现在该书对货币购买力的分析上，这在中国是一种新的尝试，也是彭先生的理论与前人最大的不同。他说，"货币制度的善恶成败，并不在钱形的美观与否，而要看货币的购买力能否维持，使其不致搅扰人民的经济生活。以往研究货币史的人，多忽略了这一点"。在货币理论的研究上，"彭的研究方法受门格尔（Carl Menger）及其奥地利经济学派的门徒的影响。门格尔的假定理论认为，即使统治者没有这个概念，货币最初也是自然进化而来的具有普遍价值的商品。门格尔的门徒将货币理论纳入一般经济理论中，正如彭将中国货币的历史纳入到中国古代的普通知识和政治史中一样"（卡普兰）。"在清代一章中，新设了《清末的货币数量》一目，对清末各种货币的数量作了比较深入的分析，并且同历代和外国作了比较。从这一比较中，可以看出清末的商品生产和流通在中国历史中的地位，也可以看出当时中国在世界各国中的地位，因为本身具有一定价值的货币数量是应当反映商品生产和流通的"。正是由于彭信威先生具有的国际视野，《中国货币史》从多个角度立体展示了中国货币史的特点，向世界指出了"中国的货币产生得早，独立发展成为一种货币文化"。

与此同时，在彭信威先生看来，"货币史是历史的一部分，研究货币

① 戴志强：《记忆中的彭信威先生》，《人物》2013年第8期。

史，总的目的是为了帮助理解历史”，这也与布罗代尔“谈到货币，我们就登上了高级的层次……无论何地，货币莫不介入全部经济关系和社会关系”的西方史学不谋而合，因而，除了关于钱币学的研究外，该书还从经济、社会、政治、文化和心理的角度对中国货币史展开研究。[①] 由于他的研究结合了上述各个方面和问题，彭的书在他生活的那个年代具有开创性意义。

（四）《中国货币史》奠定了现代钱币学的理论基础

钱币学，顾名思义，就是一门研究钱币的学问。其研究的是钱币的文化内涵，如形制、制作、文字和图形等，属于文物考古学的一部分，是人文学科。货币史，是研究货币的经济规律的学问。其目的是总结货币流通的经济规律，属于经济学，是社会学科。二者之间有所区别而又难免交叉。彭先生提出了钱币学和货币学相结合的创见，他认为过去研究钱币的人大多从好玩出发，没有近代社会科学的基础，而研究货币学和货币史的人又很少同钱币学发生接触，一定要书本与实物相结合、理论与实际相结合、货币学与钱币学相结合，这样才能了解真实情况。他在《中国货币史》中，区分了“古钱学”和“今钱学”，把货币史和钱币学有机地结合在一起，从而开拓了钱币学研究者的视野，奠定了中国古钱币研究的新局面，即促成了钱币学的形成。

《中国货币史》对源远流长的中国钱币学说的历史进行了开创性的研究，并首次提出了“中国钱币学”这一概念，完成了中国钱币学从旧的学科向新的现代学科的转变。从 80 年代初至 90 年代末的近 20 年中，这一学科已初步形成自身的理论框架，并被《辞海》1999 年修订版的修订者作为一个新兴学科纳入所增设的词条之中。《中国大百科全书·考古学卷》中，中国古代钱币这一条目可以说就是对《中国货币史》一书每一章的第一节和第二节的综合。彭信威先生在第三版序言中说，“至于中国的钱币学，原是相当发达的。它的产生早于欧洲差不多一千年，而且历代都有人研究，没有间断。可是一直没有一部中国钱币学史，甚至连一篇比较全面而有系统的专文也没有。而这工作是重要的，因为历代的钱币学著

---

① 布罗代尔：《15 至 18 世纪的物质文明、经济和资本主义（第 1 卷）》，生活·读书·新知三联书店 2002 年版。

作，内容以是驳杂。自清代乾嘉以来，研究和收藏钱币的风气很盛，造假钱的人也多了，不仅仿造稀见品，而且假造一些根本没有存在过的钱。一些没有鉴别力而又好奇的钱币学家，有见必录，有闻必录，有人却辗转相抄，以诈传诈，所有旧谱中，很少不罗列一些假钱的。到现在还有人以为中国有过‘重十二朱’这样的钱。这次我试图把历代重要的钱币学著作作一扼要的介绍，略加分析和批判。虽不能把各书中的假钱一一指出，但使研究者知所警惕。"《中国货币史》是涉及中国古钱币方方面面问题的著作，彭信威先生也是首位以文字形式讲述，而非以钱谱形式收录，来呈现中国钱币历史的学者。①

三　远名利而重洁行：彭信威先生超越时代的理想主义精神

今天，当我们深切怀念彭信威先生时，除重新认识他在中国货币史领域的杰出成就外，更需要学习他不迎合时俗而品质幽雅的高洁操守。

（一）彭信威先生一生淡泊名利

彭信威先生出身官宦世家，父辈都曾担当国家政要，但他从不附傍权势。不但如此，他还设法脱离家庭的影响，15 岁即离家北上求学，自 19 岁考取江西官费赴日留学之后，就与家庭脱离了经济关系。此后一直到有固定工作的 10 多年间，生活颇为拮据，常常需要靠朋友接济，或者需要兼做翻译，才能勉强应付开支。后来，随着先生声望日隆，收入才得以改观。但因对中国货币文化的热爱与痴情，使彭信威先生节衣缩食，几乎把全部收入用于收集钱币实物和书籍资料，以从事中国货币史的研究。有学者文称，有时他为一顿早餐发愁，有时却不惜花二两半黄金买下一枚稀有钱币，供研究之用。尽管如此，他所买到的钱币实物也不是很多。因此，有学者说，彭信威研究货币，但不收藏货币。实际情况是，他虽然想尽量多收集一些钱币实物以供研究之用，但无财力像大收藏家那样去收藏大量货币。由于他的人品有口皆碑，他成了上海大收藏家罗伯昭、张叔驯、郑师许等人的挚友，通过和钱币收藏家的交流，并从他们那里获得了研究中

① 戴志强：《钱币学概述》，《中国钱币》2010 年第 3 期。

国货币史的诸多方便条件。彭信威先生曾说，“中国民族最可怕的特性是，除了极狭义的自身的快乐或利益，素来不喜欢把任何事物放在注意的焦点上；所以虽有几千年的历史，倒落在历史很短的民族之后。”[①] 我们从中不难看出，彭先生对于狭隘的个人利益极端鄙薄，而宁愿专注于自己感兴趣的学术研究上。

（二）彭信威先生一生追求学术卓越

彭信威先生极端忠实于自己所热爱的学术事业，对研究对象怀有极其强烈的兴趣，从未把学术研究作为追名逐利的手段。对自己的作品反复加工，精益求精，一丝不苟。从童年收集钱币实物到完成书稿第三版的修订补充工作，彭信威耗去了 50 年的心血，几乎耗费毕生精力。直至《中国货币史》正式出版几年后，他才开始考虑成家的事情，结婚时他已经年逾 50 了。

在他之前，有关中国货币史的著作其实已有不少，但他发现这些作品并不能系统解释中国货币制度发展的全貌。著名历史学家黄仁宇指出，彭信威的《中国货币史》首次将世界历史中的货币分为两大系统：一是希腊罗马以贵金属做商人整批贸易的工具；二是中国的贱金属货币，最初即已普遍的行使于民间。又因食粮价格波动之大，商人不一定能有无，也可以“背籴居奇”，这样又顺便解释了传统中国对商人歧视的由来。19 世纪末期，中国的货币金融制度演进是一个重要的历史关头。历经千余年苦苦挣扎与坚守，贱金属本位刚刚走到尽头，而倏忽间，新货币本位的选择就已迫在眉睫。[②] 绝大部分学者将主要精力放在引进“西学”上面。他们的努力自然必要，但不少人则从此长期沉湎于“舶来”理论的简单传授与启蒙，针对中国货币金融制度“特殊性”的研究则几近一张白纸。特别是面对上述中国货币金融变革，西方主流的经济学家和经济史学家们大都出人意料地变得沉默不语和无所作为。理论史给我们留下了一个巨大的问号。相比之下，彭信威给 20 世纪以来的中国货币金融理论史增添了显著的例外。彭信威对中国货币金融制度变迁的刻画与评判投注了更多的实证

① 彭信威：《电影的产生及其价值》，《读书杂志》1931 年。

② 张杰：《中国货币金融演进之谜：王亚南与彭信威的解读》，《经济理论与经济管理》2010 年第 10 期。

精神与制度关怀。他发现了中国货币史上的“铜币跨期等重”现象，并在纸币、铜本位以及银行制度发育迟滞之间建立了有趣的内在联系；循着由货币购买力牵系出来的逻辑，彭信威还尝试性地破解了货币理论长期停滞与国民财富贮藏偏好两大谜团。因此，《中国货币史》对中国货币金融制度演进的独特逻辑与运行机制具有开创性的意义。从某种意义上讲，他的前半生的大部分时间，为写货币史做准备，后半生则是专心撰述。这是一个学者用一生的精力写一本书，以其一生之力为学术殿堂提供一份传世精品。

（三）彭信威先生不媚世俗，不断挑战权威

彭信威先生充满批判精神，这从他少年时不依附自己的显赫家世就可以看出端倪。青年时代，他又作为江西省的代表，积极参与十九路军发起的“福建事变”，策划倒蒋运动，主张人民自救。后事败逃亡英国，不再过问政治，专事学术。但在学术研究中，他同样敢于挑战权威，发表不同于主流的见解。他在《电影的产生及其价值》中，批评中国人从来没有将文学同语言学相分离；还比如在战后的经济发展方面，他认为最值得注意的应该是发展公路交通，因为这项投资需要的资本少而且可以吸纳大量的劳力。彭信威先生常常提出类似这样的新观点，对丰富当时社会科学研究的视角，有重要的价值。在上海财经学院任教期间，彭先生主张学术自由，建议学校多设选修课程，以扩大学生的视野。50 年代初，上海财经学院各系曾提出将大学修业年限缩短为 3 年，以便让青年学生及早参加国家建设，但彭先生极力反对，才未获通过。

当然在中国货币史领域中，彭先生类似这样的挑战主流的情形，几乎无处不在。例如，日本学者加藤繁的专著《唐宋时代金银之研究——以金银之货币机能为中心》，是当时中国货币史的经典之作，该书认为，“金银在唐代对于社会全盘已发挥其货币的机能并取得货币的资格，不过在实际上的使用则以上层阶级为主”。这一观点在中国学者中被广为接受，但彭信威仔细考证后，否定其说，认为金银在唐代并非十足货币，仅有次要的货币职能。从而使得人们对金银货币在中国古代的作用，有了更深入的了解。在货币理论方面，彭先生亦不断发掘中国古代学术的思想火花，使之不致被湮没于西方中心论的思潮中。例如他注意到沈括对货币流通速度的概念有着深刻的了解，并骄傲地指出沈括比洛克（John Locke）

约早六百年发现了货币流通速度的规律。

1962年，著名历史学家、古文字专家郭沫若先生在福建考察时，无意中发现福建博物馆馆藏“漳州军饷”银圆，背面上端镌“足纹”，下端镌“通行”；正面横书“漳州军饷”，下方草书签押不可辨认。经郭沫若考证，应为“朱成功”三字，“朱成功”即是郑成功，这是隆武帝为表彰其功勋特赐国姓“朱”。郭沫若的鉴定，使我国银币铸行年代提前了近200年。随后，郭沫若在1963年第一期《历史研究》上发表论文阐述了这一发现。论文发表以后，彭信威先生不同意郭沫若的观点，提出证据，否定中国银币开铸于明代，认为最早只能是乾隆后期。现在学界比较一致的观点是认为“漳州军饷”银圆铸造于1844年前后，但在当时，由于郭沫若在考古和古文字方面有很高的造诣，并且时任全国人大常委会副委员长、中国文联主席，他的观点具有很大的影响力。但彭信威先生仍然能够立足科学、不惧权威，在当时的社会环境中，这无疑需要异乎寻常的巨大勇气。

四 结语

1954年《中国货币史》在上海问世后，彭信威先生成了货币史领域最高的权威，从此，挑战权威就意味着不断挑战自己。在彭信威看来，他的中国货币史专著的出版绝非工作的结束，而是这项研究工作的新起点。所以，第一版问世后，他又用10年时间不断补充校正他的专著。若非在那个动荡的年代彭先生不幸辞世，我们今天或许还能看到该书的第四版、第五版。

恰好就在英译本出版的1994年，为了纪念《中国货币史》出版40周年，彰显彭信威在中国货币史和钱币学领域中所做出的杰出贡献，上海造币厂铸造发行了一枚铜质纪念章。纪念章的正面镌刻着彭信威的正面浮雕像和环形铭文“货币史学家钱币学家彭信威教授，1907—1967”，背面镌刻的是他的巨著《中国货币史》图案和他的名言“中国货币文化的光芒照耀了周围世界”。

Professor Xinwei Peng and his Study of Chinese Currency History

Cao Xiao

Abstract: Professor Xinwei Peng pursued academic excellence throughout his life and is well-known around the world as a master in the study of Chinese currency issues. His book *The History of Chinese Currency* lays the theoretical foundation for modern numismatics with a vast and extensive historical data and a logical system. It reveals the primality and originality of the evolution of Chinese currency system and is an authoritative work in the field of Chinese currency history research.

Keywords: Currency History; Financial History; Academic Thought; Academic Influence

郭秉文早年人际关系网络与其事业成功关系研究

罗　盘*

摘　要：郭秉文一直被视为20世纪上半叶中国最重要的教育家之一，他在短短几年内便在教育领域做出了巨大的成绩。正是因为他能充分利用自己的基督教家庭出身、家族婚姻和留学经历，建立起一个复杂的人际关系网络，为他的教育事业提供了巨大的支持。而这一人际关系网络还与其之后各方面的成功有着紧密的联系。

关键词：郭秉文；人际关系；基督教徒；留美学生

过去学界一般将郭秉文从美国学成归国执掌南高、投身教育事业作为研究其生平的开端。学界发表的论著为数不少，其中大多数所涉内容更是集中于郭秉文作为教育行政者在1919—1926年间的生平或者郭秉文的教育思想。鲜少有学者对郭氏的早年生涯有过较为准确和细致的叙述。毕竟郭秉文1914年博士毕业归国执掌南京高等师范学校之时已然35岁，回国就能成为东南地区重要高等学府的校长并在短短几年内就成为最引人注意的教育家，此后还能在政界、商界、外交界多个领域施展拳脚，郭秉文势必有所依靠，那么其依靠何在？本文依据从各方面发掘的各种资料，试图补充郭秉文早年生涯中的部分史实，一方面展现郭秉文在其人生前35年中所积累、建立的人际关系网络，另一方面从一个新的角度解读郭氏的事业成功。

一　基督教徒的身份、通婚与家族网络

郭秉文的家庭是较早信仰西方基督教的华人家庭之一，原因为何，现

* 作者简介：罗盘（1989—　），男，上海财经大学档案馆。

在已经不得而知。我们对郭秉文的父亲所知不多，其姓名与生卒年不可确定。郭父应是美国长老会（American Presbyterian Church）在上海地区的一名元老成员，且在其中充任医师一职。而郭秉文的母亲姓刘，在太平天国运动时期与家人失散，由一户姓刘的基督徒家庭抚养大，并加入了基督教会，承担一些杂务工作，曾经在清心书院担任过舍监一职，直到1939年方才离世，时年89岁。郭秉文出生于1880年（清光绪六年）2月16日，出生地是彼时的江苏省上海县，郭氏的祖籍是在江苏省江浦地区(原为江浦县，今为南京市浦口区江浦街道)。郭家共有兄弟三人，姐妹三人，郭秉文在家中排行第三。郭秉文的基督徒身份是天生的，尽管基督徒是当时中国社会的一个“少数族群”，郭秉文却从中获益。[①]

过去我们常常会强调郭秉文因其基督徒的身份得以进入美国长老会开办的清心书院就读，从而接触到当时较为先进的西方新式教育带给他的巨大优势。基督教徒这个身份带给他的不仅仅是新式教育这一点，郭秉文本人的婚姻，乃至其家庭成员的婚姻都是源自于基督教信徒这一身份，这方面带来的优势不容小视。在中国社会，一个家庭拓展其社会关系的一个重要手段就是婚姻，而当时中国的基督徒家庭因其信仰关系，大多数会选择同为一个信仰的家庭，并以此建立起一个非常紧密的排他性很强的关系网络。

郭秉文的一生有过两次婚姻，大众对其第二任太太较为熟悉。根据目前材料看来，郭秉文的第一任妻子名叫鲍翠凤（Pao Tsui Feng），生卒年不详。她是长老会上海清心堂牧师鲍哲才（1833—1895）的幺女，家中排行第五，也是商务印书馆创始人鲍咸恩（1861—1910）、鲍咸昌（1863—1929）的妹妹，清心女塾（即清心书院女子部）1906年的毕业生，嫁给郭秉文后更名为鲍懿。[②] 关于鲍翠凤，我们目前能看到的仅是为数不多的几张照片和新闻报道而已，具体生卒年和行迹已不可考。尚没有直接证据可以告诉我们他们的结婚时间，但是郭秉文在美国就读期间，其本科学校伍斯特学院（The University of Wooster）的校刊《伍斯特之声》（*The Wooster Voice*）却保留有数则新闻报道涉及郭秉文的第一任妻子，其中1907年2

① 《郭秉文先生纪念集》，中华学术院印行1971年版。

② 罗元旭：《东成西就——七个华人基督教家族与中西交流百年》，生活·读书·新知三联书店2014年版。

月 19 日的短新闻显示，郭秉文接到上海差会来信，其妻将于当年 2 月 23 日从上海出发来美陪读，预计 4 月初抵达。[①] 而郭秉文于 1906 年，26 岁的年纪，方才抵美并进入俄亥俄州的伍斯特预备学校就读，之前一直在国内的海关、邮政等部门任职，显然二人在国内已经结婚，估计是在 1900—1905 年间。从国内留存不多的资料看来，她婚后也多是郭秉文的贤内助，并参与社会福利、救济以及禁烟活动中。可惜二人婚姻时间短暂，具体什么时间什么原因导致最终分手已经不得而知，但是目前查到的资料显示 20 世纪 20 年代多份杂志上仍能看到郭秉文第一任夫人的信息。郭秉文与鲍懿膝下无子，收养了哥哥郭秉钧的二女儿郭美德为女儿。郭秉文的第二次婚姻始于 1935 年，是商务印书馆另一位创始人夏瑞芳（1871—1914）之女夏璐德（Ruth Loo-tuh How，1901—2005），他们于 1935 年 10 月 12 日在杭州结婚，璐德曾就读于上海中西女子中学，后出国深造，毕业于新英格兰音乐学院，回国后任音乐老师，婚后多方协助郭秉文的事业。郭秉文本为夏璐德的姨丈，两人年纪相差较大，后来两人结婚，则是甥舅变夫妇了。

郭秉文的两次婚姻都是长老教会华人信徒之间的通婚，而其大哥郭秉钧与弟弟郭秉祺也不例外。郭秉钧先在邮局工作，后进入商务印书馆工作 20 多年，他娶的太太是清心堂首任华人牧师汤执中的三女汤宝琳。汤宝琳也毕业于清心女校。汤执中有六位子女，其中汤霭林的夫婿正是王正廷的弟弟王正序，而汤家的另一个女婿正是后来成为复旦大学校长的李登辉（娶汤佩琳）。郭秉钧的大女儿郭美丽，即郭秉文的侄女则嫁给了后来成为之江大学首任华人校长李培恩。而李登辉、李培恩不仅和商务印书馆联系在一起，后来还在商务出了几本书，并在 1935 年与郭秉文合编《双解实用英汉字典》，反响甚好。除了这两位大学校长之外，金陵大学校长陈裕光也是郭秉文的远亲，陈裕光娶了鲍懿的侄女鲍凤菊。由此，民国时代几位著名的大学校长成了亲戚。[②]

郭秉文的小弟弟郭秉祺原在海关工作，步两个哥哥的后尘也进入商务工作。他的太太夏美龄是宁波差会夏光耀牧师的千金，系商务印书馆经理

---

① The University of Wooster. *The Wooster Voice* [N]. 1907-02-19.

② 罗元旭：《东成西就——七个华人基督教家族与中西交流百年》，生活·读书·新知三联书店 2014 年版。

兼发行所长王显华太太夏美月的姐妹。而王显华次子王尔康则娶表妹郭安锡（郭秉祺之女）为妻，使郭家与王家亲上加亲。[①]

而同属于长老会信徒的夏家与鲍家之间亦有通婚关系，夏瑞芳的妻子鲍钰正是鲍哲才的女儿，郭秉文后来的大舅子——夏瑞芳的长子夏鹏则唤鲍咸昌为舅父。通过类似的通婚，同属于长老会信仰的郭、鲍、夏等几个家庭之间的关系更进一步密切了，并依靠几个家族几代人与其他基督教家庭的通婚延蔓出更广阔的人际关系网。毫不夸张地说，这种近似于血缘关系的家族间通婚是郭秉文可依靠的第一层次的人际关系网络——“血亲—婚姻家族关系网络”，为他日后的各方面事业提供了重要的人脉资源。

二　清心书院与商务印书馆

作为一名基督徒，郭秉文很自然地在清心书院接受了较为全面的当时比较先进的新式教育。郭秉文于 1889 年前后，9 岁时即进入长老会在上海设立的清心书院读书直到 1896 年卒业。清心书院在当年算是一所初等程度的学校（7 年学制），由美国长老会传教士范约翰夫妇于 1860 年创办，为了纪念娄理华家族在华传教事业和对学校的捐资，学校被命名为娄理华学堂，而后又改名为清心书院，逐渐成为沪上知名基督教学校。

清心书院规模较小，最早时候条件甚为简陋，租房办学，且只有一间屋子，教师也不过就是范约翰夫妇，主要是招收一些贫苦家庭或者难民子弟入学。根据一份教会报告（1895 年）和其他信息我们或可以对郭秉文的不同于传统中国人的学习生活有更多了解。1892 年时，学校只有 38 名学生。而到 1895 年，学生人数增长至 48 人。其课程包含了较多近代科学文化知识，与社会实际联系较为密切，“于国文之外，旁及天文、地理、格物、算术之类”。当时课本则包括《圣经》、四书五经、《天路历程》、《旧约历史与基督生平》、《地理学》、《算术与代数学》、《生理学》等，基本都选用西方人的著述。郭秉文在此读书可以说较早地受到了西方近代科学文化的熏陶，为其日后赴美接受现代西方大学教育奠定了良好的基

① 罗元旭：《东成西就——七个华人基督教家族与中西交流百年》，生活·读书·新知三联书店 2014 年版。

础。[1] 1896年，时年16岁的郭秉文毕业了，在母校教书一年后相继在海关、邮局、浙东厘金局等处工作10年之久。关于这一段经历，我们知道的很少，不过可以确定地说海关也正是当年许多基督教华人家庭子弟的不错之选，可以利用自己的身份和外语特长谋求晋身之法，同时还可以以此为跳板转入洋行或是留洋读书。另一个值得我们注意的就是清心书院注重职业教育这一点，最初"为节省经费计算，又添设工艺一门"，一方面要求学生自力更生；另一方面教授学生一些技能，如印刷、缝补、护理等，后来渐渐成了定规。这一点恐怕是郭秉文"学术并举"，提倡职业教育的一个最早源头。[2]

清心书院同时还培养了商务印书馆的几位主要创始人，鲍咸恩、鲍咸昌、夏瑞芳、高凤池（其女高斐君与鲍咸昌之子鲍庆林成婚，进一步巩固了相互间的关系）、张桂华（鲍哲才的大女婿）等，他们全都属于长老会信徒，大部分毕业于清心书院，早在读书时就已经半工半读，并学习了印刷技术，大家互为姻亲，又兼有同学关系，故能创办起这家中国近代最重要的文化出版机构。商务印书馆作为近代中国最重要的文化教育中心和新文化输出基地之一，其地位举足轻重。而原本和商务没有太大关系的郭秉文通过通婚成为了商务印书馆重要的一分子。而他的两个兄弟也进入商务印书馆，工作20余年，并成为高级职员。郭秉文1914年归国后即于当年充任商务印书馆的总编辑一职，直到前往南京高等师范学校工作。1918年起，他近20年当选商务印书馆的董事。商务印书馆元老张元济就曾多次提出希望郭秉文再次担任商务印书馆的总编辑职务，盖因郭氏乃唯一兼有商务创始家族关系和新学知识背景的人选，被商务印书馆内的各派系认可。郭秉文得以利用商务印书馆这一平台结识人脉、传播思想，比如他的博士论文中文版便在他归国后不久由商务印书馆翻译并出版发行，还请到了当时举足轻重的江苏教育会副会长黄炎培为之作序。同时郭秉文更是利用自己的独特身份广泛参与到商务印书馆的事务中，在多方面为商务出谋划，或是编辑字典，或是创办报刊，或是推荐人才，甚至筹划过商务的影戏部。比如编辑出版畅销书《英汉双解韦氏大学字典》一事，郭秉文也

---

① 冒荣：《至平至善 鸿声东南——东南大学校长郭秉文》，山东教育出版社2004年版。

② Ryan, Allan & Ji Liu edt. *Kuo Ping Wen: Scholar, Statesman and Reformer* [M]. New York: Teachers College, Columbia University, 2014.

充分利用自己的人际资源，动员蒋梦麟、刘伯明、陈布雷、李培恩参与编译，而蔡元培、王宠惠、黄炎培等人为之作序，阵容十分了得。郭秉文的基督徒身份为他获得良好的新式教育提供了便利，而商务印书馆这个重量级平台则是依靠“血亲—婚姻家族关系网络”得来。

三 留学美国建立起的同学、朋友网络

近代中国社会，个人除了原生血缘家族关系和通过婚姻扩展出的类似血亲关系，另一个重要人脉资源的就是同乡、同学、同行关系网络。近代史常常可见某人因为同乡、同学、同行的关系而得以改变命运。郭秉文本人此前已经在国内建立起了稳固的“血亲—婚姻家族关系网络”，留学美国是社会经验相对丰富的郭秉文拓展自己人际关系网络的极佳机会。而当时能够留学美国的中国学生可以称之为社会精英，他们或者依靠基督教信仰关系，或者出身名门大家，或者成绩优异得以来到美国，并且大部分人后来都做出了很大成绩，甚至很多人能够在中国近代史上留名。

（一）校园内的努力

1906 年秋天，时年 26 岁的郭秉文抵达美国，首先进入伍斯特预备学校就读，据说是由于目睹“国事败坏”之后，“思有以革之者”，“以为非振兴科学，无一救亡图存”。1908 年，已经 28 岁的郭秉文在长老会和庚子赔款奖学金的资助下正式进入伍斯特学院攻读，就读期间，郭秉文努力学习各种学科，尤其是自然科学的课程。当时按照规定他需要修满修辞学、文学、历史、数学、化学等 15 门必修课，外加 18 门科学类选修课，获得总结 124 个学分方可毕业，而郭秉文不仅修满这些课程，还多修了比较宗教学和考古学。从成绩单看来，应该说他在校期间成绩相当不错，并最终在 1911 年获得学士学位毕业。①②

除了学习以外，郭秉文还广泛参与校内外社会活动。他在伍斯特学院

① Ryan，Allan & Ji Liu edt. *Kuo Ping Wen*：*Scholar*，*Statesman and Reformer* ［M］. New York：Teachers College，Columbia University，2014.

② 东南大学高等教育研究所编：《郭秉文与东南大学》，东南大学出版社 2011 年版。

内担任《伍斯特之声》的主笔，他还曾是伍斯特学院以训练演说和辩论艺术为主旨的雅典娜俱乐部和林肯俱乐部的成员，并经常在集会中作中国问题的演说，目前可见郭秉文最早的演说是1906年10月9日题为“我从中国到美利坚的航程”和10月16日的“中国的工业”。因为他在演说和辩论方面斩获桂冠，获得了巨大的名声，校刊《伍斯特之声》充斥着对他这方面的报道，比如他曾是学校1909—1911年间的最佳辩手，也曾代表伍斯特学院在1910年获得了俄亥俄州校际演说比赛的奖项，正如《伍斯特之声》报道“这是本州历史上第一次由一名中国学生代表其所在大学出战”。正因为郭秉文的一系列名声，甚至于耶鲁和哈佛都要挖墙脚了。[①] 可以说，伍斯特学院的教育给了他比较完善和全面的现代知识，同时他培养了自己英文演说和写作的独特能力。这些知识和能力将伴随他一生，并给予他许多帮助，可算是他成功的基础。郭秉文在结束了三年大学生活之后，决定放弃原来的学习计划，转向研究教育改革，至于背后的原因，目前流行的说法是“有感于培养人才，则有赖于教育”“国事败坏，思之以革之者”，又见郭秉文博士论文所述，“现在中国的教育改革为一枢纽，牵动各种改革事业，皆随之而变化；因为教育为国家造就栋梁之材，置国家磐石之坚固”。但是从后来郭秉文的生平看来，郭氏似乎对教育学本身兴趣一般，也再没有继续研究工作，仅仅是以此为基础，积极参与教育行政工作，或许他的选择到底反映了一代中国人的梦想——改造中国，使中国变成一个富强的现代国家。随后郭秉文便进入哥伦比亚大学师范学院攻读教育学。[②]

哥伦比亚大学师范学院是当时全美乃至全世界的教育学重镇，名师璀璨，影响深远。郭秉文入学之前，哥伦比亚大学师范学院的中国学生数量有限，大约一年一个的频率，而他入学的1911—1912学年共有3名中国学生注册入学，在校内也是绝对少数群体。郭秉文入校之后便选择乔治·斯特拉耶教授（George. D. Strayer）、保罗·孟禄教授（Paul Monroe）作为导师，于1912年以 *Teachers for Modern Schools in China*（《中国现代学校的教师》）为论文获得教育学硕士。1914年6月，他的博士论文 *The Chi-*

---

① The University of Wooster. *The Wooster Voice* [N]. 1907-02-19.

② Ryan, Allan & Ji Liu edt. *Kuo Ping Wen: Scholar, Statesman and Reformer* [M]. New York: Teachers College, Columbia University, 2014.

nese System of Public Education（《中国的公共教育制度》）正式由哥伦比亚大学师范学院出版，不过此时他还没有正式获得博士学位。①

对郭秉文而言，在哥伦比亚大学师范学院的学习最大的两个好处就是：一方面哥伦比亚大学师范学院为中国的现代教育事业输送了一批人才，其中不少人后来成为名噪一时的教育家，如蒋梦麟、陶行知、刘湛恩、程其保、刘廷芳等，而郭秉文在其中不仅是最早的博士，而且凭借其导师乔治·斯特拉耶教授在美国教育学界的关系网，使得之后进入哥伦比亚大学师范学院的中国学生几乎都与郭有着同门之谊，为郭秉文进一步扩大自己的人际关系和日后延揽人才进入国立东南大学工作提供了不少便利。② 另一方面他和保罗·孟禄教授之间的私人情谊对郭秉文日后在教育事业上的帮助非同小可，以至于杨杏佛曾经讥讽道"郭秉文博士一辈……凭借孟禄客卿之势力，包办中华教育文化基金委员会，以美政府友谊之退庚款，为少数私人垄断中国文化之工具"。郭秉文执掌国立东南大学时期，凭借保罗·孟禄的关系和游说，国立东南大学在学校建设和发展方面获得了美国方面大力支持，也赢得了极佳的声誉，最典型的例子便是1923年，郭秉文成功说服时任美国洛克菲勒基金会董事的保罗·孟禄，由洛克菲勒基金会出资10万美金兴建国立东南大学的科学馆。而郭秉文在1926年又与保罗·孟禄在美国纽约共同创立了以"促进中美文化交流"为宗旨的"华美协进社"，并担任首任社长，该社邀请国内名流到美国讲学或者表演，宣传中国的教育、文化，成为"国人访美的中枢"，对中华文化在美的传播与中美文化交流做出了巨大贡献，直到今日。郭秉文本人能够频繁在国际教育界施展拳脚，哥伦比亚大学师范学院的学习经历和几位老师的帮助不可小视。时人朱经农写信给胡适曾经用这样的话阐明郭秉文在国际教育界的声望："于是各国人士眼睛里，中国的外交界上只有顾维钧、施肇基；教育界上只有郭秉文等。"郭秉文同时对这位老师在中国也是极尽吹捧，保罗·孟禄前后访华10余次，足迹遍布国内各大高校，到处发表教育演说，组织教育讨论，一时影响力极大，这背后几乎都

① 周慧梅：《哥伦比亚师范学院时期的郭秉文——社会生活史的视角》，《教育学报》2014年第11期。

② 同上。

有郭秉文的身影。[①②] 可以说，郭秉文在两所学校就读期间，因为演说等能力取得了很大的名声，还积累起了自己的师生—同学人脉关系。

（二）校园之外的活跃

留美期间，除了在两所校园内的经历和经营的人际关系，郭秉文在美国更重要的收获其实是他在校园之外的社会活动。凭借自己的基督徒身份和在两所学校建立起的巨大声望，郭秉文先后参与或发起了三个影响深远的留美学生社团。

其一便是参加“成志会”这一秘密组织。“成志会”是一个在中国近代史上几乎湮没无闻但却无比重要的学生社团组织，主要是由留美的中国基督教学生仿效当时流行在美国大学校园内所谓“兄弟会”形式于 1920 年经刘廷芳提议成立。它由分别建于 1907 年和 1917 年的有基督教背景的“大卫和乔纳森”（D & J），其中早期成员主要是王宠惠、王正廷、郭秉文、孔祥熙等人，以及“十字与剑”（Cands），其成员包括顾维钧、宋子文、刘廷芳、陈鹤琴、蒋廷黻、张伯苓、聂云台等人，两个学生兄弟会合并而成。两个兄弟会的信条都是“联合起来振兴中国”，吸收在美留学的高素质中国青年学生，并成为所有在美留学生兄弟会中影响力最大的一个，并在北美和中国主要城市建立了分会。他们内部要求兄弟之间必须在学业和事业上相互提携，而且富有民族主义激情，其成员到 1936 年有约 270 人，遍布中国各行各业，许多人都得以担当各自领域的要职，几乎都足以在中国近代史上留下自己的名字。不过，由于这个社团的秘密性，并且大部分参与者都避而不谈，或者所谈极少，整个学术界对其中运转，成员间相互帮助等尚不明晰。但是，对郭秉文日后事业发展有许多交集的人几乎悉数在列，如位列国立东南大学或上海商科大学委员会的聂云台，陈光甫、王正廷、担任上海商科大学教授的李道南，接班郭秉文担任华美协进社社长的孟治，乃至后来郭秉文在政界的顶头上司孔祥熙和宋子文等。据为现存数不多的当事人回忆看来，兄弟会中的兄弟相互间在国内工作中都会提供相当帮助。[③]

① 东南大学高等教育研究所编：《郭秉文与东南大学》，东南大学出版社 2011 年版。

② 彭小舟：《近代留美学生与中美教育交流研究》，人民出版社 2010 年版。

③ 吴相湘：《民国史纵横谈》，时报出版公司 1980 年版。

其二便是创办北美中国学生基督教联合会（*Chinese Students' Christian Association in North America*）。1908年夏天，在王正廷的积极推动下，王正廷、陈维城、韩安、郭秉文、余日章、曹云祥等人在卡森学院（Cushing Academy）讨论创会事宜，最终于1909年正式成立北美中国学生基督教联合会。作为仅次于留美中国学生会的第二大学生社团，它意在团结留美的中国基督徒学生，促进基督教的传播和信仰的坚固，并以基督教的价值观重塑中国和世界的社会、政治和国际秩序。郭秉文先后当选财务干事（1909年）、总干事（1911年），并推动该组织刊物《青年》的出版和月报的改版。通过这个协会，郭秉文将自己基督徒身份的优势发挥起来，他通过协会要求的院校探访工作，走访聚集留美学生较多的城市，了解学生中的信仰立场、生活状态、课外活动等，以共同的信仰为基础得以结交更多的留美学生，进一步扩大自己的声望。①

其三则是积极参与留美中国学生会（Chinese Students' Alliance）。1911年，在郭秉文哥伦比亚大学同学顾维钧的直接推动下全美中国留学生的最大组织留美中国学生总会成立，郭秉文当选首任主席。其实早在之前，郭秉文已经是占留美学生数量主力的东美中国学生会（当时中国学生最多的几所高校如哥伦比亚大学、哈佛大学、密歇根大学、芝加哥大学等全属于该组织）的总秘书长，并担任《留美学生月报》（*The Chinese Students' Monthly*）的总编辑，加上北美中国学生基督教联合会骨干的身份，郭氏的当选可谓水到渠成。通过这一组织，他和各路中国留学生的联系变得更加密切和容易，尤其是和当时在美国兴起的“中国科学社”一干人等之间的联系，方便了他日后执掌国立东南大学后将几乎整个“中国科学社”搬家到南京，社员充任国立东南大学的各科教授。郭秉文任职期间不仅组织了在美中国留学生的各种活动，团结了广大同胞，而且还在留学生的报纸上发表大量文章，鼓吹爱国精神和民族主义，寻求知音以为民族富强而努力。②

本来郭秉文在读书过程中因为年纪偏大、拖家带口等因素不占优势，

---

① 梁冠霆：《留美青年的信仰追寻——北美中国基督教学生运动研究（1909—1951）》，上海人民出版社2010年版。

② ［美］叶维丽：《为中国寻找现代之路——中国留学生在美国（1900—1927）》，周子平译，北京大学出版社2012年版。

他在这些协会活动中发挥出自己的长袖善舞和社会经验丰富的优势，使得自己声望日隆，逐步成为留美学生中的领军人物和，也使得自己的人脉关系网进一步扩展。众所周知，郭秉文回到国内兴办教育得以成功的两大法宝一个是得益于引进自己在美国学习的最先进的美式教育理念和教育体制，另一个正是能够利用自己的声望和人际关系网络引入大批出色的留学生人才。郭氏利用其在留美期间的广泛交游和曾经担任多个留学生组织领导职务之便，早已对留美中国学生颇为熟悉，回国担任南京高等师范学校校长之后，郭利用多次赴美考察开会的机会打听留学人才，甚至个别接触，观察其教学与科研工作，努力发掘最好的人才。在短短几年内，国立东南大学（包括上海商科大学）便通过引进留学人才，实现了学校的崛起。郭秉文主政期间，国立东南大学以及上海商科大学引进约 70 名学有所成的留学人才来校，知名者如杨杏佛、潘序伦、胡明复、任鸿隽、陆志韦、茅以升、吴宓、汤用彤、竺可桢等人，后来成为民国时期大学校长者就有 8 人之多。以这些人才为基础，国立东南大学又建立起许多个“中国第一”的学科，如秉志所创之生物系、竺可桢所创之地学系、熊庆来所创之数学系。生物系在秉志等人的主持下，逐步开展起来各种研究工作，并迅速成为中国生物学研究的中心，为发展中国动植物分类学创造了条件。地学系则奠定了中国现代气象学与地理学的基础。而数学系在熊庆来主持下引进近代数学培养了中国最早的一批数理人才。如此这般当时才有了“北有北大，南有东南”、双足鼎立的局面。①

郭秉文除了最为亮眼的教育事业之外，其个人境遇某种程度上也正是靠着本文所述这一系列人际关系实现的。比如因外甥夏鹏之延请，郭秉文于 1931 年担任上海信托公司总经理一职，开始投身工商界。而他踏入政界也是靠自己的人际关系，后来成为他姐夫的黄汉梁（迎娶了鲍—夏两家联姻所生大女儿夏玛莉）1932 年曾在孙科内阁中短暂担任过财政部长（仅仅两个月），便提携曾有过海关工作经历的郭秉文出任中国海关税务局总税务司一职，从此，郭秉文开始自己的政界生涯。而郭秉文就在几年前才被国民党运用各种办法从国立东南大学校长的位置上赶下来，现在又摇身一变成了国府高官，而且此后还曾升职为财政部次长，并在海外承担外交重任。其实，郭秉文能受到重用，除了黄汉梁这个亲戚铺垫的台阶，

---

① 东南大学高等教育研究所编：《郭秉文与东南大学》，东南大学出版社 2011 年版。

少不了国民党内部经济、外交方面高官的首肯，其中在美国一起创办过“成志会”“留美基督教中国学生会”等组织的留美同仁孔祥熙、宋子文、王正廷等人自然对此大有裨益（更何况其实这些人都与鲍、夏家有着各种亲戚关系），值得一提的是他在抗战期间曾多次代表孔祥熙参与中美、中英机密的经济谈判、借款，如果没有和孔祥熙相当亲密的关系，恐怕也得不到这样的差事。①②

四　小结

郭秉文从出生到返回国内之间30余年间，利用自身基督徒身份、家族、婚姻关系以及自己在美国期间通过同学关系或是宗教、社会活动逐步建立起一个复杂的人际关系网络。不难看出，留美生涯给郭秉文带来的声望和人际关系网不亚于他通过家族联姻或者基督徒出身带来的优势。正是凭借这些隐秘的但是令人惊讶的各方面资源和关系，加上自身的口才，智慧和长袖善舞，郭秉文成功地扮演了教育家、政府高官、外交活动家、国际文化使者等多个重要角色，并为自己在中国近代史历史上留下了一席之地。据郭秉文亲人回忆，少年时他有一个心愿，“他个子不高，所以就定下决心，要发奋读书，让那些大个子一样能屈下身来，听他的声音。”那么，我想郭秉文最终实现了自己的梦想。

A Study on the Relationship between Kuo Ping-Wen's Social Network in Early Years and the Success of his Career

Luo Pan

Abstract: Regarding as one of the most important educators in China during the 20th century, Kuo Ping-Wen had made great contribution to

① 罗元旭：《东成西就——七个华人基督教家族与中西交流百年》，生活·读书·新知三联书店2014年版。

② 《郭秉文先生纪念集》，中华学术院印行1971年版。

Chinese high education in just a few years. Based on his Christian family, marriage and oversea education background, Kuo had developed a complex and intimated social network in his early years. This social network had a deep and close connection with the success of his career.

Keywords: Kuo Ping - Wen; Social Network; Christian; Chinese Students in U. S.

商学教育

中国高等商学教育百年发展研究*

吴云香　应望江　高耀丽　金　星**

摘　要：中国商业文明源远流长。商学成为一门独立学科肇端于清朝晚期。一百多年来的中国高等商学教育在多重力量共同推动下，逐步建立了具有自身特色的教育体系。其在清朝晚期的主要特点是西学东渐、商学开蒙；在民国时期，经历了商科初隆、事业渐兴、弦歌不辍、复员发展四个阶段后渐成体系。中华人民共和国成立后，高等商学教育从初期借鉴苏联、“文革”期间克艰求生至改革开放之后的转型发展，逐步走向世界。百年高等商学教育发展的启示是：坚持立德树人、坚持理论联系实践、坚持开放办学。

关键词：高等商学教育；发展历程；启示

一　产生背景

在我国，“商学”不过只有一百多年的历史，而“商”的概念，却已历经千百年。在五千年的漫长历史进程中，从商朝商人的始祖王亥开始，到周朝诸子百家热议“义”与“利”，秦朝统一货币“秦半两”，汉朝产生专门记录著名商人的《史记·货殖列传》，唐朝设置市舶使，宋代出现世界上最早的纸币“交子”，再到明清出现钱庄、票号等早期金融机构，涌现了徽商、晋商、广州十三行等商人类型，中国商业的发展与繁荣产生

* 基金项目：上海财经大学中国高等商学教育研究课题（项目编号：2015110018）

** 作者简介：吴云香（1988—　），女，上海财经大学发展规划处（学科建设办公室）战略规划科副科长；应望江（1963—　），男，上海财经大学发展规划处（学科建设办公室）处长，高等教育研究所所长，教授，博士生导师；高耀丽（1976—　），女，上海财经大学高等教育研究所副所长，副研究员；金星（1977—　），男，上海财经大学党委校长办公室副主任。

了一批杰出的商业奇才，孕育了璀璨的商业文明和商学文化。

当商业与教育相结合，就产生了商学。1881 年美国宾夕法尼亚大学沃顿商学院成立，标志着商学开始跻身高等教育之林。如果说中国高等商学教育根植于千年的商业文明和商学文化的沃土，而近代以来伴随着鸦片战争的爆发，清政府被迫打开国门，则成为中国高等商学教育产生的催化剂。西洋的坚船利炮粉碎了清政府天朝大国的梦，与之而来的不仅有西洋的商品、商业，也有传教士，以及商学知识的传播。一批有识之士率先开眼看世界，先后提出“师夷长技以制夷”“师夷长技以自强”，开始主动学习西方，包括西方的商学。可以说，中国高等商学教育的产生，既有内生性因素，也有外发性因素；既有主动性质，也有被动成分，是时代的产物。

二　发展历程

中国高等商学教育，萌芽于清朝晚期，成长于民国，在中华人民共和国成立后不断探索，从“引进来”到“走出去”，走向世界；从无到有，从弱到强；几经曲折，弦歌不辍，谱写辉煌。

（一）清朝晚期

清朝晚期，高等商学教育开始萌芽，从西方的传教士到本国的洋务派，从民间个体传播商学到政府决策推动商学发展，从学堂到大学堂（大学）、专门学堂，多种社会力量共同用力，形成了商学发展的共同体，高等商学教育微苗茁壮。

1. 西学东渐

随着两次鸦片战争的爆发，中国闭关锁国的政策被打破，西学东渐，西方各类商业和商学知识也传入中国。传教士成为商学在华传播的重要力量。其代表人物为英国传教士米怜和德国传教士郭实腊。他们通过办报纸、写书籍，宣传商学思想。1887 年英美基督教新教传教士和外交人员、商人等在上海创立广学会，先后出版商学书籍 14 部，成为晚清传教士在华的重要出版机构。

19 世纪 60 年代后，清朝内部洋务派主张自强、求富，也开始积极传播商学。1868 年两江总督曾国藩奏请清廷，于上海创办江南制造局翻译馆。这是近代中国第一个由政府创办的西书翻译机构，曾出版《保富述要》《国政贸易相关书》和《工艺与国政相关论》等商学书籍。

由于通商口岸的外国洋行及企业商业活动的需要，教会学校纷纷开设了英语课程。商学课程也应运而生。1860 年，在总理事务衙门大臣恭亲王奕䜣的主导下，清政府开设了京师同文馆，设置天文算学等课程，培养通晓西方科技的人才。作为中国近代第一所新式教育机构，同文馆在1876 年开设课程"富国策"，由总教习丁韪良主讲，这是中国最早在学堂开设的商学课程。此后，登州文会馆和上海中西书院也开设了"富国策"课程，传播商学知识。与此同时，商学概念逐渐明晰。郑观应在《盛世危言》著作中正式提出商学概念，全面阐述了他的商学观念。

2. 商学开蒙

1895 年，中国被迫与日本签订了丧权辱国的《马关条约》，泱泱大国竟然败于一衣带水的近邻小国。甲午战败极大地激发了中国知识界的民族耻辱感，救亡图存成为时代最强音。康有为提出了"政治救国"，张元济提出了"教育救国"，而郑观应等人提出要"商业救国"。发展商学已从民间共识上升为政府决策。

1903 年清政府设立商部。一方面，明确各省商务局要广设商务学堂、多译商务书籍；另一方面，倡导各地设商会，积极兴商学、译商书、办商报，高等商学教育开始萌芽。各地学堂纷纷开展商学教育。这些学堂包括张之洞创办的湖北自强学堂（今武汉大学前身）和江南储才学堂；盛宣怀在天津创办的中西学堂（北洋大学堂前身）；陈宝箴在湖南创办的时务学堂，等等。商学书籍逐渐增多。《原富》是当时的力作，由严复根据英国亚当·斯密的 *The Wealth of Nations* 翻译，由南洋公学译书院出版，是国内最早的中译版本。英国外交官、汉学家庄廷龄著书 *China: Her History, Diplomacy and Commerce*，介绍了中国的历史、外交与商业。商报兴起，最初多由个人创办，后成为政府机构和商会集体行为。比较有影响力的商报有：北京的《商务官报》、上海的《工商学报》、湖南的《湘学新报》和湖北的《湖北商务报》等。

基于各高校校史的考察，中国综合性大学最早开设高等商学教育的是京师大学堂（今北京大学前身），最早的高等商学专门学校可追溯到南洋高等商业学堂（今上海交通大学和西安交通大学前身）。[①] 京师大学堂于1898年由孙家鼐主持成立，是中国近代第一所国立综合性大学。大学堂在短短5年间先后制定了3部章程，即《奏拟京师大学堂章程》、《钦定京师大学堂章程》和《奏定大学堂章程》，其中分别提到了商学专门学、商务科和商科大学的设置。成立当年的章程规定，课程分为溥通学和专门学两类，商学是十大专门学之一。由于缺乏相应水平的生源，直到1910年才举行了分科大学的开学典礼。商学包括银行及保险学门、贸易及贩运学门和关税学门，标志着京师大学堂商学教育进入了分科大学阶段。在此期间，京师大学堂的译学馆和进士馆也都开设了理财、商政等商学课程。在私立学堂方面，南洋高等商业学堂是代表之一。它的前身是南洋公学，于1896年在上海创立。1907年学校派商科毕业生杨锦森等6人赴美留学。清政府还成立专门学堂，培养商学人才。1903年，清政府度支部在《会奏设立财政学堂酌拟章程折》中提出设立财政学堂，其宗旨为"养成财政通材"。[②] 同年，清政府税务处在《税务大臣：奏开班税务学堂折》中提出设立税务学堂，"为税科专门，以造就各关理事人才为宗旨"。[③]

（二）中华民国时期

中华民国初期至抗战全面爆发前夕，学制改革使商科和商科教育机构的地位得以确立，民族工商业发展对工商管理人才形成强烈需求，多重因素促使商业专门学校和大学商科纷纷创设，高等商学教育渐成体系。全面抗战时期，高等商学教育弦歌不辍，在战火中坚持办学。抗战胜利后，高等商学教育复员，得到进一步发展。革命根据地和解放区则开展了有特色的商学教育。

---

① 应望江、陈祥龙、高耀丽：《中国高等商学教育起源初探——基于高校校史的考察》，《财经高教研究》2016年第1期。

② 《政治官报》，宣统元年二月二十八日第四百九十七号，折奏类第7—12页。转引自《度支部：会奏设立财政学堂酌拟章程折》（并单）（1909年3月5日），见陈元晖主编，潘懋元、刘海峰编《中国近代教育史资料汇编·高等教育》，上海教育出版社2006年版，第287—292页。

③ 《政治官报》，宣统元年四月二十六日第五百八十三号，折奏类第5—9页。转引自《税务大臣：奏开班税务学堂折（并单）（1909年5月21日）》，见陈元晖主编，潘懋元、刘海峰编《中国近代教育史资料汇编·高等教育》，上海教育出版社2006年版，第293—297页。

1. 商科初隆

民国初立，临时政府教育部先后颁布了《专门学校令》和《大学令》，规定了专门学校包括商业等十类，大学分商科等七科，确立了商科的地位。1919 年，五四运动爆发，新文化运动达到高潮，形成了包括职业教育思潮等在内的各类教育思潮和教育运动，马克思主义经济学说得以传播。政府推行振兴实业计划，促使民族工商业迅速发展，对于商业人才的需求更显迫切。这些从制度、思想、社会需求等方面为商科的创立、发展创造了良好的条件。

商业专门学校和大学商科陆续创办。专门学校在当时是与大学平行的一种高等教育，分类培养商业等十类高级应用型专门人才，人才培养也分预科、本科、研究科三个层次。公立大学、私立大学、教会大学等各类高等学校纷纷创办、发展商科。公立大学中，比较著名的有上海商科大学（上海财经大学前身）。美国国际精英商学院协会认证（以下简称为 AACSB 认证）在《管理教育全球化报告》（2011 年）中认为该校是“在中国第一所按照西方标准建立起来的现代商学院”①。私立大学中，复旦大学、南开大学、厦门大学先后于 1917 年、1919 年、1921 年开设商科。教会大学中，上海圣约翰大学、沪江大学、大同学院分别于 1918 年、1921 年、1922 年开设商科。当时派遣留学生是培养商学专门人才的途径之一。除官派和自费外，还有一些实业团体和实业家出资派遣留学生，其中包括经济科等商科学生。

商学研究框架初构。此时，商学书籍日益增多，商务印书馆成为民国时期出版商学教科书最多、影响最大的出版机构，1915 年前后先后组织编写出版了《商业算术》《商事要项》等 19 种商业学校专门用书。伴随着商科的发展，专业的商学社团及其刊物在清朝晚期的基础上得到了拓展。北京、南京、上海、杭州等地都成立了商学社团，并设有门槛，如中央商学会的普通会员资格限定在高等专门以上之商科和经济科毕业者。商学期刊也开始出现，1916 年创刊的《商学杂志》是民国初年商学专业期刊的代表。商学术语开始形成，中国首部现代辞书——《辞源》较系统地收录了多条商学名词，商学词汇逐渐成为各界的通用语言。

① Global Business School Overview [EB/OL]. [2017-08-01]. http://www.aacsb.edu/publications/datareports/business-school-overview-report.

2. 事业渐兴

1922年到全面抗日战争之前，壬戌学制及《大学组织法》等法规颁布，加上国内政治经济环境相对稳定，高等商学教育得到了较快发展。大学分科改为分学院，分设文、理、法、农、工、商、医各学院，并增设教育学院。凡具备三个学院以上者，方可立为大学。大学商科由此逐步改为商学院。专门学校改为专科学校，分为四类，商业专科学校为其中独立的一类。

根据教育部统计，1936年全国设立商学院的大学共12所，独立商学院3所，商业专科学校1所。[①] 这一时期，武昌商科大学和上海商科大学是中国仅有的两所商科大学。武昌商科大学于1926年冬并入国立武昌中山大学，为武汉大学经济学科源头之一。而上海商科大学几经变迁后成为国立中央大学商学院，1932年改组独立，更名为国立上海商学院，为当时唯一的国立商学院。这一时期的商学教育重视实践教学，教育部要求商科教育必须具备相应的实习场所，例如国立中央大学商学院专门建有实习银行、消费合作社等实习场所。

壬戌学制后，高等商学教育趋向成熟。1923年，商务印书馆推出"新学制教科书"，其中商学教材门类齐全，涵盖了与现代商业运行有关的很多分支学科。商学著作成倍涌现，20世纪30年代出版的商学著作数是此前近20年的两倍多[②]，民国时期商学各科代表性论著大多在此期间出版。商学专业辞典开始系列出现，以《实用商业辞典》为代表的商学辞典的编撰和流行是商学学科术语体系定型的标志，也标志着商学学科日趋成熟。

3. 弦歌不辍

全面抗日战争时期，国家实施"战时教育方针"，高校大规模迁移。至1938年底，共迁址调整高校55所，为国家保存了一批精英力量，也为高等商学教育保存了实力。

全面抗日战争初期，教育部一方面继续规范高校办学，如规范大学及独立学院学系的名称设置等；另一方面，为保存高等教育实力，将东部地区城市的高校迁往内地，并进行改组、调整。最为著名的是由北京大学、

① 教育部高等教育司：《全国公私立专科以上学校一览表》，1936年。

② 杨艳萍：《近代中国商学兴起研究》，经济科学出版社2012年版，第177页。

清华大学和南开大学共同成立的西南联合大学。西南联合大学落户昆明后设5院26系，商学系设于法商学院内。1938年至1946年法商学院共毕业学生1296人，占全校毕业生人数的34.7%。[①] 1937年，重庆大学商学院创建，马寅初、刘大均、朱国璋、陈豹隐先后出任院长，丁洪范、朱祖晦、罗志如、程绍德、杨荫溥、潘序伦等著名学者任教，很快成为当时全国实力最为雄厚的商学院之一。

全面抗日战争时期的高等教育在“流亡”过程中得到了发展。大学和独立学院由1936年的78所增加到1945年的89所，同期专科学校由30所增加到52所。[②] 教育部门克服重重困难，出版了一批高质量的商学教材、著作、期刊，如潘序伦的《股份有限公司会计》、王孝通的《中国商业史》。当时还出现了结合战争时期特点的一些研究成果，如《中国战时物价与生产》，以《资本论》为代表的马克思主义经济学说也得到了更广泛的传播。

4. 复原发展

全面抗日战争胜利后，通过西迁高校的回迁复原、改设和停办高校的恢复办学、内地在回迁高校遗址上重办新校、接收改造敌伪地区高校等方式，高等教育在短期内得到恢复发展。

据《第二次中国教育年鉴》统计，1936年全国高校有108所，学生近4.2万人。抗战爆发后，高校一度减少了15%，学生减少了1/4。到了1947年，高校恢复发展到207所，学生增加到15.5万多人[③]，高等教育规模达到民国时期的最高峰，高等商学教育也发展壮大。国立大学商学院和独立商学院大都重新恢复，多所私立大学商学院也得以恢复，有的改为国立；新办了一批商学院和商业专科学校。1949年新中国成立时，接管高校223所，其中设有商科的院校93所。[④]

商学研究不断推陈出新，新生了对中国未来的前途命运、经济和社会发展进行独立探讨和思考的研究团体。中国社会经济研究会的会刊《新

① 西南联合大学北京校友会：《国立西南联合大学校史——一九三七至一九四六年的北大、清华、南开》，北京大学出版社1996年版，第272页。

② 李兴华：《民国教育史》，上海教育出版社1997年版，第613—614页。

③ 教育部：《第二次中国教育年鉴，第五编，高等教育》，商务印书馆1948年版。

④ 季啸风：《中国高等学校变迁》，华东师范大学出版社1992年版。

路周刊》，对中国社会经济问题的讨论站在了当时的学术制高点。独立时论社将发表的论文结集为《独立时论集》公开出版，重点关注经济热点，倾向于独立的学术分析。

5. 革命根据地和解放区的商学教育

中国共产党在革命根据地和解放区建立了一批学校，这些学校中的商学教育立足实际，以干部教育为主、以群众教育为辅，学制与内容灵活多样，注重实效，培养了大批人才。

早在中国共产党成立之初，1921 年 8 月，毛泽东等人就在湖南长沙创办了湖南自修大学，设立了经济学研究会，开设了一些商学类的课程，以培养革命干部。1933 年在江西瑞金创建了苏维埃大学（次年苏维埃大学合并到马克思共产主义学校，即后来的中共中央党校），开设了国民经济、财政等 8 个班，课程包括理论、实际问题研究和实习 3 部分，修业期限为半年。进入全面抗日战争时期后，中国共产党在各抗日根据地直接领导的学校共 17 所，学员数万人。在这些学校中，商学教育较有特色的是中国人民抗日军事政治大学和延安大学。抗日战争胜利以后，解放区的教育转向为解放战争和土地革命服务，教育重心开始从农村转向城市，解放区的高校进一步正规化。1948 年华北联合大学与北方大学合并为华北大学，1949 年迁往北京，新中国成立后组建成中国人民大学，成为解放区自己创办的正规大学的杰出代表。

（三）中华人民共和国时期

新中国成立后的高等商学教育跌宕起伏。20 世纪 50 年代，借鉴苏联模式，实施院系调整和教学改革，初步建立了适应计划经济体制的人才培养体系。历经波折后迎来改革开放，高等商学教育进入了规模扩大、层次多元、重点建设加强、国际化办学加快的发展阶段。香港、澳门和台湾地区的高等商学教育也形成了各自特色。在探索有自身特色发展模式的过程中，中国高等商学教育的办学水平不断提升。

1. 借鉴苏联

中华人民共和国成立伊始，百废待兴。国家采取全面学习苏联的做法，实行计划经济体制。“财经”一词取代商学。高等财经教育在高校设立与调整、人才培养模式、学科目录等方面全面借鉴苏联经验，得到了较快的发展。

高等院校在新建和调整中得到发展。中国人民大学是新中国建立的第一所新型正规大学，其目的是为了培养具有马克思列宁主义素养和专业知识的新中国的建设人才。中央人民政府政务院通过的《关于成立中国人民大学的决定》，明确指出要接受苏联建设经验，所开设的专业以财经专业为主。紧接着是全国范围的院系调整。院系调整对新中国高等院校的布局结构产生了重要影响，对高等财经教育最显著的影响是将大部分财经专业集中在华东、西南、中南、东北的 4 所多科性财经学院中，即上海财政经济学院、四川财经学院、中南财经学院、东北财经学院。此外，还有部分综合性大学和专科学校设有少量财经专业。1958 年至 1960 年，在大跃进背景下，高等财经院校尤其是地方高等财经院校发展迅速。不仅各地纷纷成立财经学院，一些院校如东北财经学院内部还制定了五年跃进规划方案。

财经人才培养体系改革和专业目录设置也借鉴了苏联经验。开展了一系列教学改革，主要表现在四个方面：一是改财经学科为专业，人才培养由“通才”向“专才”转变；二是中央教育部统一制订和颁布教学计划，学校则据以制定课程教学大纲；三是取消学分制，实行学年制；四是成立教研组（室），实行集体备课制度。这一时期，苏联专家为新中国经济建设所急需的财经专业人才培养提供了积极的帮助。1954 年，参考苏联大学专业目录制定的《高等学校专业目录分类设置（草案）》获中央政府通过。该目录共设置 257 种专业，其中财经类专业 17 种。1963 年，国家颁布了新的《高等学校通用专业目录》，此次共设置 432 种专业，其中财经类专业 12 种。

2. 克艰求生

1966 年，从“文化大革命”（以下简称“文革”）开始，全国所有高校停止招生，停课闹革命。高校由工宣队、军宣队和革命委员会接管。只有少数高等财经院校和综合性高校的商科院系仍在艰难的环境中坚持办学。

1971 年，全国教育工作会议决定撤销和合并部分院校，其中，财经类院校是重灾区。全国仅剩下“1 所半”财经院校，其中“1 所”是辽宁财经学院；“半所”是湖北大学（后改名为湖北财经专科学校）。1973 年，北京对外贸易学院、北京经济学院等高等院校获准恢复或创建。综合性大学的财经系科虽然也面临不少困难，但还在坚持发展。如厦门大学经济系在 1971 年开设财务会计、计划统计和政治经济学三个财经类专业，共招收了120名学生。[①] 复旦大学和南开大学在“文革”后期也分别增设了工业经济和世界经济专业。

3. 转型发展

1977年10月，国家宣布恢复高考，中断10年的中国高考制度得以恢复。“文革”期间被撤销的财经类高校先后恢复。改革开放后，高等商学教育迎来了发展的黄金期。

（1）量质齐升。财经专业成为热门专业，财经院校数量从1977年的7所增至2015年的261所，增长了37倍。同时，非财经类高校也纷纷设立经济学院、管理学院或商学院。特别需要提一下的是，财政部财政科学研究所（现改为财政科学研究院）与中国人民银行研究生部是我国特殊的高端财经人才培养基地，被赞誉为财政金融界的“黄埔军校”。后者已并入清华大学，成为清华大学五道口金融学院。在数量扩张的同时，国家先后实施“211工程”“985工程”“优势学科创新平台”“世界一流大学与一流学科建设（双一流）”等重点建设项目，高校办学质量不断提升。经管学科的学科专业目录也不断演变，本科和研究生专业目录先后历经四次、三次调整。国家还开展过三次国家级重点学科评选活动，1998年评选出20个经管类二级学科，2002年评选出44个二级学科，2007年评选出15个一级学科和44个二级学科。

（2）人才培养体系层次逐渐完整、质量不断提高。1977年，国家恢复高考制度，高校迎来了“文革”后的第一批本专科学生。1978年，高校开始招收硕士研究生。1981年，首批博士研究生入学。1992年，经济学博士后流动站成立。至此，中国建立了本科、硕士、博士、博士后层次完整的高等商学人才培养体系。自1979年国家经委、全国总工会开设第一期企业管理研究班后，高校和政府部门等纷纷开设各类培训班，为财经人员提供专业培训。1991年，国家正式决定设立工商管理硕士专业学位（MBA），此举开创了中国专业学位教育的先河，打破了学术型学位一统天下的局面。清华大学、复旦大学、上海财经大学等9所高校成为首批试点高校。进入21世纪，专业学位研究生教育迎来了大发展。截至2017年，国家共批准设立了10个经管类专业硕士学位。博士学位论文是博士生教育的重要成果和质量标志。教育部1999—2014年每年评选“全国百

① 厦门大学：《厦门大学一九七一年专业设置及招生计划》，厦门大学档案馆1971年版。

篇优秀博士学位论文”，15 次评选共计 1469 篇博士学位论文入选，其中，经管学科有 42 篇。① 博士后流动站制度通过特殊的管理方式来培养和造就高级专业人才。1992 年国家在社会科学领域设立博士后流动站 16 个，其中经济学博士后流动站 7 个。

（3）科学研究与社会服务功能日益强大。随着经济改革的推进，高等商学教育快速发展，科学研究与社会服务日益繁荣。为推动基础研究发展，国家于 1986 年和 1991 年分别设立国家自然科学基金和国家社会科学基金。财经学科获批国家级科研项目的数量日益增加，研究质量不断提升，为国家经济发展做出了积极贡献。1979 年，中国会计学会和中国财政学会成立大会在广东佛山召开；随后，一批财经类全国性学术团体纷纷成立。各类奖项也激励研究者不断提升研究质量。孙冶方经济科学奖设立于 1985 年，是中国经济学界的最高奖项。截至 2017 年，共有 55 部著作和 176 篇论文获孙冶方经济科学奖。② 高等学校科学研究优秀成果奖（人文社会科学）是当前中国人文社会科学领域最高级别的奖项。该奖项每三年评选一次，截至 2017 年，已评选了七届。经济学、管理学、统计学学科历届获奖占比为 24%—28%，七届共获奖 1031 项，占比 26%。以现代服务业为特色的国家大学科技园的建立标志着商学学科的社会服务提升到了一个新的高度。2008 年，科技部和教育部联合认定中国人民大学科技园、上海财经大学科技园为国家大学科技园。这两家国家大学科技园以现代服务业为特色，在经济建设、科技成果转化和培育创新创业人才方面做出了积极贡献。20 世纪七八十年代，一批优秀的经管类学术期刊创办，呈现井喷趋势，为经管学科研究成果的交流和传播起到了至关重要的作用。

（4）走向世界。高校通过“引进来”“走出去”、参与国际商学认证等方式不断提升高等商学教育的质量和水平。中欧国际工商学院是商科中外合作办学的代表性机构之一；上海财经大学与美国韦伯斯特大学合作创

---

① 中国学位与研究生教育信息网，历年全国优秀博士学位论文评选结果［EB/OL］.［2016-10-20］. http：//www. cdgdc. edu. cn/xwyyjsjyxx/zlpj/yblwpm/.

② 孙冶方经济科学基金会. 孙冶方经济科学奖历届获奖名单［EB/OL］.［2017-06-10］. http：//sunyefang. cass. cn/list/awards/winners-list.

QS. QS World University Rankings by Subject［EB/OL］.［2017-07-21］. https://www.topuniversities.com/subject-rankings/2017.

办工商管理专业硕士学位项目，是国内最早开办的商科中外合作学位教育项目之一。除此之外，国内还有很多中外合作办学机构和项目。在引进海外优质教育资源的同时，中国高等院校也在不断走出去。2002 年，上海财经大学在香港金融管理学院设立研究生教学点，是教育部批准的首个在港研究生教学点。2006 年作为第一家商务孔子学院的伦敦商务孔子学院在英国成立，至今全球已设立了 9 所商务孔子学院。老挝苏州大学是中国政府批准设立的第一所境外大学。之后，厦门大学马来西亚分校、云南财经大学设立的曼谷商学院、北京大学汇丰商学院牛津校区等学历学位教育机构相继成立。自 2004 年中欧国际工商学院首次通过 EQUIS 认证之后，中国高校商学教育不断通过国际认证机构的认证，办学水平得到国际认可。国际商学认证主要包括 AACSB 认证、欧洲管理发展基金会 EQUIS 认证以及总部设在英国的 AMBA 协会认证三大认证。截至 2017 年 5 月 1 日，共有 44 所院校通过了至少其中一种上述国际商学认证。转型发展的中国高等商学教育国际影响力和竞争力不断增强。北京大学、清华大学和西安交通大学分别于 2011 年、2016 年和 2017 年进入 ESI 全球经济学与商学学科前 1%的行列。2017 年，中国内地高校会计与金融、经济与计量学科入围 QS 世界大学排名前 200 强的大学各有 8 所，所排名次呈逐年攀升趋势。①

4. 港澳台地区各具特色

我国香港、澳门、台湾地区与内地处在不同的制度背景下，形成了更具区域特色的高等教育模式，其高等商学教育发展各有特点。

香港地区的高等商学教育具有很高的国际化水平。最早开设商学类专业的高校为香港中文大学，发展最为迅猛的则是香港科技大学。在所有高校中，八所公立院校最为知名，除香港教育学院以外，其余院校商学教育全部通过 AACSB 认证。

澳门地区的高等商学起步较晚。直到 1981 年，澳门才创办了第一所现代意义的大学——东亚大学，开设的课程偏重于实用。20 世纪初，东亚大学一分为三，成立澳门理工学院、澳门大学、亚洲（澳门）国际公开大学。回归祖国以后，澳门拥有公立院校 4 所，私立院校 6 所。工商管

① QS. QS World University Rankings by Subject [EB/OL]. [2017-07-21]. https://www.topuniversities.com/subject-rankings/2017.

理类是澳门高等教育培养学生最多的系科，商学类学生数约占高等教育注册总人数的三分之一。澳门大学是澳门地区唯一的综合性公立大学，也是澳门地区最早开设工商管理专业的大学。

台湾地区的高等商学教育起步较早，发展更加多元。台湾地区在清代就出现了众多书院，最早起源于康熙四十三年（1704 年）知府卫台揆创设的崇文书院。日本占领时期，实行奴化教育，以台北帝国大学为代表的高校主要开设医学等实用学科。第二次世界大战以后，台湾高等教育迅猛发展，从 1946 年的 5 所院校，发展到 2012 年的 148 所。高等教育的净入学率达到 65%以上。在世界大学排行榜中，台湾大学的排名处于台湾地区首位。此外，辅仁大学、中山大学、政治大学、交通大学、清华大学等院校的商学教育质量也较高，均通过了 AACSB 认证。

三　启示

中国高等商学教育历经百年的沧桑变迁，在中国和世界的地位日趋重要。目前中国拥有 261 所独立设置的高等财经院校（2015 年年底统计数），占全国高校总数的十分之一，同时大多数综合性大学都开设了财经类专业，商学成为名副其实的“显学”。多所高校的商学学科在 ESI、QS、US News、软科等世界公认学科排行榜上榜上有名，国际影响和国际竞争力日益提升。百年来的中国高等商学教育为中国和世界发展做出了卓越贡献。主要启示为：

（一）坚持立德树人

商学人才的培养始终是中国高等商学教育的核心使命。这主要是由于，中国的高等商学教育一开始就是回应社会需求而产生的。清朝晚期，国家积贫积弱，在与国外的战争中数次战败，民不聊生。“政治家和教育家们都已经逐步认识到，说到底，没有任何灵丹妙药可以医治好我们民族的伤口，而只有工业、商业和教育，才有可能为解决重大国计民生问题而铺平道路。”① 晚清著名的商务大臣盛宣怀多次向朝廷建议开设商务学堂，

① 郭秉文：《中国的商科教育》，原载 E. J. 伯戈因主编、商业大百科全书公司 1924 年出版的《远东工商活动——1924》一书，原文为英语，由刘劲文翻译，朱迎平校订。

培养商学人才。他认为，中国“一则无商学也，再则无商律也，无商学则识见不能及远，无商律则办事无所依据”①。“必须广商学以植其材，联商会以通其气，定商律以维商市，方能特开曹部，以振起商战，足国足民。”② 自强求富、商业救国，是清朝晚期时代的呼声。当时，商学人才匮乏，商学教育自觉担当起这份历史重任。晚清时期从个人主持创办的南洋高等商务学堂，到政府主持设立的京师同文馆、京师大学堂、山东大学堂、财政学堂、税务学堂，无一不把商学人才培养放在首位。及至民国时期，高等商学教育为民族工商业的振兴而育才。两个时期高等商学教育的主旨都是“救国”。新中国成立后，高等商学教育围绕“建国”培养了大批人才，服务经济建设。改革开放之后，高等商学教育又围绕“强国”，不断丰富财经人才培养的规格，为中华民族的伟大复兴培养合格人才。譬如上海财经大学顺应时代发展，创造性提出“3·3”卓越财经人才培养模式，以“立体课程、多元路径、个性体验”为特征，根据学生个人发展需求，构筑“拔尖计划”“卓越计划”“创业计划”三类型人才培养路径，培养具有国际视野和民族精神、具有决断力、判断力和组织力的卓越财经人才，为社会乃至国际社会培养财经人才。北京大学、清华大学、复旦大学等为数众多的高校在财经人才培养上也从“专才”向“通才”的教育理念转变，夯实学生文理基础，提高学生知识底蕴，为财经类专业学生毕业后的事业发展增强后劲。

百年来，高等商学教育培养了大批卓越的财经人才，从活跃在商界的各类财经人才，到企业家、创业者，在不同的历史进程中为救国、建国、强国做出了应有的历史贡献。一批批财经类人才成为企业的中坚力量，为社会创造经济价值；一批批财经人才进入政府决策层，为国家和当地经济政策指引方向；一批批财经人才投身商海，下海创业，一些公司跻身全球500强，提升了中国经济的影响力；还有一批批财经人才走向国际社会，世界银行、国际货币基金会等具有影响力的国际组织的高层出现了中国财经人才的身影，为全球治理贡献力量。可见，培养符合时代需求、服务并引领社会发展的卓越财经人才，始终是中国高等商学教育的执着追求。

---

① 盛宣怀：《愚斋存稿初刊：卷三》，思补楼藏版 1939 年版。

② 盛宣怀：《愚斋存稿初刊：卷六》，思补楼藏版 1939 年版。

（二）坚持理论联系实践

商学是一门实用性的学科。这种学科特点决定了中国高等商学的发展与实践密切相连，不可分割。

重视实践是商学教育人才培养的特色。商学是一门实践性相当强的学科，因此，在商学知识发展的过程中，除了理论研究，实践成为不可或缺的一环。商学人才培养也因此逐渐形成了重视实践的特色。民国时期教育部曾要求商科教育必须具备相应的实习场所。广大高校通过消费合作社、实习银行等，积极开展商学教育实践，一些学校在课程表中专列实习、实践课。复旦大学 1919 年创建国民合作储蓄银行。国立中央大学商学院专门建有实习银行、消费合作社等实习场所。革命根据地的苏维埃大学课程包括理论、实际问题研究和实习 3 部分。上海商科大学银行理财及保险学系和国际贸易及领事学系课程表中明确列出银行实习课程①。加强实践学习是中国高等商学教育的优良传统之一。孙冶方在新中国成立后担任上海财政经济学院院长，为首届毕业生题词："跑出学校门，到实际工作中再去学习"，再次强调了实践的重要性。在今日，伴随着商业活动的发展，商学学生实习的场所范围愈加广泛，银行、证券、基金、会计师事务所等到处有商学学生的身影。不少学生从大一暑期已经开始实习，通过实践加深对商学的理解与认识。学生通过实践，做到理论与实践紧密结合，对于个人成长、成才大有裨益。

服务实践，是高等商学教育的目的与功能之一。中国高等商学教育产生于"商业救国"的呼唤中，经世济国是中国高等商学教育的长期追求。经济学家、教育学家马寅初 1934 年为国立上海商学院毕业生题词"经济匡时"，寄望学子胸怀祖国、志存高远、服务于国家、奉献于时代、担负起天下兴亡的重任。国立上海商学院创办的综合性半月刊《商兑》发刊词提出"匡持国家，补益社会"的思想。改革开放后，高等商学教育的社会服务功能更加突出，以现代服务业为特色的国家大学科技园的建立就是其重大标志之一。大学科技园已经成为经济建设的实干者、科技成果转化的催化剂，也是高校开展创新创业教育的良田，使商学理论与商业实践

① 叶孝理：《上海财经大学校史第一卷（1917—1949）》，中国财政经济出版社 1987 年版，第 29—31 页。

形成了良性发展循环。

（三）坚持开放办学

中国高等商学教育的兴起本来就是开放办学的产物。在长期的办学过程中，中国高等商学教育始终面向社会，面向国际，开放办学。

面向社会，求真务实，构建商学共同体，共同助力高等商学教育发展。1915 年出版的《辞源》（正编）认为，商学即商业上应用之学问。① 应用性是商学学科的特质之一，这就决定了商学不能仅仅依靠象牙塔中的师生来繁荣兴盛，而必须借助社会大熔炉的力量。前述已经指出，高等商学教育的萌芽，集合了个人与集体、学校与社会、民间与政府的多重力量，形成了商学共同体。学校（学堂）、商报、商会、期刊、出版社等共同努力，使商学人才培养、思想传播、著作刊载融为一体，从不同的渠道助推高等商学教育发展。直到今日，商学共同体依然存在，并且内涵不断丰富。政府和社会通过专业目录调整、重点学科评选、学科排名、商学期刊创办等参与商学建设的广度和深度进一步深化。此外，尽管商业和商学分别指向经济领域和教育领域，但其共同的研究对象都离不开“商”，都围绕“商”进行活动。这也意味着，高等商学教育的开展，其范围、内容、方式等都与所处时代的商业活动分不开。譬如，“互联网+”已经融入当代的商业活动，高等商学教育也因此不可避免增添了探讨“互联网+”的新内容，与“互联网+”有关的诸多载体和平台、人物，都被纳入商学共同体的范畴，商学共同体的内涵在不断丰富。

面向国际，坚持国际标准，以国际视野探究中国商学。任何学科都需要有共同的术语和共同的研究范式。与汉语言文学、中医学、中药学等中国特色学科不同，商学十分接近自然科学，这就天然地决定了中国高等商学，可以以国际标准、国际视野来推行，也应当以国际标准、国际视野来开展。商学学者正是通过这些“国际语言”互相对话、交流、交锋，共同推动商学理论的发展。因此，在长期的办学过程中，中国高等商学教育是国际化的。即便在发展初期，中国高等商学教育也已经在多方面呈现出鲜明的国际化特征，比如在师资方面，聘请外国师资和吸引海归学者任教；在课程方面，使用外国译著或原版教材；在海外交流方面，商学留学

---

① 方毅等：《辞源》，商务印书馆 1915 年版。

生众多；等等。在改革开放后，中国高等商学教育的对外开放继续向纵深方向发展，从原有的“输入”为主转变为“输入”和“输出”相结合，更加具有开拓精神。深化“引进来”，中外合作在中国大地办大学。大胆“走出去”，跨出国门开设海外分校。北京大学汇丰商学院在牛津开设校区，就被英国主流媒体称为“这无疑是勇敢的一步”，“是中国高等教育发展的里程碑”。① 中国高等商学教育还积极参与全球治理，清华大学、上海对外经贸大学、南京财经大学等在国外设立了商务孔子学院，对外经贸大学成立了中国世界贸易组织研究院等，为全球高等商学教育贡献中国力量。

The Research on the Centennial Development of Higher Business Education in China

Wu Yunxiang Ying Wangjiang Gao Yaoli Jin Xing

Abstract: Chinese commercial civilization has a long historical standing, yet business becoming into an independent discipline started from the late Qing Dynasty. Driven by many forces, the higher business education in China has gradually built up an educational system with its own characteristics in the past 100 years. During the late Qing Dynasty, its main characteristics were the eastward spread of Western learning and the enlightenment of commercial learning. During the Republic of China, it gradually became a system after four stages: thriving newly, flourishing gradually, maintaining in the war and redeveloping after the war. Since the establishment of the People's Republic of China, higher business education has gradually gone to the world, from drawing on the experience of the Soviet Union in the early years, the arduous struggle during the Cultural Revolution to the transformation and development after the reform and opening up. There exist three implications of the development of higher business ed-

① 英媒：北京大学跨出“勇敢一步”将在牛津建校区［EB/OL］.（2017-04-07）［2018-02-08］http：//news.163.com/17/0407/02/CHCU9JLF0001875N.html.

ucation in China: insisting on cultivating talents with high morals, insisting on connecting theory and practice as well as insisting on developing with an open mind.

Keywords: Higher Business Education; Development Process; Implications

京师大学堂与近代高等商科教育

陈祥龙*

摘　要：中国商科教育缘起于近代富国强兵的民族夙求，从宣扬商战到开办商学，再到商科在近代高校中建立，京师大学堂就是这一时期的典型代表。从建立大学章程到开展具体教学，最后升级为商科大学，商科教育在京师大学堂进行了系统完整的尝试。相比同时期的自强学堂、北洋大学堂和南洋高等商业学堂，京师大学堂的商科教育延续时间更长，课程设置更加完备，师资力量更加雄厚，毕业生记载相对清晰，成为中国近代高等商科教育的重要见证者。

关键词：京师大学堂；商科教育；高等教育

我国有漫长的商业文明，早在殷周时期就出现了专门从事贸易活动的商人。各类商业典籍和商业技巧在商帮、行会内传承，但是直到近代才出现商业学术的启蒙。郑观应首次提出“商战”的口号，而欲进行商战，必须有大量具备现代商业知识的人才，最终聚焦到发展“商学”。甲午中日战争，天朝上国败于蕞尔小国，张元济在给光绪帝的奏章中指出：“今日为商战世界，中国向有贵农贱商之说，故无商学，无商学故无不败。”①商学的提出预示着商业经验的传承转向商业学术的自觉。京师大学堂的前身京师同文馆开始开设《富国策》等商科课程，“商学”成为近代高等教育中七大学科门类之一。作为戊戌变法的重要产物，京师大学堂在章程创立之时，就明确“商学”为主要科目；正式办学阶段，从招收商科学生，到创办商科大学，在学制、师资、课程、考试等方面，相比当时其他高校，学科发展脉络更加清晰，层次更加完备，成为中国高等商科教育缘起

* 作者简介：陈祥龙（1984—　），男，上海财经大学高等教育研究所助理研究员，博士。

① 张元济：《读史阅世》，陕西师范大学出版社 2007 年版，第 20 页。

的见证者。

一　从商技到商学：京师大学堂以前的商业教育

我国商业技艺的传承源远流长。战国时期，《管子·小匡》中提出“士、农、工、商”四民分业的构想①，聚族而居的商人群体将商业技艺传授给子孙后代，商人成为我国基本的社会阶层之一。著名史学家司马迁在《史记·货殖列传》中记载了范蠡、子贡、白圭、猗顿等春秋战国时期的著名商人，其中包括“人弃我取，人取我与”等经典的商业思想。②秦代以后，尽管统治阶层普遍采用“重农抑商”的政策，商业活动依然获得了长足的发展。北宋时期，我国出现了世界上最早使用的纸币“交子”。明清时期，徽商、晋商等跨国贸易商帮形成。在这些商业组织中，师徒之间通过“学徒制”传承商业技巧。

从商业技艺的传授到商业学术的自觉得益于西方学术的引入。晚清学者郑观应（1842—1922）明确提出了“商战”的观点，他认为：“习兵战不如习商战”。③ 要进行商战，首先要发展商学。他在《盛世危言·商战》中认为：“商学之要有五，曰：地学、金石学、地理学、植物学、生物学。”④ 他引证当时德国和奥国的商科课程，认为商学研究的范畴主要包括：“一则银行典质货物暨保险各事，二则制造各法及销售运货脚价，三则陆地转运之法并邮政电报各事”。⑤ 对比今天涵盖工商管理和应用经济学的现代商科，我们能看到在晚清学者的眼中商科的范畴更广，包括贸易、流通、销售等各类商业活动的基本知识。

晚清时期，随着通商口岸贸易活动的展开，传统基于交换为主的区域性商业贸易活动发展到借贷、租赁、交易等复杂的商业活动，所需的商业知识进一步系统化。承载着西方现代商业知识的商科，与文、理、法、农、工、医共同作为七大现代学科，取代了传统教育中的经、史、子、集

---

① 李山译注：《管子》，中华书局 2009 年版，第 129 页。

② （汉）司马迁撰：《史记》，中华书局 1982 年版，第 3253—3283 页。

③ 郑观应：《盛世危言》，夏东元编《郑观应集（上册）》，上海人民出版社 1982 年版，第 586 页。

④ 同上书，第 608 页。

⑤ 同上书，第 615 页。

的四部分类，成为现代学校教育中的主干学科。在这种学科分类影响下，商学知识的社会价值得到了应有的重视。张之洞、盛宣怀、孙家鼐等晚清办学者开始重视商科人才的培养。其中晚清商务大臣盛宣怀多次向清廷建议兴办商学，培养人才。他认为：中国“一则无商学也，再则无商律也，无商学则识见不能及远，无商律则办事无所依据”。[①] 于是他建议应准许商人筹资建立商务学堂，“专教商家子弟以信义为体，以核算为用，讲求理财之道，数年后商务人才辈出，则税务司、银行、铁路、矿物皆不患无管算之人矣”。[②] 在这些有识之士的呼吁下，商学教育在中国开始发展。

作为学科意义上的商学，其发展与近代西式教育息息相关。京师同文馆是近代开设西式教育之始，从最初的语言文字，逐渐增设天文、算学、格致、医学等科目。1867 年，丁韪良担任总教习以后，对课程进行了改革，引进了富国策的课程，在五年制班级的第五年和八年制班级的第八年开设。光绪六年（1880），同文馆将《富国策》刊刻成书，其母本则为英国经济学家亨利·福赛特（Henry Fawcett）的《政治经济学手册》（*Manual of Political Economy*）。[③] 该书包含论生财、论用财、论交易三部分，囊括了商品生产、交易和消费的经济学知识。直到 1902 年，严复将亚当·斯密的《原富》译成中文，《富国策》一直是许多新式学校的教科书。[④] 有学者考证：丁韪良就是富国策课程的主讲人，不唯如此，丁韪良还应该是在中国近代第一个新式学堂——京师同文管里面第一个主讲富国策的教员。[⑤]

二　京师大学堂的商科教育

京师大学堂肇始于清末戊戌变法，喻本伐在对比了武汉大学、天津大学和北京大学三校的校史以后，认为北京大学的前身京师大学堂代表中国

① 盛宣怀：《愚斋存稿初刊：卷三》，思补楼藏版 1939 年版，第 125 页。

② 同上。

③ 孙家红：《通往经世济民之路——北京大学经济学科发展史（1898—1949）》，北京大学出版社 2012 年版，第 14 页。

④ 沈福伟：《中西文化交流史》，上海人民出版社 2006 年版，第 477 页。

⑤ 傅德元：《〈富国策〉的翻译与西方经济学在华的早期传播》，《社会科学战线》2010 年第 2 期。

现代高等教育的起源。[①] 仔细梳理北京大学和同时期相关学校的历史，我们也会发现，京师大学堂的办学在前期设计、办学状况、学业程度等方面相比其他学校都有明显的区别。从商科来看，在前期设计阶段，在各种章程中明确了商科作为分科立学的基本学科之一；1904 年，正式招生以后，课程设置、教员数量、考试内容都有明确的档案记载；京师大学堂设立的商科大学则成为综合性大学专业商科院系的先河。

（一）章程中的商科设计

大学章程是大学内部的“宪法”，是现代大学依法办校的基本依据。京师大学堂作为当时国立最高学府，从创设伊始，就从顶层设计上对大学的基本架构进行了描绘。1896 年，内阁大学士孙家鼐在《议覆开办京师大学堂折》中提出了“分科立学”的主张，其中“商学科”位列当时设想的十科之一，并认为商学科中“轮舟、铁路、电报附焉”。[②] 由梁启超代为起草的《奏拟京师大学堂章程》总纲认为：京师大学堂为各省之表率万国所瞻仰，规模当极宏远，条理当极详密，不可因陋就简，有失首善体制。[③] 在该章程中将大学堂的课程设置分为溥通学、专门学和语言文字学三类，其中“溥通学者，凡学生皆当通习者也。专门学者，每人各占一门者也”。[④] 经学、理学、中外掌故学、诸子学、初级算学、初级格致学、初级政治学、初级地理学、文学、体操学十种为溥通学，书籍由上海编译局纂成。高等纂学、高等格致学、高等政治学、高等地理学、农学、矿学、工程学、商学、兵学、卫生学是十种专门学。语言课程，学生从英语、法语、俄语、德语、日语中选择一种。学习过程中，溥通学与语言文字学为“同时并习”的课程，在溥通学卒业之后，要求每名学生再从专

---

① 喻本伐：《中国近代大学“第一”之争剖辨》，《教育研究与实验》1995 年第 4 期。

② 北京大学校史研究室编：《北京大学史料第一卷（1898—1911）》，北京大学出版社 1993 年版，第 24 页。

③ 北京大学中国第一历史档案馆编：《京师大学堂档案选编》，北京大学出版社 2001 年版，第 26 页。

④ 北京大学校史研究室编：《北京大学史料第一卷（1898—1911）》，北京大学出版社 1993 年版，第 57 页。

门学中“各占一门或两门”。[①]

1902 年，清政府通过了第一个以中央政府名义制定的全国性学制系统，统称《钦定学堂章程》，因该年为壬寅年，又称“壬寅学制”，其中包括《钦定京师大学堂章程》。在这一章程中，仿照日本学制将大学的学科分为政治、文学、格致、农业、工艺、商务、医术七科。其中商务科分为六目：簿计学、产业制造学、商业语言学、商法学、商业史学、商业地理学。[②] 这是第一次在全国性的学制中明确了商学的具体科目。该章程还规定：大学堂的全部学程分为三等：大学专门分科、大学预备科和两个速成科——师范馆和仕学馆。[③]其中预备科的课程分为政、艺两科，习政科者卒业后升入政治、文学、商务分科；习艺科者，卒业后升入农业、格致、工艺、医术分科。在商务分科中，理财学成为必修科目。大学堂速成科的仕学馆中，理财学每年都是必修科目，每周 4 课时，学制三年，其中第一年理财学（通论）；第二年，理财学（国税公产，理财学史）；第三年，理财学（银行保险、统计学，商法）。[④] 从章程中的课程安排上可以看出商学教育体系在制度设计上已初具规模。

1903 年，京师大学堂管学大臣张百熙认为学堂生源较差，皆因各地兴学过程中没有章程所依。张百熙奏请与精通学政的重臣张之洞会商学务，制定新章程。光绪帝下谕派张之洞、张百熙、荣庆共同制定大学堂及各省学堂章程。1904 年 1 月，清政府颁布了《学务纲要》《大学堂章程》（附通儒院章程）等 19 项各级学校章程，合称《奏定学堂章程》。因该年是农历癸卯年，故又称“癸卯学制”。《奏定大学堂章程》规定大学堂内设分科大学堂，为教授各科学理法，俾将来可施诸实用之所；其中商科大学分三门，各专一门。日本当时的大学中商学以政法学科内的商法统之，不立专门。中国根据当时国情特设经科和商科，大学堂共设经学科、政法科、文学科、医科、格致科、农科、工科、商科八科。八科大学京师务须

① 北京大学校史研究室编：《北京大学史料第一卷（1898—1911）》，北京大学出版社 1993 年版，第 169—171 页。

② 舒新城编：《中国近代教育史资料》，人民教育出版社 1981 年版，第 546 页。

③ 北京大学中国第一历史档案馆编：《京师大学堂档案选编》，北京大学出版社 2001 年版，第 29 页。

④ 璩鑫圭、唐良炎编：《中国近代教育史资料汇编 · 学制演变》，上海教育出版社 1991 年版，第 241—242 页。

全设。外省大学至少设有三科，以符学制。①

“癸卯学制”中商科大学的具体科目分为银行及保险学、货币及贩运学、关税学三门，其中包括商业地理、商业学等课程，而且在科目设置中，已分必修课程，选修课程和商学实习三类，课程体系相对完备。其课程设置如表 1 所示。

表 1 《奏定大学堂章程》（癸卯学制）中大学堂商科大学科目及课程

序号	银行与保险学门	贸易及贩运学门	关税学门
	主课		
1	商业地理	商业地理	大清律例要义
2	商业历史	商业历史	各国商法
3	各国商法及比较	各国商法及比较	全国人民财用学
4	各国度量衡制度考	各国度量衡制度考	中外各国通商条约
5	商业学	商品学	各国度量衡制度考
6	商业理财学	商业学	各国金银价比较
7	商业政策	商业理财学	中国各项税章
8	银行业要义	商业政策	各国税章
9	保险业要义	关税论	关税论
10	银行论	贸易业要义	外国语（英语必习，兼习俄、法、德、日之一）
11	货币论	铁路贩运业要义	
12	欧洲货币考	船舶贩运业要义	
13	外国语（英语必习，兼习俄、法、德、日之一）	铁路章程	
14	商业实事演习	船舶章程	
15		邮政电信章程	
16		外国语（英语必习，兼习俄、法、德、日之一）	
17		商业实事演习	
	补助课		
1	国家财政学	国家财政学	商业地理
2	全国土地民物统计学	全国土地民物统计学	商业历史

① 璩鑫圭、唐良炎编：《中国近代教育史资料汇编 · 学制演变》，上海教育出版社 1991 年版，第 340 页。

续表

序号	银行与保险学门	贸易及贩运学门	关税学门
	主课		
3	各国产业史	各国产业史	商业政策
4			商业学
5			商品学
6			商品理财学

资料来源：璩鑫圭、唐良炎编：《中国近代教育史资料汇编·学制演变》，上海教育出版社1991年版，第381—384页。

从“癸卯学制”中商科的科目和课程设置来看，基础理论和实用技能成为主要学习内容。相比当代商科，晚清商科教育实用目的更强。当时学制规定学生于第三年末毕业时，呈出毕业课艺及自著论说。除了上表所显示的必修科目以外，还有随意科目。银行与保险学门和贸易及贩运学门的随意科目为各国宪法、各国民法、各国刑法大意、行政机关、交涉学。关税学门的随意科目则为铁路章程、船舶章程、邮政电信章程、各国宪法、各国民法、各国刑法大意、交涉学等。[①] 从具体课时和教材安排来说，所有科目每学年每星期必修课程共24个课时，具体教材外国均有专书，宜择译善本讲授。[②] 从章程中的课程安排可以看出，经过孙家鼐、梁启超、吴汝纶、张百熙、张之洞等学者的努力，对于西方学制中现代学科的科目和课程安排，国人已经有了比较清晰的理解，模仿日本学制颁行的“壬寅—癸卯学制”在科目安排上初步具有二级学科的理念，在课程安排上形成了通识课程、专业基础课程和专业选修课程的分类观念，在学时安排上，注重必修与选修的区别。外语课程受到了重视，商学课程普遍采用国外经典教材。商学的实践属性在课程安排上也得到了凸显，三个学科门类都安排了相应的实习环节。

（二）初期办学阶段

学制中有明确的设计并不代表具体的办学过程中就依章而行。例如袁

① 璩鑫圭、唐良炎编：《中国近代教育史资料汇编·学制演变》，上海教育出版社1991年版，第382—384页。

② 同上书，第382页。

世凯于1901年上奏并获得颁行的《山东大学堂章程》，其中详细规定了山东大学堂正斋和备斋的相关课程，商学属于备斋的十门之一，但实际办学过程中，生源主要集中于经学，其余学科的课程并未实行。[①] 从京师大学堂办学实践来看，在晚清高等教育刚刚起步时期，商学教育并未完全实现章程中的课程安排。

戊戌变法以后，京师大学堂硕果仅存，但是八国联军侵华、慈禧与光绪“西狩”，办学也不得不中断。1902年，京师大学堂重新开学，京师同文馆改名译学官并入。理财学是译学馆的专门学之一，在五年制的学习年限中，自第三年开始即为必修。在“理财学”课程设置中，学习内容和程度逐年变化。第一年，理财通论；第二年，商业理财学；第三年，国家财政学。[②] 教学过程中鼓励教师自编教材，但是对于商学这种当时比较新的专业知识，大部分教材还是从日本翻译过来。

从师资状况来看，据《京师译学馆校友录》记载：译学馆教授理财学的教员有袁荣叟、陈威、陆梦熊、陆世芬、楼思诰五人，他们大多具有经济学或商学的学科背景。例如陈威毕业于日本早稻田大学经济学专业；陆梦熊毕业于早稻田大学商学专业，归国后获清政府授予的商学进士；陆世芬毕业于浙江求是书院，赴日本学习商科。[③]

对于商学科毕业生来说，暂无具体名录，但是从京师大学堂的档案中能够发现理财科毕业生的相关考题，包括国家理财学、纯正经济学和商业经济学三类题目。根据北京大学档案记载译学馆甲班学员的毕业题：

国家理财学为：租税制度分为单税制与复税制，其利弊如何？今日各国所盛行者系何种制度？国家募集公债时应当如何募集？如何偿还？能一一举其方法否？其中以何法为较善？纯正经济学题为：单本位制与复本位制之利害得失，试详论之。纸币有兑换与不兑换之分，其制度如何？二者若发行过多，果有弊否？其详举以对。商业经济学题为：近来各国盛行保

① 山东大学百年史编委会编：《山东大学百年史》，山东大学出版社2001年版，第30页。

② 北京大学校史研究室编：《北京大学史料第一卷（1898—1911）》，北京大学出版社1993年版，第169—171页。

③ 沈云龙主编，陈初辑：《京师译学馆校友录》，《近代中国史料丛刊续编　第五十辑》，文海出版社1978年版，教职工名录1—9。

险事业，其种类如何？其效用如何？能详举否？①

从京师大学堂的学科设置、具体的教员姓名、毕业试题可以确定商学科已有毕业生。

从译学馆的办学历史来看，据《京师译学馆始末记》记载：光绪二十九年（1903 年）9 月，京师同文馆译学馆正式开馆，宣统三年（1911 年）闭馆，前后 8 年。② 从学生入学的年龄来看，绝大多数在 20 岁以上，商科学生毕业后，很多就职于财政、招商等部门。京师大学堂的商学教育在学制阶段属于大学堂阶段，在课程安排、师资队伍和毕业学生方面都满足了现代高等商学教育的基本要求。

除译学馆以外，京师大学堂的进士馆也设有商学类课程。《奏定进士馆章程》中规定："设进士馆，令新进士用翰林部属中书者入焉，以教成初登仕版者皆有实用为宗旨；以明彻今日中外大局，并于法律、交涉、学校、理财、农、工、商、兵八项政事，皆能知其大要为成效。"③ 从进士馆的科目设置来看分为史学、地理、教育、法学、理财、交涉、兵政、农政、商政、格致十一门。这些科目中理财、商政都开设了商学相关课程，理财科第一年开设《理财原论》《国家财政学》，每周四课时；第二年开设《银行论》《货币论》《公债论》《统计学》，每周三课时。商政科第二年开设《商业理财学》《商事规则（附海陆运输及邮政电信等规则）》，每周三课时；第三年开设《外国贸易论》《世界经济史》，每周两课时。④ 从课程设置来看，商学课程与法学、兵政都是最重要的课程，凸显出进士馆课程强烈的实用取向。法学科有商法、工政科有工业理财学，农政科有农业理财学，不同学科之间出现交叉融合。

① 北京大学校史研究室编：《北京大学史料第一卷（1898—1911）》，北京大学出版社 1993 年版，第 276 页。

② 潘懋元、刘海峰编：《中国近代教育史资料汇编·高等教育》，上海教育出版社 1993 年版，第 39 页。

③ 北京大学校史研究室编：《北京大学史料第一卷（1898—1911）》，北京大学出版社 1993 年版，第 176 页。

④ 孙家红：《通往经世济民之路——北京大学经济学科发展史（1898—1949）》，北京大学出版社 2012 年版，第 32 页。

（三）分科大学阶段

京师大学堂在办学过程中，逐渐开设分科大学，完成了《奏定大学堂章程》中对于大学堂的构想。光绪三十一年（1905 年），学务大臣奏请在德胜门外校场设立分科大学。① 光绪三十四年（1908 年），京师大学堂的预科学生于本年冬季即将毕业，学部再次奏请设立分科大学。“查分科大学列为八科，经学、政法、文学、医科、格致、农科、工科、商科，皆所以造就专门之人才，研究精深之学业，次第备举，不可缺一”。② 分科大学设立以后，在各科监督之下，设有教务、斋务、庶务等提调，并根据学生数量调整这些人员的数量。宣统元年（1909 年）闰二月，学部奏请“内阁中书权量堪以派充商科大学监督”。③

1910 年 3 月分科大学举行开学典礼，商科学生以译学馆学生及大学堂师范第一类学生升入，商科大学的教员拟设本国教员一人，副教员一人；英文正教员一人，副教员一人。④ 具体录用的教员包括陆梦熊、杨德森、商恩、切田太郎、吴乃琛五位。至此，京师大学堂商学教育进入分科大学阶段。分科大学类似于当代大学的学院，但是在晚清民国高等教育发轫时期，分科大学大都发展为以后的独立大学，例如京师大学堂的农科大学后来逐渐发展为中国农业大学、北京林业大学等院校。⑤

三　京师大学堂同期其他高等学堂的商科教育

要明确京师大学堂在近代高等商科教育中的地位，需要对比同时期的其他高等学堂。梳理清末高等院校的历史，进行过商科教育的主要有天津

---

① 北京大学校史研究室编：《北京大学史料第一卷（1898—1911）》，北京大学出版社 1993 年版，第 153 页。

② 同上书，第 197 页。

③ 潘懋元、刘海峰编：《中国近代教育史资料汇编·高等教育》，上海教育出版社 1993 年版，第 39 页。

④ 北京大学校史研究室编：《北京大学史料第一卷（1898—1911）》，北京大学出版社 1993 年版，第 201 页。

⑤ 杨直民、沈凤鸣、狄梅宝：《清末议设京师大学堂农科和农科大学的初建》，《北京农业大学学报》1985 年第 8 期。

北洋大学堂、武汉自强学堂、上海南洋公学。至于其余的大学堂，例如山东大学堂虽然在章程中有商学的设计，但是实际办学中并未有具体的毕业生和教员，不在探讨范畴。

在中国近代教育史中，北洋大学堂和京师大学堂、山西大学堂是公认最早的三所综合性大学。山西大学堂创设初期，设立经、史、政、艺四科，没有商学类课程。北洋大学堂源自盛宣怀于1895年在天津创办的中西学堂，聘请当时美国驻天津副领事丁家立为总教习。据天津大学校史记载：1897年天津中西学堂改为北洋大学堂。[①] 天津中西学堂（后改为北洋大学堂）头等学堂头班第四年有“理财富国学”的课程。[②] 北洋大学堂设头等学堂和二等学堂，二等学堂相当于高中，四年毕业升入头等学堂，再学习四年毕业。头等学堂从高到低依次为头班、二班、三班、四班（末班），分设工程学、电学、矿务学、机械学和律例学五个学门。律例学门有大清律例、各国通商条约、万国公约等法商科的课程。[③] 但是查阅天津大学校史，北洋大学堂办学早期虽然有商学类课程，但是没有专门的商学系科，唯一可以确定的是赵天麟（1886—1938）为当时的理财学教员。赵天麟生于天津，入北洋大学主修法律，毕业后赴美留学，获哈佛大学法学博士学位。归国后任教于北洋大学，主讲法律与理财学。[④] 相比京师大学堂，北洋大学并无商科，只是存在少量的商学类课程，从毕业生来看，只有王祖建、马寅初分别在美国获得经济学硕士和经济学博士学位，两人在北洋大学分别学习律例学和矿务学，而非商科。

湖北自强学堂被追溯为武汉大学的前身，于1893年由湖广总督张之洞在武昌创办。自强学堂开设方言（即外国语言）、算学、格致、商务四门，专门培养外语和商务人才。朱华雄等人认为：“1893年秋，张之洞在武昌创办了著名的自强学堂。其下所设的商务门成了中国近代第一个商学

① 北洋大学—天津大学校史编辑室：《北洋大学—天津大学校史（第一卷）》，天津大学出版社1991年版，第15页。

② 同上书，第30页。

③ 同上书，第30—31页。

④ 孙家红：《通往经世济民之路——北京大学经济学科发展史（1898—1949）》，北京大学出版社2012年版，第35页。

教育机构，并开展了中国近代第一次商学教育试验。”① 在实际教学过程中，自强学堂只有“方言一斋，住堂肄业，其余三斋，按月考课”。② 从入学年龄上，自强学堂招收 15 岁以上、24 岁以下的学生，与当时的其他洋务学堂类似，其“高等学堂”的性质相比当前学制，大约相当于高中与大学两级。生源方面，商务门最初设想招收 20 人，但是当时科举制度尚未废止，如此少的生源仍难以实现。1896 年 8 月 6 日，张之洞倡议取消格致、商务两门考课，一律改课方言；商务门至此关闭，算学门移归两湖书院，增添日文和俄文等语言科目。这所匆匆而过的学校，成为中国商学教育的最初尝试，令人遗憾的是商务门没有明确可考的毕业生。从教员来看，自强学堂没有明确的记载。当时的总办（校长）蔡锡勇（1847—1897）深通泰西语言文字，于格致、测算、机器、商务、条约、外洋各国情形政事无不详究精研。③ 提调（常务副校长）钱恂（1853—1927）长期关注商务、财政之事，著有《光绪通商综核表》《财政四纲叙》等书。④ 这些张之洞幕僚中精通商务的人才，可能是当时自强学堂的商科教师。

商务门的具体课程也已不可考，大致以当时翻译的西方论著为主。我们从晚清出版的商业书籍来看，江南制造局翻译馆和广学会译有少量的商学著作，其中江南制造局翻译馆有《保富述要》、《国政贸易相关书》和《工艺与国政相关论》三种。⑤《广学会译著新书总目》则记录了商学书籍 14 部，包括《富国真理》等“理财类”12 部，《世界商业史》和《富国须知》 “杂著”两部。⑥ 大规模的商学著作翻译要从《工商学报》（1898 年）、《湖北商务报》（1899 年）等商业报刊介绍日本商业书籍开始。1904 年，张相文出版了中国近代第一本以“商学”命名的著作，开

---

① 朱华雄、杜长征：《中国近代商学教育的早期尝试与挫折——以武昌自强学堂为中心》，《高等教育研究》2012 年第 11 期。

② 朱有瓛主编：《中国近代学制史料（第一辑上）》，华东师范大学出版社 1983 年版，第 307 页。

③ 苑书义、孙华峰、李秉新主编：《张之洞全集》，河北人民出版社 1998 年版，第 271 页。

④ 同上书，第 1119 页。

⑤ 王韬、顾燮光等编：《广学会译著新书总目》，《近代译书目》，北京图书馆出版社 2003 年版，第 667—715 页。

⑥ 同上书，第 716—725 页。

创国人编纂商学教科书的先河。[①] 从晚清商学著作的译介情况来看，显然到 1896 年商务门关闭之时，商学类的著作和教科书并未广泛流通，商务门的课程建设自然也就无从谈起了。

南洋高等商业学堂是清末专门高等商业院校的典型。清光绪二十二年（1896 年）12 月，清廷批准盛宣怀创办南洋公学。[②] 1897 年 3 月，南洋公学成立，首先设立师范院。1901 年 12 月，学校筹建商务学堂，并派福开森（John Calvin Ferguson，1866—1945）赴美、英、法、比等七国考察商务学堂章程。1902 年底，因"墨水瓶事件"，南洋公学特班停办，政治班改为商务班。1903 年 9 月 6 日，商务学堂正式开学。因所聘洋教习尚未到校，课程暂由张美翊与薛西来等教习商定。薛西来教授理财、公法、商律；勒芬迩教授宪法、商务、历史；乐提摩教授商业、书札、法文，每周三小时，其余商业数学由陈伯涵讲授，实验化学由黄国英讲授。[③] 1903 年 8 月，盛宣怀奏呈《开办高等商务学堂折》，阐述商战的重要性。同年 10 月，南洋公学议定更名"南洋高等商务学堂"。管学大臣的正式议复于 1904 年 7 月下达公学，同意将上院改为"南洋高等商业学堂"，学生选自中院毕业生，学科程度、毕业年限按照新学制办理。1905 年春，南洋公学改属商部，学校更名"商部上海高等实业学堂"。

商务学堂的课程设置主要有商业道德、商业地理、商业历史、商业文牍、统计学、簿记学、算学、物理、化学、工程学、机器工学、财政学、理财学（日本名经济学，与财政学不同）、民法学（不通民法不可学商法，但民法之前尚须学法律通理一门）、商法学、国际公法学、国际私法学、商品考察学、商务产业学、商业实践学（此须在学堂陈列市场）、外国语文学。[④] 在学业进度方面本科学生三年卒业，预科学生六年卒业，由预科升入本科，卒业之日须由京师大学堂奏请。卒业学生一律给予举人出身，文凭不及格者咨回原学堂，均不及格者应由学务大臣议处。

---

① 杨艳萍：《近代中国商学兴起研究》，经济科学出版社 2012 年版，第 45 页。

② 《交通大学校史》编写组：《交通大学校史（1896—1949）》，上海教育出版社 1986 年版，第 4 页。

③ 王宗光：《上海交通大学史第一卷（1896—1905）》，上海交通大学出版社 2011 年版，第 54 页。

④ 朱有瓛主编：《中国近代学制资料（第二辑下）》，华东师范大学出版社 1989 年版，第 128—129 页。

光绪三十二年（1906 年）春，南洋公学“中院”（即中学部）第六届毕业生共 13 人全部直升至新设的“商业专科”。可惜这个商业专科只办了一半（三个学期），由于学校改隶新成立的邮传部，校长也改派唐文治，他主张该校以工科（铁道）为主，立即停办商科。于是将该科学生提前毕业，择其优秀生杨锦森、赵景简、林则蒸等 6 人赴美留学，其余离校就业。从交通大学的校史中，我们能够找到杨锦森等 13 名商务专科第一届毕业生的名字。① 南洋高等商业学校的商科成为具有明确毕业生记载的商学教育尝试。

四　结语

梳理了清末高等院校的商学教育，我们可以看到在中国高等教育的初创时期，商学教育发展之艰辛。不管是相比传统的经学、史学，还是西方的语言、格致等学科，商科都处于弱势的地位。尽管在壬寅、癸卯学制中给予了商科一定的位置，但是现实办学过程中，困于生源、师资等因素，商科的发展未见起色。尽管理财、富国这些科目具有强烈实用意味，但是在学科的规范下，商业技巧的学习开始向系统的学理探寻转变，并逐渐由商学转向经济学。民国建立以后，经济学在高等教育领域成为商科的主干学科，这意味着高等商学教育开始从实践追求走向理论之途。

（一）从商术到商学：西学东渐背景下的学术自觉

从高等商学教育的角度来说，只有在近代高校中才出现学科意义上的商学。刘秀生就认为：“中国的商业高等教育开始于 1902 年（清光绪二十八年）”②。他的立论依据正是基于这一年清政府颁布了《钦定高等学堂章程》和《钦定京师大学堂章程》。在我国漫长的封建社会，商人群体始终没有得到足够的重视，商业技巧也没有上升到学理角度去总结和反思。一直到近代，很多毕业于西方名校的商科学生并不乐于从事教师行业。1906 年，毕业于北洋大学堂的陈锦涛在耶鲁大学师从著名经济学家

① 霍有光、顾利民编著：《南洋公学——交通大学年谱》，陕西人民出版社 2002 年版，第 30 页。

② 刘秀生：《中国近代高等商学教育》，《北京商学院学报》1994 年第 3 期。

费雪，获得经济学博士，成为中国历史上第一个经济学博士。[①] 他回国后，获得清廷赐予的法科进士出身，先后担任度支部预算司司长等职，进入传统知识分子“学而优则仕”的轨道。随着晚清通商口岸的开放，生产力的发展，生产、分配、消费、交易活动日益扩大化和复杂化，这就要求培养大量研究商业活动，探索商业规律的专业人才，西方现代商学知识的引入正是从“术”到“学”的一种理论自觉。

从学科设置来看，清末高等教育在模仿日本、美国等国家的基础上，进行了中国化的解读。例如理财学、生计学、富国学等都是当时比较流行的课程名称，内容关注关税、银行、财政、保险等，直接解决现实面临的财政、经济问题。在课程的设置上，注重与实践相结合，积极吸收国外最新的办学经验，例如：京师大学堂派商科监督权量前往日本考察商学教育，南洋高等商业学堂也派福开森前往英、美等国考察。据北京大学档案记载：商科大学开办伊始，所有日本商科大学及高等商业学校专攻部，其关于商业实践各种样本、模型及商品陈列室之一切新设备，并教授之新计划，均需切实考察，以为逐年规划之资。[②] 这种对于高等教育的认识反映出晚清时期从“西艺”到“西政”最终到“西学”的学习路径，实现了近代教育的转型。

（二）从商学到经济学：现代商学教育的发展需求

经过晚清、民初学制系统的规定，并通过京师大学堂等院校的教育实践，商学的学科属性进一步加强。1915 年，《辞源》中将“商学”界定为：“商业上应用之学问，如商业专门学校及各大学商科之各学科皆是。”[③]相比 1897 年《湘学新报》的“商学”界定：“耑（通端）明各国盈虚衰旺之理，夫内地宜讲求制造之生利分利之别，以拓利源的学问”。[④] 我们可以看出，《辞源》的界定增加了学科的内涵，预示着商学作为一套系统完整的学问在高等教育领域获得了学科地位，商科成为高等教育的重

① 梁捷：《陈锦涛：早年海归多沉浮》，《上海证券报》2008 年 3 月 24 日第 A07 版。

② 北京大学校史研究室编：《北京大学史料第一卷（1898—1911）》，北京大学出版社 1993 年版，第 133—134 页。

③ 方毅等编校：《辞源》，商务印书馆 1915 年版，第 574 页。

④ 刘建本、许康主编：《国立商学院院史》，中国科学技术出版社 2009 年版，第 2 页。

要学科之一。与此同时，我们也发现自《辞源》以后，现代工具书中再也没有对商学的具体界定，这也说明商科像经科一样逐渐解体，并被相近学科所取代，经济学就是主要的继承者。

正如上文所说，《富国策》的翻译原本就是政治经济学，清末高等院校中以“富国学”“生计学”等名称翻译的大量书籍正是西方的经济学著作。1903 年，日本学者杉荣三郎被聘为京师大学堂教习，编写《经济学讲义》，在中国教坛上宣讲“经济学”，使今义的“经济”和“经济学”开始得以普及。1910 年，商务出版社出版的美国理查德·西奥多·伊利（Richard Theodore Ely）著、熊嵩熙等译的《经济学概论》，到 1916 年出四版，风行一时，才使得经济学概念得到了普及。[①] 1912 年，民国建立，京师大学堂改名国立北京大学，严复为首任校长，始建经济学门（系）。林毅夫等人认为：“北京大学于 1912 年设立了中国最早的经济学系：‘商学科’。”[②]

严复接任校长以后，对北京大学的商科进行了改造，将三年制改为四年制，他认为：商科学生“前两年课程，为本科学生所应通习，后两年课程，分为四门：一、经济学门；二、财政学门；三、商学门；四、交通学门。每门包括条目十余。学生至第三年，须于四门中认定一门，以期深远”。[③] 从严复改革开始，商学教育开始进一步学科分化。1917 年，蔡元培出任北京大学校长，提出“大学者，研究高深学问者也”[④] 的观点，在北京大学废科设系，进行改革，商学归并于法科商业学门。1919 年，商业学门最后一班学生毕业后，经济学科彻底取代了商科，至此京师大学堂的商学教育开始转向经济学教育。

京师大学堂的商科教育作为近代高等商科教育的见证者经历了从章程设计到实际办学再到分科办学的过程，反映出我国高等教育初创时期对高等教育本质的思考。商科成为现代高等教育的学科之一，预示着晚清国人已经认识到没有学理的研究和人才的培养，难以满足起现代商业活动的需

① 叶坦：《“中国经济学”寻根》，《中国社会科学》1998 年第 4 期。

② 林毅夫、胡书东：《中国经济学百年回顾》，《经济学》（季刊）2001 年第 1 期。

③ 严复：《分科大学改良办法说帖》，《严复集补编》，福建人民出版社 2004 年版，第 123 页。

④ 高平叔编：《蔡元培教育论著选》，人民教育出版社 1991 年版，第 72 页。

求。作为研究和传授高深知识的高校，逐渐引导着商科教育走向经济学教育。晚清商科从经验传承中发展而来，实践属性是学科的固有属性，当代应用经济学和工商管理的兴起预示着商学实践维度越来越得到重视。随着商科国际认证的推进，切近现实问题，注重理论提升的大商科教育将是未来经济学教育的再一次回归。

The Imperial University of Peking and Modern Higher Business Education

Chen Xianglong

Abstract: Chinese business education originated from the hope of enriching the country and increasing its military power. From preaching the commerce wars to building the business schools, the subject of business had been established in China's modern universities. The Imperial University of Peking is a typical school in this period. From drawing up the university statutes, then beginning the teaching, finally upgraded to a business university, business education in the Imperial University of Peking had carried on the systemic and complete trials. Compare with the Ziqiang Academy, Peiyang University and Nanyang Higher Commercial College, business education in the Imperial University of Peking had last longer, been more complete in curriculum, owned more professional teachers, had relatively clearer records on graduates, which made it become an important witness of Chinese modern higher business education.

Keywords: the Imperial University of Peking; Business Education; Higher Education

比較教育

世界大学排行与高等教育体系排行：指标、比较与趋势

洪　敏*

摘　要：世界一流排行已经成为这几十年高等教育领域的热门话题，而且不断有新的排名推出。与此同时，也出现了一些高等教育体系排行如U21国家高等教育系统排行和QS高等教育体系实力排名。本文以上海软科排行、U21国家高等教育系统排行榜、QS世界大学排名和QS高等教育体系实力排名为例，比较了世界一流大学排名和世界一流高等教育体系排名的指标体系和排名结果，笔者发现两类排行存在某些指标的重叠，以及排名上的相似，但是也指出高等教育体系排名，虽然存在一些缺陷，但是其存在有其必要性，这提醒着我们在“双一流”建设的同时，也要思考解决高校发展、区域发展以及学科发展不均衡的问题，注重保障高等教育质量，提升高等教育体系的整体实力，以成为真正的高等教育强国。

关键词：世界大学排行；高等教育体系排行；高等教育实力；中国；世界排行

一　引言

世界大学排行榜的热度已经持续了十多年，其热度依然不减。随着高等教育国际化纵深发展，以及越来越多中产阶级的出现、家庭对高等教育期待值的上升，对高校的选择已经超越一国国界。全球范围的择校需要相应的信息，而高等教育排行给家庭和社会一个直观的信息，成为择校和公众印象的重要参考来源。

---

* 作者简介：洪敏（1988—　），女，华中科技大学教育科学研究院讲师。

大学已经成为一个“位置商品”（Position good）①，即一所高校的价值取决于其在国际或者本国众多高校的相对排位。对高等教育的投资，期待得到相应的回报，更好的工作、更高的社会地位和更好的生活。这更加剧了对高排名大学的追求和对各类排名的追捧，进一步导致了大学等级化（university hierarchy），这在亚洲国家尤其明显。

特别在我国建设“双一流”和“一带一路”发展策略的大前提下，为增加本国高等教育实力，提升本国高等教育在亚太区域以及全球领域的竞争力，一系列世界大学排行成为各级政府政策制定者重要的参考信息。在此背景下，反思排行及其导向显得十分重要而且必要。

二 世界一流大学排行和世界一流高等教育体系排行

虽然目前有国际和国内名目众多的大学排名，但是知名度最高的是上海软科世界大学学术排行榜（Academic Ranking of World Universities，简称 ARWU）、《泰晤士高等教育》（*Times Higher Education*）排行榜、US News 排行榜和 QS 世界大学排名 4 个。其中上海软科世界大学学术排行榜，因其强调高校的研究表现维度，成为世界各国高校最常引用的排行。然而，对排行榜的批评和质疑，自其诞生时起，也随之而来。质疑和批评主要在三个方面：方法论上的缺陷、选择指标及其权重争议以及排行带来的负面效应如被决策者的滥用和误用。② 面对这些质疑，各个排行榜也做出了调整和改进，在选择指标、确定权重和使用数据上更为谨慎和严谨。

另外，值得注意的是，大部分的世界大学排行聚焦于世界前 500 或者前 100 的高校，而实际上只是全球大学数量中很小的一部分。因此，西班牙世界大学网络排名（Webometrics Rankings of World Universities）试图打破这一偏见，在其 2017 年 1 月版本中囊括了全球 26368 所大学③，作为相

① MARGINSON S. Global Position and Position Taking：The Case of Australia［J］. *Journal of Studies in International Education*，2007（1）：5-32.

② MILLOT B. International rankings：Universities vs. higher education systems［J］. *International Journal of Educational Development*，2015（1）：56-65.

③ Ranking Web of Universities. Countries arranged by Number of Universities in Top Ranks［EB/OL］.（2018-07-14）［2018-07-30］. http：//www. webometrics. info/en/node/54.

关分析的参考。

事实上，近些年来，除了层出不穷的世界一流大学排行榜以外，一些高等教育体系的排名也逐渐出现，如21世纪大学协会自2012年开始每年发布的《U21国家高等教育系统排行榜》（以下称为U21排行）。U21排行着眼于国家高等教育系统的整体功能，为我们提供了一个“高等教育强国”的客观坐标。① 从2016年开始，QS也发布全球高等教育系统实力排名。另外，也有一些学者开始反思对大学的排名和高等教育系统的排名。如Hazelkorn② 讨论了政府是否应该集中建设几所世界一流大学还是提升高等教育体系整体实力。Millot则通过对比世界大学排名和高等教育系统排名，指出了系统排名的缺陷和改进方向。③

面对这两个类别的排行榜，高等教育强国应该是拥有若干世界一流大学的国家，还是拥有世界一流高等教育体系的国家呢？为此，笔者选择了上海软科世界大学学术排名、QS世界大学排行、QS高等教育体系实力排行和U21排行4个排行为例子来比较分析两个类别的排行榜，这两类排行分别对大学和高等教育体系作了评估和比较。

三　排行比较分析

上海软科世界大学学术排名（ARWU）由上海交通大学世界一流大学研究中心研究2003年首次发布，之后每年发布新的榜单。2009年以后，世界大学学术排名由上海软科教育信息咨询有限公司，这家专门从事高等教育咨询研究的独立机构发布。

该排名的初衷是寻找中国大学和世界名牌大学在科研上的差距，从而

---

① 洪敏、刘承功：《从U21排行榜看中国高等教育强国之路》，《复旦教育论坛》2013年第5期。

② Hazelkorn, E. *World-Class Universities or World Class Systems?: Rankings and Higher Education Policy Choices* (A) . in E. Hazelkorn, P. Wells & M. Marope (eds), *Rankings and Accountability in Higher Education: Uses and Misuses* (M) . Paris: UNESCO, 2013.

③ MILLOT B. International rankings: Universities vs. higher education systems [J]. *International Journal of Educational Development*, 2015 (1): 56-65.

加快中国建设世界一流大学的进程。[①②] 世界大学学术排名（ARWU）侧重衡量高校的研究实力，以其客观的排名数据获得国际的称赞，但也因过分侧重理工科而受到批评。其具体的指标和权重如表 1 所示。

表 1 ARWU 的指标

一级指标	二级指标	权重
教育质量	获诺贝尔奖和菲尔兹奖的校友折合数	10%
教师质量	获诺贝尔科学奖和菲尔兹奖的教师折合数	20%
	各学科领域被引用次数最高的科学家数量	20%
科研成果	在 *Nature* 和 *Science* 杂志上发表论文的折合数	20%
	被科学引文索引（SCIE）和社会科学引文索引（SSCI）收录的论文数量	20%
师均表现	上述五项指标得分的师均值	10%

资料来源：http：//www.zuihaodaxue.com/ARWU-Methodology-2017.html。

QS 世界大学排名（QS World University Rankings，QSWUR）是由英国 Quacquarelli Symonds 发表的年度大学排行榜。2004—2009 年，QS 公司与《泰晤士高等教育》增刊合作联合发表《泰晤士高等教育—QS 世界大学排名》。之后，泰晤士结束与 QS 合作，另行推出《泰晤士高等教育世界大学排名》。目前，QS 与爱思唯尔合作发布排名，榜单涵盖世界综合与学科，另有亚洲、新兴欧洲与中亚地区、拉丁美洲、阿拉伯地区、“金砖五国”共五个持不同准则的地区排名。对其的批评主要是因为采用过多主观指标。[③] 其世界大学排名指标体系如表 2 所示。

表 2 QS 世界大学排名指标体系

指标	比重	简述
学术声誉（Academic reputation）	40%	衡量全球同行学者意见
雇主评价（Employer Reputation）	10%	雇主对院校毕业生之意见
师生比（Faculty/Student Ratio）	20%	衡量教学质量

① LIU N C，CHENG Y. The academic ranking of world universities ［J］. *Higher education in Europe*，2005（2）：127-136.

② LIU N C. The story of academic ranking of world universities ［J］. *International Higher Education*，2015（54）：2-3.

③ QS. QS World University Rankings ［EB/OL］. ［2017-10-26］. https://www.topuniversities.com/university-rankings.

续表

指标	比重	简述
教员人均引文量（Citations per faculty）	20%	衡量研究实力
国际教员比例（International Faculty Ratio）	5%	衡量教师的多元化程度
国际学生比例（International Student Ratio）	5%	衡量学生的多元化程度

资料来源：https：//www. topuniversities. com/qs-world-university-rankings/methodology。

2016 年，QS 发布 QS 高等教育体系实力排行（QS Higher Education System Strength Rankings，QSHESSR），旨在通过对各个国家高等教育系统进行综合对比评估，协助政府出台有效政策，积极促进各个国家和地区高等教育系统的发展。2018 年，该排行发布了第二期排行结果。QS 高等教育体系实力排行共有四个指标，分配了相同的权重（见表 3）。其中，系统实力指标意在给出一国在全球排行中的整体位置，可获得性指标意在指出一国居民进入该国世界一流大学的概率，顶尖大学指标衡量一国领先大学在全球排名中的表现，经济背景考察了国家投入对高等教育的影响。① 系统实力和顶尖大学指标均使用 QS 世界大学排名的数据，实际上四个指标均与世界一流大学（QS 世界大学排名前 700 或者前 500）的数量相联系。

表 3　　QS 高等教育体系实力排行指标体系

指标	权重	测量内容
系统实力（system strength）	25%	该高等教育体系中入围 QS 世界大学排名前 700 高校的平均位次
可获得性（access）	25%	以国家和地区的人口规模为基础，该教育系统入围 QS 世界大学排名前 500 高校的学生比例
顶尖大学（flagship institution）	25%	衡量该高等教育体系中排名最好的大学在全球排名的综合表现
经济背景（economic context）	25%	根据人均国民生产总值，考察该国政府对高等教育机构的财政投入力度，并评估其财政投入对建成世界一流大学（世界前 700 大学）的实际效果和影响

资料来源：https：//www. topuniversities. com/system-strength-rankings/methodology。

21 世纪大学协会（Universitas 21，简称 U21）于 1997 年成立，由欧洲、北美、东亚和大洋洲的 21 所研究型重点大学组成，旨在协助成员学校实现全球化教育与科研。U21 国家高等教育系统排行榜（U21 Ranking of National

① QS. QS Higher Education System Strength Rankings 2018 Methodology［EB/OL］.（2018-01-08）［2018-06-15］. https：//www. topuniversities. com/system-strength-rankings/methodology.

Higher Education System）的目的，是通过设置与其他国家比较的国家系统基准，来改善高等教育的表现。该排行榜认为，鉴于高等教育的重要性，一个国家需要一整套的指标，以用来评估该国高等教育系统的质量和价值。2012年，共对48个国家和地区进行了排名，这些国家和地区分布于欧洲、亚洲、大洋洲、拉丁美洲、北美和非洲及中东地区。该排行榜认为，一个好的高等教育系统应是资源充足，且在有利的监管环境下运行；国内外的联系也是十分重要。这一系统的成功与否是由输出变量来测量的，例如研究表现、参与率与就业率等。①② 2013年，U21排行评估的国家和地区增加到了50个。到2018年，U21排行已发布了7期。U21排行指标分为四类，资源（resources）、环境（environment）、连接性（connectivity）和输出（output），一共有25个二级指标（C3 Webometrics排行的透明度指数在2018年不再使用）③。《U21国家高等教育排行榜》的具体指标如表4所示。

表4 《U21国家高等教育排行榜》评价指标体系

一级指标	资源20%	环境20%	连接性20%	输出40%
二级指标	R1. 政府支出百分比（5%） R2. 总支出百分比（5%） R3. 生均支出（5%） R4. 研发支出百分比（2.5%） R5. 研发人均支出（2.5%）	E1. 女生比例（1%） E2. 女研究人员比例（2%） E3. 数据质量（2%） E4. 政策和监管环境的定性测量（10%） E5. WEF调查问题的回答（5%）	C1. 国际学生比例（4%） C2. 国际合作文章比例（4%） C3. Webometrics排行的透明度指数（不再使用） C4. Webometrics排行的能见度指数（4%） C5. 对“公司和大学之间知识转化程度”问题的回答（4%） C6. 大学研究出版物中与业界研究者合作的比例（4%）	O1. 论文总数（10%） O2. 人均论文数（3%） O3. 论文平均影响力（5%） O4. 好大学深度指数（3%） O5. 最好大学的卓越研究指数（7%） O6. 高教入学率（3%） O7. 24—64岁人口中拥有高教学历比例（3%） O8. 研究人员比例（3%） O9. 高等教育学历与中等教育失业率比较（3%）

资料来源：U21 Ranking of National Higher Education Systems，2018。

其中，U21排行使用了其他世界大学排名的指标作为参考：C4使用了世界大学网络排名（Webometrics）的数据，O4和O5使用ARWU的数据。

① 洪敏、刘承功：《从U21排行榜看中国高等教育强国之路》，《复旦教育论坛》2013年第5期。

② WILLIAMS R，DE RASSENFOSSE G，JENSEN P，et al. *U21 ranking of national higher education systems* ［M］. Melbourne：University of Melbourne，2012.

③ 2012年版是20个指标，2013年是22个指标，2014年是24个指标，2015—2017年增加至25个指标。

四 讨论

（一）指标的重合和差异

从上面的分析中我们可以发现，四个排行指标中有一些重叠和相似。比如，ARWU、QSWUR 和 U21 排行的指标都使用了被科学引文索引（SCIE）和社会科学引文索引（SSCI）收录的论文数量（O1 和 PUB）。QSHESSR 和 U21 排行两个高等教育体系排名都是用了世界一流大学的排名，其中，QS 高等教育系统实力排行的 4 个指标都直接或者间接地与 QS 世界一流大学排行的数据相关联，导致测量范围有限。高等教育系统的测量远比高等教育机构的衡量要复杂，各国的历史发展和经济社会文化等等各方面都存在差异。高等教育系统排行指标的设计不应该仅仅局限在高等教育机构层面，应该多方位地参考多维度高等教育的表现。

表 5　　4 个排行指标比较

ARWU	QSWUR	QSHESSR	U21 排行
教育质量 教师质量 科研成果 师均表现	学术声誉 雇主评价 师生比 教员人均引文量 国际教员比例 国际学生比例	系统实力 可获得性 顶尖大学 经济背景	资源 环境 连接性 输出

Millot① 指出系统排行应该考略时间维度和各国的现实背景因素，因为一国高等教育系统实力是与其经济和教育发展过程高度相关的。QS 高等教育系统实力排行使用了经济背景指标，根据人均国民生产总值，考察该国政府对高等教育机构的财政投入力度，并评估其财政投入对建成世界一流大学的实际效果和影响，但是没有考略到其他如治理方面的背景。U21 排行有环境指标，对高等教育的政策和监管环境进行定性测量，但是

① MILLOT B. International rankings：Universities vs. higher education systems［J］. *International Journal of Educational Development*，2015（1）：56-65.

没有考察该国的经济发展背景。Hazelkorn①概况了世界一流系统的特征为：系统有差异、表现良好和积极活跃的高等教育机构，能提供广泛的教育、研究和学生体验；开放、竞争的教育，尽可能多地为更多学生提供最广泛的机会；发展公民所需的为社会做贡献的知识和技能，同时吸引国际人才；毕业生能够在劳动力市场上获得成功，促进和维持个人、社会和经济的发展以及加强公民社会；在全球市场上能成功运作，拥有国际视野，且适应国际变化。这些特征描述可以成为高等教育系统排行指标设计的参考。

（二）结果的相似和差别

从结果上看，两个排行榜上占据前列的大部分依然是同样的国家。根据最新的数据，从 2017 年 ARWU 和 2018 年 U21 排名（见表 6），四个排行中大部分国家都是一样的。总的来说，不管是世界一流大学数量和整体的高等教育实力上，美国和欧洲国家仍然代表了高等教育最发达的国家和地区。其中，美国高校无论在数量和实力上都以绝对实力占据榜首，英国和欧洲各个高校和整体实力均很雄厚。随着经济的不断发展以及对高等教育的持续改革与投入，中国进入全球 500 强大学的数量持续上升，在整体高等教育实力上有所进步。

表 6　　4 个排行结果比较

排名	ARWU（2017）		U21 排名（2018）		QSHESSR（2018）		QSWUR（2018—2019）	
	国家或地区	前 500 名大学数量	国家或地区	得分	国家或地区	得分	国家或地区	前 500 名大学数量
1	美国	135	美国	100	美国	100	美国	94
2	中国整体	57	瑞士	88	英国	98.6	英国	51
3	中国大陆	45	英国	82.6	澳大利亚	93.8	德国	30
4	英国	38	瑞典	82.4	德国	93.4	澳大利亚	25
5	德国	37	丹麦	81.7	加拿大	90.4	中国大陆	22
6	澳大利亚	23	芬兰	79.7	法国	86.8	加拿大	18
7	法国	20	荷兰	79.7	荷兰	84.9	法国	17
8	加拿大	19	加拿大	79.6	中国	84.5	日本	17
9	日本	17	新加坡	79.5	韩国	83.5	韩国	15

① Hazelkorn E. World-class universities or world-class systems? Rankings and higher education policy choices [J]. *Rankings and Accountability in Higher Education*, 2013, 71.

续表

排名	ARWU（2017）		U21 排名（2018）		QSHESSR（2018）		QSWUR（2018—2019）	
	国家或地区	前 500 名大学数量	国家或地区	得分	国家或地区	得分	国家或地区	前 500 名大学数量
10	意大利	16	澳大利亚	78.6	日本	82.1	俄罗斯	15
11	韩国	12	奥地利	75.8	意大利	77.8	荷兰	13
12	荷兰	12	挪威	74.5	西班牙	75.7	西班牙	13
13	西班牙	11	比利时	73.3	瑞士	75.6	意大利	12
14	瑞典	11	新西兰	71.1	瑞典	74.8	中国台湾	11
15	瑞士	8	德国	69.2	俄罗斯	73.8	印度	9
16	中国台湾	7	法国	68.5	新西兰	73.7	瑞典	8
16	比利时	7	中国香港	67.8	比利时	73.2	瑞士	8
18	巴西	6	以色列	66.3	中国香港	71.2	新西兰	8
19	以色列	6	爱尔兰	64.8	中国台湾	70.6	比利时	7
20	南非	5	日本	61.9	芬兰	66.6	芬兰	7

资料来源：根据 4 个排行最新排行结果编辑。

另外，需要指出的是，不管是大学排行还是系统排行，两者都不应该只是发达国家和新兴发展中国家的“游戏”，低收入的发展中国家不应该被排除在各类排行之外，它们应该被纳入到排行中，让排行也能对它们改善本国高等教育提供帮助。

（三）大学排行与高等教育体系排行

可以看出，上面的 2 个高等教育体系排行中也使用了很多世界一流大学排行的数据（比如 QS 高等教育体系实力排行的“系统实力”指标和“一流大学”指标、U21 排名的 O4 和 O5 指标）。确实，世界一流大学和世界一流的高等教育体系密不可分。高水平大学的存在，代表着一国高等教育的卓越发展水平，是高等教育实力的突出象征。拥有相当数量的高水平大学，也是高等教育体系强国的重要特征。

另外，高等教育大众化成为 20 世纪一个重要的主题和背景，高等教育大众化带来了高等教育机构的分化和高等教育的市场化和商品化。高等教育机构的分化使得高等教育体系作为一个复杂的整体来衡量，必然会出现简单化的问题。不可否认，排行和现实实力之间的差距。中国建设世界一流大学过于注重个别指标，比如更多基础设施建设、更新实验室和设备、更多资金投入、更多的科学论文以及招募“明星”教授，等等①②，再加上一直存在的对快速见效的追求“跨越式发展”的学术文化③，排行指标成为风向标，也成为各个高等教育机构努力提升的方向，比如论文发表数量；却忽视了综合实力的建设，比如科研成果的质量，这却是现实情境中我们最应该关注和解决的。

（四）排行中的公平与效率

建设世界一流大学还是建设世界一流高等教育体系，还涉及高等教育建设中的公平问题。毫无疑问，集中力量建设几所高校，能够使一个国家在短期内拥有一批世界闻名的大学。以中国为例，在过去的10年里，通过“211工程”“985工程”建设等一系列举措，中国大学的世界排名急速上升，上榜名单也不断上升。详见图1和表7。

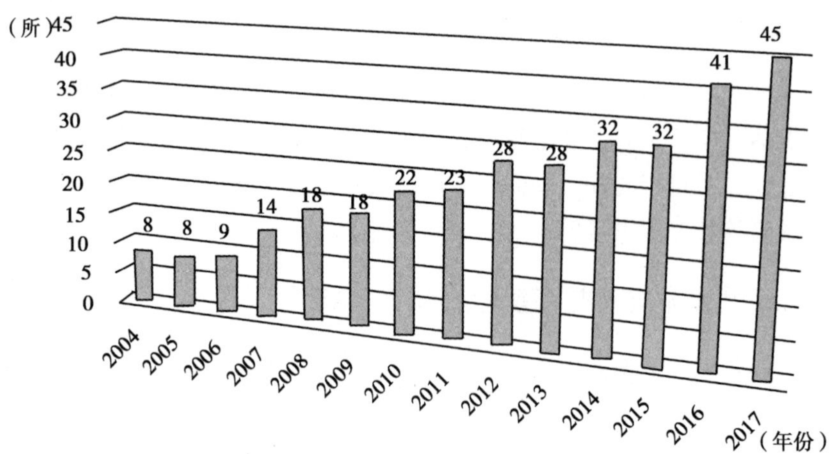

图1　中国大学在ARWU世界500强中的数量变化

资料来源：http：//www. shanghairanking. com/.

① Mohrman K. World-class universities and Chinese higher education reform［J］. *International Higher Education*, 2005（2）：2-3.

② Salmi J. *The challenge of establishing world-class universities*［M］. World Bank Publications, 2009.

③ Li M, Chen Q. Globalization, internationalization and the world-class university movement: The China experience［J］. *A handbook of globalization and higher education*, 2011（2）：41-55.

表 7 中国 6 所大学在 ARWU 中 10 年的排名变化

大学	2007 年排名	2017 年排名	排名提升
清华大学	151—202	48	128
北京大学	203—304	71	163
上海交通大学	203—304	101—150	119
中国科技大学	203—304	101—150	147
浙江大学	305—402	101—150	154
复旦大学	305—402	101—150	211

资料来源：http：//www. shanghairanking. com/。

但是，一派欣欣向荣的背后是不均衡发展的加深。这一批数量的世界一流大学，却无法代表一个国家高等教育体系的整体实力。诚然，经过上面的分析，拥有越多世界一流大学的国家，高等教育的整体实力也越强，但是我们必须考虑到高等教育机构的不均衡发展问题，这在新兴的亚洲发展中国家尤其明显。

一是高校发展的不均衡。中国高等教育大众化并没有弱化中国对精英主义的追求①。中国高校形成了明显的分层（university hierarchy）：C9 为第一层级，C9 以外的 985 高校和 211 高校为第二层级，“985”“211”以外的高校为第三层级，其中还有一本、二本和三本等的区别。“985”“211”高校和非“985”“211”高校之间的经费投入差距，政策扶持差距以及生源差距等，导致马太效应的叠加，两极分化不断地加剧。2015 年开始的“双一流”建设，将一流大学建设与一流学科建设分开，试图解决投入过于集中的问题，但是短期来看，高校之间的投入差距依然明显。二是地区发展的不均衡，东西部高校发展差距明显。东南沿海地区依托当地雄厚的经济实力和优越的地理位置，获得发展的有利条件；西部地区经济相对落后，加上人才流失严重，高校发展明显处于劣势。三是学科发展的不均衡，对理工科的扶持力度远超过人文社科，且偏重应用学科，对基础学科缺乏重视。正如马景娣和其同事②所言，世界一流大学应该是多学

① Shen G. Building world-class universities in China：From the view of national strategies [EB/OL].（2018-01-28）[2018-03-12]. http：//www. guninetwork. org/articles/building-world-class-universities-china-view-national-strategies.

② 马景娣、孙媛、陈海英等：《世界一流大学研究引论》，《评价与管理》2004 年第 3 期。

科融合，形成组合优势明显的综合学科体系，发展一流学科的同时，也应注意发展有特色的人文社会科学，不可偏废其一。

五 结论

从20世纪90年代初开始，中国建设世界一流大学的过程经历了从最初阶段对世界一流大学的解读到现在对世界一流大学特点和标准有更为明确的了解；从强调对教学科研相关的基础设施和设备的大量经费投入到现在强调对世界著名学者和人才的招聘引进；从建设国家层面的研究型大学到现在建设世界一流大学。在这个过程中，中国特色明显：自上而下的政策，伴随着来自国家和地方政策的大量资金支持，集中在少量的精英大学，以及决策受世界大学排行影响。从“211工程”“985工程”到现在“双一流”建设，强调世界一流大学建设和世界一流学科建设，显示出综合化的衡量视角。一些非“985”“211”高校也通过参与世界一流学科建设，获得了更多的关注和经费资助。然而，这也依然没法解决高校之间发展不均衡的问题。因此，在思考建设更多的世界一流大学和世界一流学科的同时，决策者也应该思考如何提升整体的高等教育体系的实力。

在建设“双一流”的过程中，必须要考虑到这个三个基本问题：第一，公平和效率问题。中国有着庞大的高等教育体系，根据教育部最新的数据，截至2017年5月31日，全国高等学校共计2914所①，集中力量建设几所世界一流大学是一系列政策制定的目的，然而经过几十年的发展，高校之间的差距拉大，会影响高等教育体系的整体实力，因此还应重视其他高校的发展和实力提升，对高等教育机构进行分化管理和设计更为合理的经费分配计划十分必要。第二，质量和数量问题。诚然世界大学排名中的指标多是依据数字来衡量比较，但是在提升排名上的名次的同时，也需要考虑真正的教育质量，特别是教学质量问题，高校的质量评估应该更加透明公开，确保高校质量得到有效监控。第三，局部和整体问题。世界一流大学建设和世界一流高等教育体系建设并不矛盾，确实我们需要世界一

① 教育部．全国高等学校名［EB/OL］．（2017－06－14）［2018－02－19］．http：//www.moe.edu.cn/srcsite/A03/moe_ 634/201706/t20170614_ 306900.html.

流大学，但现在应该转向思考“如何提高中国高等教育整体实力”，建设世界高等教育强国不能仅凭几所或者几十所世界一流大学的存在。

在众多的世界一流大学排行中，世界高等教育体系排行的存在十分必要，但其指标选择和设计需要进一步的探讨和研究，进而得到一个能够真正衡量出一国整体高等教育实力的标准。抛开其指标设计与权重设计上的缺点，世界高等教育体系排行将公众和政策执行者的眼光从世界一流大学建设和世界一流学科建设引向对世界一流高等教育体系的建设上来，从而影响政策导向；重视高等教育系统的整体实力提升，从而建设真正的高等教育强国。

World University Ranking and Higher Education System Ranking：Indicators，Comparison and Trends

Hong Min

Abstract：World Class ranking has become a hot topic in the field of higher education in recent decades，and new rankings have been introduced continually. At the same time，a number of higher education system rankings have emerged，such as the U21 National Higher Education System Ranking and the QS Higher Education System Strength Rankings. Taking the Academic Ranking of World Universities，U21 Ranking of National Higher Education System，QS World University Rankings and QS Higher Education System Strength Rankings as examples，this paper compares the indicator system and ranking results of the world class university rankings and world class higher education system rankings. The author find that there exist overlaps in these two kinds of rankings in some indicators and the ranking outcomes are similar，but also point out that although there are some defects，the existence of higher education system ranking has its necessity，which reminds us that at the same time of the “Double First-rate” construction，it also needs to think about solving the unbalanced problems of university development，regional development and discipline development，paying attention to the quality assurance of higher education, enhancing the overall strength of higher education system, in order to become the real strong higher education country.

Keywords: World University Ranking; Higher Education System Ranking; Higher Education Competitiveness; China; Global Ranking

后发新兴世界一流大学战略规划及其镜鉴
——基于三所大学战略规划文本的分析

刘璐璐*

摘　要：与先发世界一流大学厚积薄发式的发展模式相比，后发新兴世界一流大学的发展属于赶超型的跨越式发展，这种跨越式发展离不开一个重要支点——大学战略规划。在“双一流”建设背景下，我国研究型大学应借鉴后发新兴世界一流大学战略规划的合理内核：重实质轻形式，厘清普遍性与特殊性；明确自身定位，兼顾区域性与国际性；发挥自身优势，平衡延续性与变革性；注重人才培养、学术发展与社会服务的有机统一。

关键词：后发新兴世界一流大学；战略规划；研究型大学；镜鉴

一　问题的提出

高等教育作为经济社会发展的重要引擎，始终受到国家的高度重视。2015 年 10 月，国务院发布了《统筹推进世界一流大学和一流学科建设总体方案》，提出了世界一流大学建设的总体目标和阶段性目标，这标志着建设世界一流大学已正式进入国家顶层设计。2017 年 1 月，教育部、财政部、国家发改委联合发布了《统筹推进世界一流大学和一流学科建设实施办法（暂行）》的通知，为世界一流大学的建设提供了系统化科学化的指导。党的十九大报告中也明确指出，要“加快一流大学和一流学科建设，实现高等教育内涵式发展”。《统筹推进世界一流大学和一流学科建设总体方案》中明确指出“高校要根据自身实际，合理选择一流大

* 作者简介：刘璐璐（1993—　），女，厦门大学教育研究院硕士研究生。

学和一流学科建设路径，科学规划、积极推进”①，这表明“双一流”建设的过程中规划对于大学发展的重要性。从国内的角度讲，“双一流”建设方案旨在打破以前重点大学建设工程中的身份固化、竞争缺失局面②，这意味着在“双一流”建设背景下，研究型大学在一定程度上站在了同一起跑线，面临资源分配的重新洗牌，需要应对诸多新的竞争与挑战，因此加强战略规划对于研究型大学的发展是十分必要且重要的。从国际的角度讲，要想更加从容地应对日益多变复杂的国际竞争环境，进入世界一流大学行列，屹立于世界一流大学之林，就必须未雨绸缪，在充分考虑内外部环境的基础上制定适合自身发展的战略规划，以指导学校的长远发展。

根据发展的早晚和相对于竞争者的发展状态，大学也可以分为“先发”大学（先发展的大学）和“后发”大学（后发展的大学）。在现代化研究中有一种后发优势理论（Latecomer's Advantage），是经济史学家亚历山大·格申克龙（Alexander Gerschenkron）在总结俄国、德国、法国、意大利等国经济追赶成功经验的基础上创立的。它指发展中国家在现代化进程中能借鉴先行者的经验、技术，跳过先行者必经过的现代化进程的一些早期阶段，以缩短实现现代化的历程。③ 纵观世界一流大学的形成历史与发展模式可以看出，世界一流大学可以大致分为两类，一类是先发世界一流大学，这类大学的发展模式多属于“先发内生型”，是一种厚积薄发式的发展，发展动力主要来源于大学自身的内驱力；另一类是后发新兴世界一流大学，这类大学的发展模式多属于“后发外生型”，是一种赶超式的跨越式发展，发展动力则是大学自身内驱力以及政府政策牵引力所形成的合力。新兴大学发展的关键动力之一在于其发展战略，这种发展战略包括具备创建一流大学的愿景和目标、建立高水平的管理制度以及制定实施世界一流大学的战略规划④，其中战略规划是新兴大学跨越式发展的重要支点，其能够使大学集中力量发展关键领域，找到成为一流大学的战略突

---

① 国务院关于印发统筹推进世界一流大学和一流学科建设总体方案的通知［EB/OL］.（2015-11-5）［2017-5-7］. http://www.gov.cn/zhengce/content/2015-11/05/content_10269.htm.

② 罗向阳：《“双一流”建设：误区、基点与本土化》，《现代教育管理》2016年第10期。

③ 喻恺、田原、张蕾：《后发新兴世界一流大学师资队伍的特点及其启示》，《高等教育研究》2011年第4期。

④ 夏人青、朱炎军：《世界新兴大学的分布特征及动力机制》，《现代教育管理》2017年第1期。

破口。我国世界一流大学的建设与发展模式属于“后发外生型”，因此从这一角度讲，相较于先发世界一流大学而言，后发新兴世界一流大学的发展对于我国世界一流大学的建设会更有借鉴意义，借鉴其大学战略规划更有助于我国研究型大学实现“弯道超越”，步入世界一流大学行列。

二　研究对象的选择

（一）选择标准

大学排名是衡量一所大学综合实力的重要刻度，也是判断一所大学是否为世界一流大学的权威参照。目前主流的世界大学排行榜虽然具体指标有所差异，侧重点有所不同，但均聚焦于大学的三大基本职能（教学、科研、社会服务）进行评价与排名，因此笔者认为这三大排行榜无优劣之分。

本研究选取 *Times Higher Education* 中的 2017 年世界新兴大学排名（Young University Rankings 2017）作为参考（其中“新兴”的含义是指建校时间不足 50 年），这一排行榜在延续了与世界大学排名相同的 13 个指标（教学声誉 15%、博士学位授予数 6%、生师比 4.4%、教师人均收入 2.25%、博士与学位授予比 2.25%；学术声誉 18%、研究经费 6%、师均发表论文数 6%；国际教师比例 2.5%、国际学生比例 2.5%、与国际学者合作的论文数 2.5%；篇均论文引用量 30%；创新性产业收入 2.5%）的基础上，进行了新的调整，淡化了声誉对于大学排名的影响，重视大学在教学、研究、国际化和知识成果转化方面的表现。

根据 2017 年新兴世界大学排名，本研究选取了该排行榜中排名前 5 中的三所大学作为研究对象，分别是中国的香港科技大学、新加坡的南洋理工大学以及韩国的浦项科技大学。这三所大学近年来的排名相对稳定，且均为亚洲大学，相对而言对我国研究型大学的参考价值会更大。三所大学的基本信息见表 1。

表 1　　后发新兴世界一流大学基本信息

大学名称	建校时间	2017 年新兴世界大学排名	2016 年新兴世界大学排名	2016—2017 年泰晤士世界大学排名
香港科技大学	1991 年	2	3	49

续表

大学名称	建校时间	2017 年新兴世界大学排名	2016 年新兴世界大学排名	2016—2017 年泰晤士世界大学排名
南洋理工大学	1991 年	3	3	54
浦项科技大学	1986 年	4	5	104

资料来源：依据 https：//www. timeshighereducation. com/world - university - rankings/2017/young-university-rankings 整理。

（二）研究对象背景介绍

1. 香港科技大学

香港科技大学（The Hong Kong University of Science and Technology）是一所朝气蓬勃的研究型世界学府，竭力追求卓越，引领和促进科技、商业和人文社会科学创新，为世界培养新一代的领袖。自 1991 年 10 月创校以来，香港科技大学一直秉承全球视野和锐意创新的精神，糅合中西教育的精粹，以力求卓越为核心价值，培养批判思考和开放思维，倡导事在人为和企业家精神，同时尊重多元化发展和学术自由，实现了跨越式的发展，迅速成为国际知名学府，带动香港转型为知识型社会①。香港科技大学在短时间内取得的跨越式的发展，堪称大学发展的奇迹。

2. 南洋理工大学

南洋理工大学（Nanyang Technological University）的前身是 1955 年由民间发动筹款运动而创办的南洋大学，后经两次调整与转型，更名为南洋理工大学。南洋理工大学是新加坡一所科研密集型大学，以“创新高科技，奠定全球性卓越大学；全方位教育，培养跨学科博雅人才”为愿景和使命，下设文、理、工、商四大学院，拥有多所世界顶尖的研究中心。② 近年来发展势头良好，发展速度迅猛，已跻身全球顶尖大学百强之列。在 2016—2017 年 QS 世界大学排名中，南洋理工大学排名 13，领先于耶鲁大学、康奈尔大学等常春藤盟校和伦敦大学国王学院等欧洲传统名校。

---

① 香港科技大学．关于香港科技大学［EB/OL］．［2017-5-20］．http：//www. ust. hk/zh-hans/about-hkust.

② 南洋理工大学．南洋理工大学简介［EB/OL］．［2017-5-21］．http：//www. ntu. edu. sg/chinese/aboutntu/Pages/introduction. aspx.

3. 浦项科技大学

浦项科技大学（Pohang University of Science and Technology）是韩国第一所研究导向型大学，其办学理念是“提供最好的教育，进行最尖端的科学研究，服务国家乃至全世界”，在这一理念的指导下，浦项科技大学实现了跨越式的发展。虽然建校时间仅有 31 年，但却在科学、技术、工程、数学等领域取得了瞩目的成就①，引领着韩国高等教育的发展，成为亚洲首屈一指的大学之一，并跻身知名研究型大学之列，成为后发新兴大学的典范。

三　后发新兴世界一流大学战略规划分析

（一）战略规划框架

战略规划框架体现了大学战略规划制定的思路与逻辑，从表 2 可以看出，三所大学的框架体系各有特色，结构的复杂程度不一，有简单的也有复杂的，但均是从理念与行动两个层面进行规划的。

表 2　　三校战略规划框架

大学	战略规划框架
香港科技大学	前言、核心价值、五大战略目标及措施、展望 2020
南洋理工大学	使命与愿景、教学、科研
浦项科技大学	愿景、战略、实施计划

（二）使命与愿景

大学的使命与愿景描述面向未来，高于现实，内化在大学成员的意识中，成为共同语言，甚至成为潜意识，指挥和控制着大学的行动。② 明晰的大学使命与愿景能够有助于大学明确定位，确立奋斗目标和行为准则。

① POSTECH. About POSTECH ［EB/OL］. ［2017-5-22］. http：//www. postech. ac. kr/eng/about-postech/president/welcome-message/.

② 赵文华、周巧玲：《大学战略规划中使命与愿景的内涵与价值》，《教育发展研究》2006 年第 13 期。

如表 2 所示，三所大学的使命与愿景虽然有简洁与复杂之分，但都非常清晰，且立意高远，既有地方担当也有国际关怀，对学校的长远发展具有较强的指导意义。

表 3　　三校使命与愿景陈述

大学	使命与愿景
香港科技大学	愿景：成为一所具有重要国际影响力和强大的地方承诺的一流大学 全球观：成为世界一流大学，在所有追求的目标领域居于国际领先地位 国家观：促进国家经济与社会发展，成为国内领先大学 地区观：与政府、商业以及行业合作，在香港知识型社会的发展中发挥关键作用 使命：通过教学和研究（尤其是在科学、技术、工程、管理和商业领域的研究）促进学习与知识提升，推动香港经济及社会发展 核心价值：追求卓越、坚守诚信、维护学术自由；放眼全球发展，贡献地方社会；凡事皆可为的精神；和谐共融、汇聚多元、彼此尊重；同一科大
南洋理工大学	创新高科技，奠定全球性卓越大学 全方位教育，培养跨学科博雅人才
浦项科技大学	成为一个为国家做出贡献的创业大学，培养具有创新精神和拥有完善个人价值体系的全球领导者

（三）战略目标

如表 4 所示，通过分析三所大学的战略目标可以看出，这三所大学的目标均围绕大学的人才培养、科学研究、社会服务职能展开，且十分注重三项职能的有机统一。

表 4　　三校战略目标陈述

大学	战略目标
香港科技大学	吸引全球卓越人才 引领未来发展走向，成为教育与研究领域的领导者 成为创新与创业的动力坊 成为拥有一流标准、实践与操作的灵活高效的组织 倡导多样性，建立包容和协作的社区
南洋理工大学	促进卓越教学 通过实施“卓越五峰”战略解决国家和全球问题
浦项科技大学	教学：通过培养卓越的全球领导人引领未来社会发展 教师：招募世界知名的教师 研究：通过研究创造价值，为社会和工业发展做出贡献 管理：确保可持续发展的增长引擎

（四）战略措施

三所大学的战略措施均是在立足自身实际的基础上，从教学、研究、社会服务、行政管理四个方面进行规划的，共性特征可归纳为以下四点。

1. 教学：聚焦人才培养与师资队伍建设

教师与学生是大学的主体，高质量的人才和一流的师资队伍是大学实现目标的基础与保障，三所大学在教学方面均聚焦于人才培养与师资队伍建设。

人才培养是大学的核心职能。在人才培养方面，香港科技大学从输入、环境、输出三个环节进行努力。在输入环节，学校将提高选拔标准，保证生源质量，促进生源的多元化，营造国际化的多元化的校园文化环境。在环境环节，推动全面的教学变革，提供灵活的课程体系，发展创新的、差异化的教学模式，营造以学生为中心的教学环境。在输出环节，回应社会需求，培养具有优秀品质的毕业生，激励毕业生成为未来的领导者。南洋理工大学依托教学卓越机构和学习研究与发展中心推进教学卓越。教学卓越机构将启动新的研究高峰，推进新的研究项目，旨在了解大学生的学习概况，开发有效的教学和评估方法。学习研究与发展中心将以教学法、心理学和神经科学的理论为基础，不断深化研究，同时逐步改进其混合式学习方法，设计多元化的模式来适应不同课程和学科的需要。此外，学校将升级支持学习的基础设施，为卓越教学提供有力支持。浦项科技大学致力于培养诚实守信、富有创造性、勇于挑战的学生，通过创新教育方法，营造以学生为中心的学习环境，依托“高潜力青年发展项目”“无边界综合人才培养项目”① 等项目培养学生的领导力，提升学生面对未来的能力，使学生成长为卓越的全球领导者，引领未来社会发展。

一流的师资队伍是一所大学发展的重要引擎。在师资队伍建设方面，香港科技大学一方面力求在全球范围内招募各个学科的世界级顶尖人才，促进师资队伍结构（性别结构、职称结构、类型结构、来源结构）的均衡，同时确保学校的世界一流学者、研究人员更加多元化，从而推动卓越教学和前沿研究；另一方面，提高教师薪酬待遇，并加强对新晋教师的支

---

① POSTECH. Education Environment [EB/OL]. [2017-5-22]. http://www.postech.ac.kr/eng/academics/education-system/.

持力度，同时完善留住人才的制度，确保师资队伍的相对稳定。浦项科技大学从选人、用人、留人三方面全方位地保证教师的质量，包括积极吸引世界知名教师，推出行业与学术合作任用计划，留住优秀教师。浦项科技大学则从选人、用人、留人三方面全方位地保证教师的质量，包括积极吸引世界知名教师，推出行业与学术合作任用计划，留住优秀教师。

2. 研究：发挥核心优势，注重研究成果转化

香港科技大学已成为本地区第一批精英研究驱动型机构之一，并将以此为基础，在当地、区域和全球范围内发挥知识引领作用，引领未来发展趋势。一是在数据科学、可持续发展、公共政策等战略领域建立研究优势。二是关注前沿研究，开拓非常规的研究领域，开展解决社会问题和促进香港进步方面的研究。三是积极为前沿研究和学术活动寻求外部研究经费支持，协助高质量研究计划的准备与资助申请。四是建立完善的激励和支持体系鼓励教师在全球经济和社会平台中发挥领导作用，扩大学校的国际影响力。五是通过对当下研究图景的审视，完善研究计划，升级研究设施。六是支持研究机构的战略发展，营造促进基础研究和转化研究的跨学科环境。在促进研究成果转化方面，香港科技大学成立了专门的研究成果转化基地，负责协调学校的创新和技术转让活动，致力于加速创新和研究成果转化。

南洋理工大学的研究战略集中在“卓越五峰”（可持续发展的地球、环球亚洲、安全社区、健康社会、未来学习）上，“卓越五峰”集中了学校的核心优势，对未来研究趋势和前景进行了预测与展望，致力于解决国家和全球问题。可持续发展的地球是当前研究峰值的延续，并着眼于现实发展需要进行了调整，明晰了若干项专题研究。环球亚洲利用新加坡在亚洲的中心地位及其在商业研究、国际政策研究等领域的竞争优势，致力于在商业亚洲、文化亚洲及亚洲转型方面的研究。安全社区的目标是制定策略、出台方案，处理地缘政治、经济管理等方面的危机，以保证资源安全、经济安全、环境安全，应对犯罪、恐怖主义和外部威胁。健康社会的核心是解决包括新加坡在内的快速老龄化社会所面临的挑战，在人口健康、疾病监测和电子卫生创新方面取得进步。未来学习是由学习研究和发展中心牵头的跨学科研究计划，囊括所有促进学习体验的跨学科工作，同时深入研究适合当代大学生的教学方式。

随着融合、能源、信息与通信技术、材料和基础科学领域的战略推

进，浦项科技大学确定了21世纪的研究竞争力，并将其细化为20个研究课题，这些课题将依据竞争力、学术优势、商业化可能性和跨学科性甄选20个富有潜力的研究小组并将这些小组打造为世界领先的研究组织。同时，浦项科技大学将依托这20个项目吸引国家和行业的重大项目。[①] 浦项科技大学将不断打造强大的研发实力，进行世界领先的研究，建立行业与学术合作平台和研究成果转化基地，培养和塑造学校的研究文化，通过研究创造价值，为社会和工业发展做出贡献。

不难看出，三所大学均注重把握未来研究趋势，并据此建立和发挥核心研究优势，创设支持研究的硬件条件，营造良好的研究环境，促进研究成果转化。

3. 社会服务：富有社会担当与人文关怀

大学的社会服务职能是人才培养职能与科学研究职能的拓展与延伸，是大学社会价值的集中体现。在社会服务方面，香港科技大学十分注重承担社会责任，引领社会公益事业。学校通过提高公民意识和社会企业家精神，建立一个支持社会企业创业的生态系统。同时，努力争取更多的学生和教师，鼓励他们积极参与社区服务项目，充分发挥他们的社会价值。南洋理工大学注重将科学研究与社会服务的有机结合，学校确定的可持续发展的地球、环球亚洲、安全社区、健康社会研究高峰均是在充分考虑了社会发展需要的基础上制定的，致力于解决本国和世界性的社会问题，体现了学校的社会担当，这种担当既有国家关怀，也有世界关怀。与南洋理工大学相同，浦项科技大学也十分注重将科学研究与社会服务相结合，学校建立了行业与学术合作平台与研究成果转化基地，以期能够使研究成果能够最大限度地服务于国家建设与社会进步。可见，三所大学均积极践行社会服务使命，富有社会担当和人文关怀。

4. 行政管理：优化制度，提高行政效率

良好的行政管理制度是大学有序运行的前提和保障，直接关系着大学职能的有效发挥。香港科技大学将致力于发展一种高效的行政文化，以积极进取的态度来迎接变革。第一，优化行政制度，提升其运行效率，并培育高效的文化，营造吸引和留住最佳人才的环境，完善员工的评估和表彰

---

① POSTECH. Research Activities［EB/OL］.［2017-5-22］. http：//www. postech. ac. kr/eng/research/research-activities/abstract/.

制度，塑造追求卓越和持续发展的文化。第二，通过完善员工培训和领导力发展计划和确保薪酬结构具有竞争力来培养和留住管理者及非学术人员。第三，支持校园总体规划，实施校园设施质量保证机制，提供安全有效的学习、工作和生活环境，打造环境友好型校园。第四，优化学校财政资源，包括商定战略财务目标并构建战略金融模型，优化利用盈余和储备，改进预算流程和管理信息，为及时决策提供更加完整和透明的财务信息。对于学校的行政管理，浦项科技大学也十分重视，并主要从三方面进行改进与完善：一是创新管理计划，打破僵化的行政管理模式；二是改善基础设施，为提高行政效率提供一流的硬件设施，为未来发展奠定基础；三是通过提高大学形象，深化公众认知①，以一种柔性的方式进行行政管理。可以看出，优化行政制度，提高行政效率始终是大学行政管理的追求。

四 对我国研究型大学战略规划制定的镜鉴

（一）重实质轻形式，厘清普遍性与特殊性

三所大学战略规划的框架体系不一，形式各有特色，有简约型也有复杂型，但均是在立足自身实际的基础上制定出的，初衷均是服务于院校长远发展。纵观我国研究型大学的战略规划框架可以看出，我国研究型大学的战略规划框架几乎是“清一色”的，缺乏学校特色，而且是“面面俱到”，重点不突出。审视我国研究型大学战略规划的过程可以看出，我国研究型大学战略规划的制定呈现出程序化的日常行政管理特征，太多地叙述了日常工作的习惯性思路，战略规划只是提供给校领导看②，甚至还出现了战略规划的“拷贝理论”，只要有一所高校完成了战略规划编制，其他高校就不用太费心思了，直接拿来，再根据本校情况做些数据和情况的调整，就解决问题了。这种情况不是个别的，似乎还成了一种明面上的

① POSTECH. POTECH Vision ［EB/OL］.［2017-5-22］. http://www. postech. ac. kr/eng/about-postech/introduction-to-postech/postech-vision/.

② 王鹏：《中国大学战略规划的有效性研究》，华中科技大学，2012年。

“潜规则”。① 这种重形式轻实质的战略规划，并没有真正服务于学校长远发展。诚然，大学战略规划的制定中确实存在一些普遍性的原理性的合理内核，但是由于院校间的情况是千差万别的，每所院校自身的情况是具有特殊性的，因此大学战略规划的制定也应立足于院校自身实际，厘清普遍性与特殊性的关系，具体问题具体分析，不拘泥于形式，避免大学战略规划的“千校一面”现象，把握规划的核心与重心，明确自身特色，挖掘自身潜力，真正服务于学校长远发展。

表 5　　　　我国研究型大学战略规划框架

大学名称	战略规划框架
北京大学	基本形势、战略思路、目标与任务、实施保障
浙江大学	基础与形势、目标与思路、建设与发展、改革与保障、组织与实施
复旦大学	发展环境；“十三五”发展的指导思想、主要目标；主要任务；深化综合改革，全面激发学校活力；加强和改进党的领导，为规划实施提供思想政治和组织保证
上海交通大学	已有基础与优势、主要不足与问题、发展机遇与挑战、战略目标与策略、建设重点与方案、保障举措与支撑、组织推进与实施
中国人民大学	发展基础和环境；战略思路；战略优先；目标与行动；支持保障；规划实施、监督、评估
南京大学	“十二五”发展简要回顾；机遇与挑战；指导思想与整体思路；总体目标与发展战略；行动计划；保障措施
华中科技大学	基本形势；战略思路；主要任务与举措；实施保障
厦门大学	发展回顾；发展环境；指导思想、发展理念与发展目标；主要任务及思路举措

资料来源：根据教育部官网发布的各校战略规划整理。

此外，注重实质性还应从营造参与式交互式的战略制定文化方面进行努力，在广泛咨询学校内部各主体意见的基础上进行不断循证，保证战略规划的权威性与民主性，为规划的实施奠定坚实的基础。

（二）明确自身定位，兼顾区域性与国际性

在“双一流”建设的背景下，研究型大学不应局限于区域范围内的发展，更应有广阔的战略眼光，应明确自身研究型大学的实然定位和世界一流大学的应然定位，兼顾区域性与国际性，富有区域担当和国际担当。

---

① 别敦荣：《高校发展战略规划的理论与实践》，《现代教育管理》2015 年第 5 期。

在区域和国家层面，研究型大学应着眼于人才培养、科学研究和社会服务三方面进行努力。在人才培养方面，应从输入、环境、输出三个环节构建和完善人才培养质量保障体系，保障和提高人才培养的质量，使培养出的人才能够为区域和国家发展创造价值。在科学研究方面，应综合考量区域和国家产业结构，聚焦区域和国家发展的战略需求，立足自身特色与优势，开展富有意义的社会科学研究和自然科学研究。在社会服务方面，应深化与政府、企业的合作，推进智库建设，服务于区域和国家的社会经济发展。

在国际层面，研究型大学仍应聚焦于人才培养、科学研究和社会服务三方面，不断改进与完善。首先，应营造多元化的国际化的校园环境，招募国际化的一流教师，丰富学生的国际化体验，并依托青年领袖培养项目培养富有领导力的国际化人才。其次，应洞悉全球发展趋势，瞄准全球社会发展的前沿需求，以需求为导向，致力于全球问题与挑战的攻坚克难，根据自身优势确定研究领域，为人类社会谋福祉。最后，应把握全球发展脉搏，促进研究成果的转化与应用，使研究成果的价值最大化。

（三）发挥自身优势，平衡延续性与变革性

从后发新兴世界一流大学的战略规划中不难看出，这些大学都将变革与创新作为自身发展的助推剂，实现了跨越式的发展。由于我国研究型大学与后发新兴世界一流大学的成长土壤不同，我国研究型大学的建校历史更长，历史底蕴和文化底蕴更深厚，因此我国大学的发展不能盲目依循后发新兴世界一流大学的发展轨迹，而应注意平衡延续性与变革性，避免顾此失彼、迷失自我。从生态学的角度审视大学，可以将大学看作一个生命有机体，大学的发展过程中面临不断的“新陈代谢”，需要妥善处理“陈”与“新”的问题，也即平衡好延续性与变革性的关系。

与后发新兴世界一流大学相比，历史底蕴和文化底蕴是我国研究型大学在世界一流大学建设中的资本和优势。在建设世界一流大学的过程中，研究型大学不仅要“向外看”，而且要“向后看”，即回顾历史，善于从历史中吸收经验与教训，汲取精华，延续大学文化中的精髓，同时避免让一些不良的历史惯习成为学校发展的牵绊与束缚。变革是大学发展的不竭动力，研究型大学应在充分审视和综合分析内外部环境的基础上，有的放矢地进行变革与创新，不断为大学发展注入新的活力。

（四）注重人才培养、科学研究与社会服务的有机统一

人才培养、科学研究与社会服务是大学的三大基本职能，这三大职能不是相互割裂的，而是相互关联、相辅相成的，一流的大学应追求三者的有机统一，实现三者的相互促进。上述三所大学的战略规划也十分注重三者的有机统一，力求使三者能够相互促进。

在人才培养方面，三所大学的做法各有特色，可以从人才培养的过程环节（输入—环境—输出）将其归纳为三点：在输入环节，提高学生选拔标准，拓宽选拔渠道，灵活化选拔标准，完善选拔程序，从而保证生源质量及生源文化背景的多元性。在环境环节，一是积极营造国际化多元化的校园环境，丰富学生的学习体验，促进学生的综合能力提升；二是建立专门的促进卓越教学的机构或研究中心，使学生的学习动态"可视化"，在此基础上对教学方法和评估方式进行调整与创新，打造"以学生为中心"的教学环境，保证学生的学习质量；三是依托各类人才培养项目，培养学生的领导力，使学生能够更从容地应对日趋激烈的竞争环境。在输出环节，回应社会发展需求，支持并鼓励学生参与到社会公益项目、社区服务项目等，使学生能够积极承担社会责任，为社会发展做贡献。

在科学研究方面，三所大学的做法呈现出许多共性，这也是可供我国研究型大学借鉴的地方。一是招募世界一流的学者、研究人员，建设一流的师资队伍，并提高教师薪资待遇，使教师能够全身心地投入科研。二是富有洞察性和前瞻性，能在充分审视和考量动态的研究环境的基础上，立足自身研究优势，瞄准社会发展需求，明确研究领域，开展富有前瞻性的研究。三是注重跨学科研究，具体表现在树立跨学科的研究思维，建立跨学科的研究计划，培养跨学科的研究文化，营造跨学科的研究环境。四是善于将外部的研究资源内化，通过寻求外部研究资金支持，与外部机构建立合作伙伴关系等途径实现资源整合与优化。五是注重研究成果的转化与应用，积极建立行业与学术合作的平台和研究成果转化基地，依托这些平台与基地促进研究成果转化，服务于社会发展。

社会服务事实上是以人才培养和科学研究为基础的，并与人才培养和科学研究相融合，这三所大学在人才培养的过程中均注重学生的综合能力提升，鼓励学生实现自身的社会价值，为社会发展做贡献，这便是人才培养与社会服务的交点。这三所大学的科学研究是在充分结合当代社会发展

需求及未来社会发展趋势的基础上进行的，并且十分注重研究成果的转化与应用，使科学研究能够真正服务于社会。在社会服务方面，我国研究型大学虽然取得了显著成果，为推动经济社会发展做出了突出贡献，但仍需不断完善，真正成为引领社会进步与发展的引擎。

The Strategic Plan of Latecomer World-Class Universities and its Enlightenment：An Document Analysis based on three Univerisites' Stragetic Plans

Liu Lulu

Abstract：Compared with the accumulated development mode of traditional world-class universities, the development mode of latecomer world-class universities is leap-forward, which is inseparable from an important fulcrum-university strategic plan. Under the context of the construction of "Double First-class", Chinese research universities should learn from the reasonable core of the strategic plan of latecomer world-class universities：Attach great importance to essence rather than forms, and clarify the universality and particularity；make clear its own position and take into account the regionality and internationality；play its own advantages and balance the continuity and change；focus on the organic unity of talent cultivation, academic development and social services.

Keywords：Latecomer World-class Universities；Strategic Plan；Research Universities；Reference

芬兰新一轮国家核心课程改革的内容及启示

冯惠敏　郭路瑶*

摘　要：2016年秋，芬兰开始在全国中小学全面实施新的国家核心课程。此次国家核心课程改革的三个重点是注重学校文化的创建，将综合方法运用于学校教育以及强调学生的主体地位。改革内容主要包括：调整课程结构；利用学校文化使价值具体化；促进学习者互动；强调个人学习与共同学习相结合；增加多学科模块主题之间的对话；重视学生评估。改革中激发学生的学习兴趣，建立合作伙伴关系以及强调多样化评价方式等富有特色的改革举措，值得国内借鉴与学习。

关键词：芬兰；核心课程；学校文化；综合方法；课程改革

芬兰由于在经合组织（OECD）开展的PISA测试中稳居前列而受到国际社会的广泛关注。“全球教育落差最小”“没有差生”“无差别的义务教育”“优质的师资队伍”等特色使芬兰的教育俨然已成为一张国际“名片”。芬兰基础教育取得重大成就的原因之一，在于其十分注重对国内的基础教育课程进行系统而连贯的螺旋式改革。芬兰新一轮的国家核心课程改革酝酿于2012年，并于2016年8月开始在全国正式推行新的国家核心课程改革。此次国家核心课程改革充分考虑了国内外的教育环境，基于积极情感体验、协同互动合作以及创造性活动等理念，主要强调以学生为主体参与的方式，通过主题性课程设置、开展现象教学等使学生在快乐学习中培养自身的横贯能力。

* 作者简介：冯惠敏（1965—　），女，武汉大学教授，博士生导师；郭路瑶，（1993—　），女，武汉大学硕士研究生。

一 芬兰新一轮国家核心课程改革实施的背景

芬兰此次国家核心课程改革是在国内外环境的变化下催生的，既是急剧发展变化的世界对教育发展改革的要求，又是其教育逻辑本身求新求变的传统映射。

（一）学校发展所处的国内外环境发生了重大变化

全球化已经成为当今时代的基本特征，它不仅是一种经济现象，更是一种文化现象。在全球一体化的背景下，世界政治、经济、文化竞争日益激烈，生态格局变化日益加速，跨文化和跨领域合作成为世界经济共同体稳步发展的新常态，这成为芬兰此次推行改革的宏观背景。①

近年来，芬兰学生的学科素养正在下降，2012 年的 PISA 评估中，芬兰学生数学素养成绩下滑至第 12 名，这引起了芬兰教育当局的热议，并开始反思自己的教育问题。芬兰教育当局发现，本国学生的生活和思维方式已经发生了改变，妨碍学习的干扰因素逐渐增多，各种校外活动分散了学生的注意力。② 学校作为教育改革的重要场所，为培养学生的智力和人格发展提供了详尽的资源，但是学校的使命不仅在于要准确把握日益递新的时代要求和教育发展格局的变化，更要同时兼顾学生自我认知的发展和多元能力的培养。芬兰此次提出的新国家核心课程为更新学校教育和教学提供了一个共同的方向和基础，更加趋向于把握经济全球化背景下的教育形态，创建民主、公平和多元化的教育环境。

此外，现如今网络技术对各行各业产生的影响不可忽视，教育领域也不例外，教育技术和网络化教学在芬兰的发展更是十分迅速。而社会分工细化导致的社会和各种行业要求的知识越来越分散，使得芬兰学生凭借从学校中获得的知识和能力来应对一个不断变化、全球信息流动的世界时逐渐感到吃力。无论是在国家层面还是在国际环境上，确保芬兰

① 张丽华：《基于全球化背景的基础教育课程改革研究》，《延边教育学院学报》2015 年第 2 期。

② OECD. PISA 2015：Country Results［EB/OL］（2017-06-04）［2018-01-22］. https：//www. compareyourcountry. org/pisa/ country/FIN.

儿童的知识和技能在未来仍能保持强劲，提高学生的横贯能力①，增加学习的意义，使每个芬兰儿童都能在课堂之外学习和使用技术，更好地适应全球一体化带来的机会和挑战，是芬兰此次新国家核心课程改革的最终旨归。

（二）学生成长所需要的能力发生了改变

本次改革的直接原因是对教育需要教授给学生什么样的技能来建立一个可持续的未来的问题的思考。距离2004年芬兰大规模的教育改革已经过去10年，上次改革增强了课程形式的灵活性和自由度，学校在课程选择上拥有更大的自主权，教师在教育教学方面获得极大的自我调控的权利。截至2015年的PISA实验结果来看，目前芬兰国家核心课程改革已初见成效。芬兰学生所有必修科目的科学比例都高于经合组织的水平，且孩子们在科学方面有更多的经验，从掌握各种知识到发展科研能力，不得不说芬兰的课程改革起到了很大的作用。② 而从2004年至今，随着科学技术的发展，全世界都在经历一场翻天覆地的变化，经济全球化带来的崭新的生活方式、迅猛的知识更新速度、快速的信息流动等，使得芬兰教育界认识到，学校教育应该是教孩子未来生活所需的技能。此次国家核心课程改革的重心，就是提升下一代迎接未来挑战的能力以应对国际社会的变化，这也是芬兰教育改革传统一如既往的价值诉求。

（三）教学内容和实践要求转向真实环境和更加强调技能的培养

芬兰一直以来在教育领域都处于领先地位，其教育体系的特殊性表现在：学生成绩无排名，专注于学习而非考试；教学实施灵活的分组；拥有专业素养高的教师；教学有吸引力等。但即便是这样完备优秀的教育系统，在面对当下复杂的教育环境时，仍需考虑如何将学校发展成为一个持

① 指贯穿于不同学科和领域需要具有的通用能力。

② Finnish national agency for education. Finnish kids have more lessons in science but less in reading in OECD comparison［EB/OL］.（2016-12-21）［2018-01-22］. https：//www. oph. fi/english/current_ issues/101/0/finnish_ kids_ have_ more_ lessons_ in_ science_ but_ less_ in_ reading_ in_ oecd_ comparison.

续性学习成长的社区和营造能够终身学习的环境。在全球教育改革的大背景下来看，教师和其他学校工作人员需要什么样的技能来促进教育和未来的学习？如何在城市和学校文化以及每一堂课上实现教学技能的转变？是本次核心课程改革期待解决的问题。芬兰教育当局指出教与学和学校实践的内容应该以探究真实生活现象和某种主题为核心，教学环境和课程内容更多的转向技能需要方面，并随时进行审查和更新。[①] 芬兰教育一直致力于发掘每个学生的潜力，做到不使任何一个学生掉队。近来，人们寄希望于教育能够培养个人掌握适应变化并做出反应的能力。这种教育理念逐渐转向更高层次的需求，表现在定义学习主题目标和内容时，更多强调"怎么做"方面，对能力描述更多地侧重于学校工作和教学的挑战，而不再直接作为学生的学习目标，对教学内容和教学实践的评价更多的转向环境的需求与儿童横贯能力的培养，故教育学实践根据现实社会所需的技能和教学环境，对应的从核心课程本身出发则要求进行新一轮的改革。

二　芬兰新一轮国家核心课程改革的内容

芬兰新一轮国家核心课程主要以围绕学生进行主题讨论和现象教学为基本方式，在课程目标、课程结构、课程内容、课程实施、课程管理和评价六个方面上取得了创新和突破。

（一）课程目标

芬兰教育当局确定了新一轮的国家核心课程包括三大目标：其一，强调学生的积极作用和学习的乐趣，基于积极的情感体验的学习理念，倡导快乐学习、团结协作、创造性学习活动，以及促进学生自主学习和生活。[②] 学生是新课程的核心，课程目标的基本价值取向聚焦于每个学生都

① Finnish national agency for education. What is going on in Finland? -Curriculum Reform 2016 [EB/OL]. (2015-03-25) [2018-01-22]. https://www.oph.fi/english/current_ issues/101/0/what_ is_ going_ on_ in_ finland_ curriculum_ reform_ 2016.

② Finnish national agency for education. Finnish National Agency for Education begins its operations at the beginning of 2017. [EB/OL]. (2016-12-30) [2018-01-22]. https://www.oph.fi/english/current_ issues/101/0/finnish_ national_ agency_ for_ education_ begins_ its_ operations_ at_ the_ beginning_ of_ 2017.

是独特的，都拥有享受高素质教育的权利。其核心在于支持学生的个性化发展，强化自我身份的认同感，并利用互动的方法培养学生可持续发展的多元能力，确保学生习得必要的知识和技能。

其二，此次课程改革旨在培养儿童和青年的横贯知识和横贯技能，并指向具体问题的解决。这强调学校教育的作用不再是使学生对学习、工作和生活中的变化做出应对，而是要着力于培养学生在建设自身未来时能够发挥积极作用的横贯能力。智能经济对人才素养的要求不断提高，芬兰教育倡导培养学生“解决问题和生产及创造出社会需要的有效产品的能力”，解决没有先例可循的新问题。

其三，强调根据未来各种能力的需求来确定综合学习目标，加强不同学科之间的合作，基于生活中的真实现象或某种实际问题，融合各学科的知识，为学生塑造综合性较强的跨学科课堂教学模式。例如，课程改革强调每所学校每学年必须至少有一个明确定义的主题、项目或课程，围绕该主题将不同学科的内容结合起来，从不同学科的角度处理选定的主题，供学生学习和探讨。① 值得一提的是，芬兰教育当局在本次改革中提出的课程目标并非固化的硬性标准或者要求，而是倡导在具体的改革实践过程中不断创新与改进，是动态的、发展的。

（二）课程结构

芬兰此次国家核心课程为当地提供了统一的课程标准，又赋予了其地方教育当局创新课程结构的自主权。在宏观上，芬兰出台的《基础教育法》规定了普通的必修科目，此次国家核心课程定义了每个学科的目标和核心内容，学习环境的目标以及具体的指导、支持、分化和评估的原则。芬兰教育当局规定地方课程是国家核心课程的重要补充，公立学校、市政当局和私立教育机构在国家核心课程的基础上可以共同拟定并开发独

① Finnish national agency for education. Finnish National Agency for Education begins its operations at the beginning of 2017. [EB/OL]. (2016-12-30) [2018-01-22]. https://www.oph.fi/english/current_ issues/101/0/finnish_ national_ agency_ for_ education_ begins_ its_ operations_ at_ the_ beginning_ of_ 2017.

具特色的地方课程。[①] 在微观上，芬兰此次国家核心课程规定了不同的课程类别的法定课程时间。产生较大变化的是在九年基础教育课程中，艺术和工艺课程的数量大幅增加；活动课程，有关公民与社会学习领域、历史领域的相关课程也在增加；宗教和伦理课程的数量则相对减少。

（三）课程内容

课程内容是课程改革的重要部分，芬兰此次改革强调学科教学中对学生横贯能力的培养。核心课程纲要中规定了七个横贯能力领域，要求学生在协同学习中学习并使用这些知识与技能。七大横贯能力领域不仅是一种重要的人才培养的价值取向，而且是具体的课程内容，主要表现为课程中涉及的必要知识和技能，分别是：思考与学习的能力；文化识读、互动与表达能力；自我照顾、日常生活技能与保护自身安全的能力；多元识读能力；数字化能力；工作生活能力与创业精神；参与、影响并为可持续性未来负责的能力。[②]

与以往相比较，本次新国家核心课程的内容更加注重学生积极参与的活动课程的创建，学校基础课程内容更加趋向于有意义学习和互动的乐趣。此外，此次改革课程内容同目标的设定有异曲同工之处，即国家只是在小范围内规定课程内容的最低限度，地方当局和学校有权根据不同学生的需求和地方差异性适当地调整课程的具体内容，多机构、多渠道进行课程内容的设定。

（四）课程实施

课程实施与课程内容是紧密联系的两个模块，且课程实施涉及的参与对象更加广泛。基于芬兰大课程小教学的课程模式，教学属于课程实施的重要部分。芬兰此次课改在课程实施上不仅强调“基于现象的教学”，注重综合方法的运用，而且对于隐形课程也颇为重视，即运用综合方法和重

---

① Finnish national agency for education. Finnish National Agency for Education begins its operations at the beginning of 2017. [EB/OL]. (2016-12-30) [2018-01-22]. https://www.oph.fi/english/current_issues/101/0/finnish_national_agency_for_education_begins_its_operations_at_the_beginning_of_2017.

② Ibid..

视校园文化的建设双管齐下，促进课程实施。

在课程实际操作过程中，芬兰学校采取的“现象教学”，以学生共同探讨不同主题和现象为基本方式，一般以生活中的真实现象和主题为核心，目的在于通过课程的整合从不同角度切入问题进行研究，增进学生对各个领域联系及其关系的理解。基于不同学科背景来组织教学，多学科学习模块不仅有利于学习和增加不同学科之间的对话，更有利于学生横贯能力的培养。

学校文化和教学环境属于隐性课程。文化是一种长期的积淀，校园文化也不例外，建构校园文化是对其内涵价值的挖掘与人文精神的传承。学校文化可以使课程内容所包含的知识和价值观等具体化，使课程实施不仅仅局限于课堂，逐渐地将学校和社区紧密联系起来，以尊重和建设性的方式互相作用，扩大学习的范围，增加学生学习的实践性。① 此次改革指出，所有的成员都通过对话的方式互相理解，努力使自己的行动同时适应学校课程和社区活动。通过这种方式实施课程，即使在校外的学习越来越多，但学校提供的多样化和安全的学习环境完全可以为学生的成长提供强有力的支持。

（五）课程管理

在芬兰，国家教育和培训管理机构有两层结构，教育部和文化部是最高权力机构，负责芬兰所有公立教育。芬兰国家教育机构（EDUFI）隶属于教育部和文化部，负责发展教育和培训、幼儿教育和护理、终身学习以及促进互联网化。EDUFI 并不像其他发达国家的类似机构一样担任监管的责任，而是作为发展机构，任务范围极其广泛，包括实施国家教育政策、编制国家核心课程以及为教育部门提供服务，等等。此次改革通过国际合作和流动方案以及一系列其他活动促进教育和培训、工作生活、文化领域和年轻人的国际化。改革还强调突出地方教育机构的职能，支持地方贡献核心课程资源，以电子和结构化的形式提供给学生，以便更好地为学习者服务，提高其适应能力。② 芬兰的国家一级核心课程和资格要求是芬

① 张道明：《校园文化建设必须厘清的五个问题》，《教学与管理》2017 年第 32 期。

② Finnish national agency for education. Tasks, services and organization [EB/OL]. [2018-01-22]. https: //www. oph. fi/english/about_ us/task_ services_ and_ organisation.

兰国家教育机构制定的规范，此外，教育提供者根据国家核心课程和要求，拟定当地的课程和资格要求，由于课程的编写是交互式的，因此所有的教育提供者都可以在不同阶段进行准备和反馈，同时也鼓励让学生和他们的父母参与到更新的课程中，形成了一个纵向上从中央到地方再到学校平权的三级课程管理系统，横向上包括学校社区进而扩展到社会的终身学习的学习环境和课程监管和反馈体系。

（六）课程评价

多元化的课程评价标准是芬兰新一轮课改中强调的重要内容。课程评价除了学生自我评价和国家对学习成果的评价外，还有技能演示能力本位资格的评价、系统和专题的评价以及国际评估。在多方评价系统中，国家核心课程强调了学生自我评价的重要意义。学生评价以评估来反思和促进学习，是学习过程中必不可少的一部分。例如，每学年结束时，学生都会收到一份学年报告，该报告对每个科目的成绩进行评分，说明学生是否达到了学年设定的目标。市政府决定是否为 1—7 年级的学年报告提供口头评估或数字评分。

新课程强调评估方法的多样性以及指导和促进学习的评估。每个学生学习进度的信息必须及时反馈给学生和监护人。为了支持教师的评估，核心课程规定在六年级结束时进行评估以及制定九年级的最终评估的标准，其余时间，几乎所有的评估都由教师和家长共同完成。评估的首要任务是引导和鼓励学生，且学生是不用相互比较的，正相反，学生们在教师的指导下被引导去反思自己的学习目标并认识到自己的优势和发展需要。① 教师在课程评价中的角色虽然没有处于主导地位，但也承担着引导和调节教学环境的重任。总的来说，芬兰新一轮国家核心课程更好地描述了学生评估在学习过程中的重要性，从评估学习转向在评估中学习再到学习评估，协调正向与负向反馈的相互作用，更加广泛地提高课程评价的深入性和有效性。

① Finnish national agency for education. Learning in, about and for Development Partnerships. A Guide for global educators with focus on the competence of building development partnerships [EB/OL]. (2016-01-27) [2018-01-22]. https://www.oph.fi/english/current_ issues/101/0/learning_ in_ about_ and_ for_ development_ partnerships.

三 芬兰新国家核心课程改革实践的特色

（一）激发学生的学习兴趣和动机，引导学生成为终身学习者

芬兰教育委员会就为何和如何进行课程内容的改革进行了发问，通过业界和社会的广泛参与得出的答案是：如果想增强学习的好奇心，那就允许提问；如果想培养解决问题的能力，那就把学校的知识与现实生活中的问题联系起来，并鼓励学生们一起努力寻找解决办法；如果想增进彼此了解，培养能发展社会，促进包容性和参与性的公民，那么就把不同学科的知识和技能结合起来，采用综合的方法，给学生带来改变的机会，促进积极的而非消极的思考；如果想增强学习者的自信心与学习动机，就应该给予有建设性的和诚实的反馈，永远不要羞辱或者贬低学习者。在本次新国家核心课程改革中，学校作为学习组织的单位，积极支持学生成长和鼓励所有成员发展自我并加强学生积极、真实的自我形象的塑造，强调个人在整个学校和生活中自我反省的步伐需保持一致，学校的作用就是提高学生的凝聚力，并为决定学生未来的选择和行动负责。改革致力于提高学生的学习参与度，增加学习的意义，引导孩子和年轻人对它们的学业承担更多的责任。

教师的任务是考虑每个学生的学习方法，因材施教，进而指导和引导学生成为终身学习者。芬兰针对这次课程改革所做的很多具体的措施正是因为细小才更能准确地针对每个学生的切身需要，从小的目标和方向出发，层层递进，呈包围状地展开，从课程编制到内容选择再到具体实施的过程中全面地落实改革目标，真正地做到尊重理解并支持各个学生的需要。[①] 总的来说，芬兰教育当局相较于通过国家和地方以及其他教育提供者共同探讨教育的方法来说，更倾向于从行动出发不断地完善每个教育阶

① Finnish national agency for education. Learning in, about and for Development Partnerships. A Guide for global educators with focus on the competence of building development partnerships ［EB/OL］. (2016-01-27) ［2018-01-22］. https: //www. oph. fi/english/current_ issues/101/0/learning_ in_ about_ and_ for_ development_ partnerships.

段学生的需求和发展，能做到这一点，改革首先就向前迈出了一大步。

（二）强调地方课程的重要性，建立和发展伙伴关系

本次改革中将地方课程的重要性作了明确的阐述，地方课程作为国家核心课程和地方重点课程的补充，承担着完善课程体系和内容的责任。芬兰的教育公平并不意味着教育等同，各地区在国家核心课程确定的情况下，开发和实施符合自身发展需要的地方课程就显得尤为重要。本次改革在地方课程的设置和规划上，国家下放了很多权利给地方，地方教育提供者不仅仅局限于教育局，而是表明所有对教育有促进作用的个人和团体都可以参与课程规划之中，为当地教育的发展贡献自己的力量。

芬兰很早以前就开始实施 KOMPPI① 项目，该项目最具体的目标是提高芬兰不同地区的学校办学的可能性，包括与发展中国家的学校建立实际的发展伙伴关系，2016 年 9 月，芬兰国家教育委员会出版了《建立发展伙伴关系基础章程》的指南，继续深化该项目的推进并助力课程实施，建立教学伙伴关系。芬兰国家教育委员会于 2013 年春季挑选 13 所教育机构作为 KOMPPI 项目学校，将代表不同规模的综合学校和普通高中的项目学校组成均衡的学校组合，这些学校以各种方式参与项目，熟悉同组的另一个学校的项目，学习同伴学校的状态与想法，加深对发展伙伴关系的理解，并将该项目作为一种教学实践总结后公布于芬兰教育当局的网站，进而推广到全国范围内。② 这种建立发展伙伴关系的做法使新国家核心课程在改革的过程中能够通过交互式学习与文化交融的方法首先应用于一些地区，在反馈的过程中不断调整并引导各个学校找到适合自己的伙伴学校，加深互动，并辅助网络帮助和寻求专家合作，发展伙伴关系。该项目的实施反映了现在的时代特征，位于不同国家的学校之间发展伙伴关系是

---

① KOMPPI 即一个名为“全球公民在芬兰”的项目。这一项目主要目标是鼓励芬兰人民致力于全球教育，帮助芬兰人民加深了对全球公民身份的理解，并找到了对全区公民需要什么能力问题的初步答案，并将最核心的内容纳入 2014 年 12 月芬兰教育委员会通过的《基础教育国家核心课程》中。

② Finnish national agency for education. Learning in, about and for Development Partnerships. A Guide for global educators with focus on the competence of building development partnerships [EB/OL]. (2016-01-27) [2018-01-22]. https: //www. oph. fi/english/current_ issues/101/0/learning_ in_ about_ and_ for_ development_ partnerships.

全球教育的一个领域，芬兰国内不同地区的学校之间的发展伙伴关系是其自身教育发展的一个领域，两级系统既平行实施又互不干扰，还能在一定程度上相互借鉴，构建出有意义的教育成果。

（三）明确法律部门的责任，强调多样性的评价方式

教育行政部门对待教育改革的慎重和务实态度，以及对公众意见的重视，是本次改革得以顺利进行的原因之一。芬兰有较完善的教育法律政策保障，设置了三层支持系统。芬兰法律政策规定："不管年龄、经济状况、居住地、性别、母语如何，法律保护居住在芬兰的每一个人都享有免费接受教育的权利。"如今，教育立法的方法是创造机会的另一种途径，用来监督和解决教育问题。其目的是鼓励教育提供者和教育机构积极评价和发展教育活动，而不是监督其完成教育任务的进度与效果。在20世纪90年代初芬兰教育行政部门的权力下放时，这种制度的演变就已经开始了，与此同时，本次改革提出取消对学校和教科书的检查，质量保证很大程度上不再依赖于政策规范和检查。

芬兰国家教育委员会在新国家核心课程改革中强调学习的快乐和学生的积极作用。由于芬兰的学校本来就没有留级制度，学生的学习成绩也不是一考定音，因此至少从形式上，已不再有成绩优异学生和成绩较差学生之分。学校也不再把考试成绩当作评价学生的唯一标准，新的评价标准着眼于学生的综合素质日趋多元化，如学生参加社会活动和自我管理活动的表现也被计入学分等；而且考试的形式也随之变得较为多样化，如开卷考试、写论文考试、做实验考试，等等。① 芬兰通过多年来对教育体制的改革，在探索和实践的基础上，创立了富有芬兰特色的教育体制和课程评价模式，从而最大程度上发挥了学生学习的主动性，培养了学生对相关课程的兴趣，充分开发了每个学生的智能和潜力，培养了学生的综合素质、自学能力和特长。本次改革重点将学生评价作为一种手段来支持学习。实践证明加入学生自我评估的多元评价方式也较好地体现了教育的公平性，学校可充分利用教育资源提供优质教育，不仅为有才华、成绩好的学生创造了良好的条件，最大限度满足他们的求知欲和个性发展，同时也给予基础

---

① 段素芬：《芬兰国家核心课程改革的最新动向及启示》，《淄博师专学报》2017年第25期。

较差、成绩不好的学生更多的机会和更长的学习期限，体现了对这部分学生的关爱，从而保证了学生整体素质的提高和全国教育的平等程度。

四 芬兰新国家核心课程改革对我国教育的启示

目前我国基于核心素养的基础教育改革风头正劲，在此期间，借鉴芬兰教育改革的成果和经验，取其精华并结合中国当前的基本国情加以运用，对国内改革开展大有裨益。

（一）提高地方政府机构和人员的课程自主权

在我国，随着改革与财政体制和立法的统一，教育方面的改革一般都以中央颁布的文件为实施准则，地方政府掌握的教育自主权有限，很难根据当地各个学校的情况进行自主改革，这就使得教育实践或者课程改革很难真正地触及各个学校迫切需要解决的问题。核心课程虽然为地方课程改革起到一个风向标的作用，但它不应是一个自上而下层层传递的单向传达，而应是一种通过多方交流和反馈，融合了国家教育领导机构、市政机构、提供教育支持的企业，甚至每所学校、每位教师的意见和建议的产物。

芬兰国家核心课程改革中重点强调了当地课程作为核心课程的重要补充，以优先发展当地教育为前提，教育和文化部门的立法章程作为保障，教育科研机构和教师根据国家核心课程和要求制定当地课程和教学实施细节，课程管理的自主权逐级下放。在这点上，今后应该借鉴芬兰的做法，加强地方教育当局决策的自主性，使各个学校的发展更贴合当地的社会发展状况，更好地促进不同区域间教育的发展与互相学习，使得核心课程的推行既能发挥自上而下的宏观引导作用，又能发挥由下而上的自主生成作用，以形成双向促进的课程改革范式。

（二）注重学校文化的创建与发展

学校文化作为一种隐性课程，在课程改革中起到“润物细无声”的作用。教育应该为学生能成长为适应多种文化、信仰、语言和哲学观念的个体提供支持，帮助学生学会沟通，理解文化和传统在维持个体及他人幸福上的意义。这种情感态度领域的目标仅靠知识的讲授或真实情景中的实践可能难以达到深入的效果。而“校园文化以学生为主体，以课外文化活动为主要内容，校园为主要空间，涵盖院校领导、教职工在内，以校园精神为主要特征的一种群体文化”。目前我国对校园文化的研究和探索大部分集中于高校，而很少在基础教育中提到建设校园文化建设。芬兰教育当局提出课程更新的重要性和先决条件是发挥学校文化的核心作用，而学校文化和学生的角色密切相关，良好的学校文化也是学校之间开展合作与信任的基础。校园文化作为一种隐性课程，也能够促进学生知识与技能的发展。我们要强调学校文化的发展，并把握其本质对于学生成长和学习的重要性，同时意识到不同群体之间的差异，构建以发展具有广泛基础的能力为目标，照应连贯的基础教育和综合教学的校园文化①；同时可以将校园文化扩展到社区甚至社会，使学生能够在独特的文化氛围中学习与成长，构建地区政府、学校、社区和家庭多位一体的学习空间。

（三）搭建全方位的学生评价体系

近些年来，随着国家课程改革的持续，相应的课程评价标准也随之做出变化，如何让评价标准脱离僵化和不切实际的状态，是我国教育部门和学者应该研究的重点问题。借鉴芬兰教育提倡的不让每一个孩子掉队，实现真正平等的教育的目标。教育真正要做到的是对每一个学生负责。提高学生在教育各个环节上的参与度，搭建全方位的学生评价系统，才能从根本上解决这一问题。多元化、全方位的评价系统可以更好地将学生学到的知识和技能做更加系统和人性化的分析。就目前国内情况来看，与芬兰存在较大差异，近年来我国基础教育领域一直在提倡多学科均衡发展，但对“重点学科”的严格考核仍然是很多学校的硬性要求，基于这种评价趋势，只有在评价系统中增添多元化的评价角色和指标，才能最大程度上打破目前存在的问题。因此，在培养学生横贯能力的同时，也要积极改变评价系统，搭建全方位的评价系统，促进教师和学生更好地进行评估。

“他山之石，可以攻玉”，在借鉴学习芬兰新国家核心课程改革的同时，应当注意将好的观点和举措引进到国内并与中国的基本国情相结合，合理地吸收和采用其优秀的成果，因地制宜，这样才能更好地促进我国教育的发展。

---

① 王丽娜：《校园文化助学校品质整体提升》，《教育科学论坛》2018 年第 9 期。

The Content and Inspiration of the New Round of National Core Cur-riculum Reform in Finland

Feng Huimin, Guo Luyao

Abstract: Since the autumn of 2016, Finland has began to implement the new national core curriculum in primary and secondary schools nation-wide. The three key points of the national core curriculum reform are to fo-cus on the creation of school culture, apply the comprehensive method to school education and emphasize the dominant position of students. The main contents of the reform include the adjustment of the curriculum structures, the use of school culture to objectivize the value, the promotion of learners' interaction, the combination of individual learning and common learning, the increase of the dialogues between the themes of the multidisciplinary modules and the six aspects of student assessment. Some distinctive reform measures, for exmple, stimulating students' interest in learning, establis-hing cooperative partnership and emphasizing diversified evaluation methods, are worth to be learned by China.

Keywords: Finland; Core Curriculum; School Culture; Comprehensive Method; Curriculum Reform

征稿启事

《财经高教研究》是由上海财经大学主办、中国社会科学出版社出版的以财经教育研究为主的学术刊物。本刊致力于教育学术前沿研究，在彰显经济、管理学科特色的同时，也关注和反映其他学科的研究进展，促进学科融合。

本刊主要栏目有：理论探讨、教育经济、教改前沿、学科建设、教师发展、文化传承、比较教育、商学教育、高教管理等。

本刊坚持学术质量第一的原则，实行稿件匿名评审制度，优稿优酬。稿件字数以 8000—15000 字为宜。敬请作者来稿时提供：（1）题目（中英文）；（2）内容摘要（中文 200 字左右，英文 100 单词左右）；（3）关键词（3—5 个，中英文）；（4）作者简介（含姓名、出生年份、性别、工作单位、职务职称、学历学位、研究方向、通信地址、邮政编码、联系电话、电子邮箱）；（5）正文；（6）注释及参考文献。参考文献用序号①、②、③等表示。所有参考文献的引用格式均以《信息与文献　参考文献著录规则（GB/T 7714—2015）》为准。

作者切忌一稿多投，如发现抄袭、冒名等违反著作权法相关规定的，文责由作者自负。

通讯地址：上海市国定路 777 号，200433

联系电话：021-65903473

投稿邮箱：gjs@ sufe. edu. cn

《财经高教研究》编辑部